Das Rad der Zeit

Die Geschichte der AUDI AG

Audi UW (1934)   *DKW Front (1931)*

Vorwort

Die neue Auflage von „Das Rad der Zeit", die jetzt vor Ihnen liegt, soll Ihnen die Geschichte(n) der Marken Horch, Wanderer, DKW, Auto Union, NSU und Audi zwischen zwei Buchdeckeln zusammenfassen.

„Das Rad der Zeit" erschien zum ersten Mal im Jahr 1973; 1996 wurde es komplett neu gestaltet, und nun gibt es eine nochmals überarbeitete, aktualisierte Ausgabe.

Erstmals haben wir das Buch mit Register und Schutzumschlag versehen. So kann „Das Rad der Zeit" nicht nur zum Lesen und Blättern dienen, sondern auch zum gezielten Nachschlagen.

Unsere vielfältige, bis ins 19. Jahrhundert zurückreichende Tradition ist heute elementarer Bestandteil der Unternehmensgeschichte. Bereits der Vater unserer Marke, August Horch, hat von Beginn an konsequent das Ziel verfolgt, welches auch heute noch unseren Kurs maßgeblich bestimmt: Vorsprung durch Technik.

Ich wünsche Ihnen beim Studieren dieser neuen Auflage der Unternehmensgeschichte von Audi viel Freude.

Dr.-Ing. F.-J. Paefgen

Horch 853 (1937)   Wanderer W 21 (1933)

Inhaltsverzeichnis

Die Anfangsjahre (1899 – 1918) — 8

Horch — 14
Die Geburt von Audi — 23
Da kam ein Wanderer des Weges — 32
DKW macht Dampf — 36
Horch im Überblick — 40
Audi im Überblick — 42
Wanderer im Überblick — 44

Wachstum zwischen Inflation und Wirtschaftskrise (1919 – 1932) — 46

Horch – Qualität & Quantität — 50
Audi – Noblesse oblige — 62
Wanderer – von Tradition zu Innovation — 72
DKW – die Schmiede der Auto Union — 78
Horch im Überblick — 94
Audi im Überblick — 96
Wanderer im Überblick — 98
DKW im Überblick — 100

Im Zeichen der vier Ringe (1932 – 1945) — 102

Die neue Dynamik von Audi — 112
DKW – der Welt größter Motorradhersteller — 114
Horch – tonangebend in der Luxusklasse — 122
Wanderer in neuer Form — 128
Der Motorsport — 132
Audi im Überblick — 138
DKW im Überblick — 140

Wanderer W 25 K (1936)

Horch 853 (1937)

Horch im Überblick	*142*
Wanderer im Überblick	*144*
Motorsport im Überblick	*146*

Von Trümmerbergen zum Wirtschaftswunder (1945 – 1964) — *148*

Ende und Neubeginn – die vier Ringe in Bayern	*151*
Die Liaison mit dem Stern (1958–1964)	*164*
Die Auto Union im Motorsport	*170*
Zahlen, Fakten, Typen	*174*
Auto Union im Überblick	*178*

Auto Union 1000 Sp (1958)

NSU — *182*

Fahrräder statt Strickmaschinen (1873–1918)	*182*
Von Krisen und Siegen zwischen den Kriegen (1919–1945)	*188*
Vom Zweitakt-Motorrad zum Wankel-Automobil (1945–1969)	*198*
NSU im Überblick (1873–1969)	*212*

Die vier Ringe mit neuem Profil (1965 – 1984) — *218*

Von VW, NSU und Wahlverwandtschaften	*219*
quattro – Kraft auf allen vieren	*230*
Eine neue Audi Sporttradition	*232*
Audi im Überblick (1965–1984)	*238*

Audi A8 (1994)

Auf dem Weg zum attraktivsten Europäer auf dem Weltmarkt (1985 – 2000) — *242*

Aufbruch in neue Dimensionen	*243*
Höher angesiedelt, breiter ausgelegt: die Produktpalette	*254*
Motorsporterfolge am Ende des Jahrhunderts	*272*
Audi im Überblick	*282*

Unternehmensstammbaum

1909 Audi

1899 Horch

1907 DKW

1885 Wanderer

1873 NSU

1960 NSU
Motorenwerke AG

1932
Auto Union AG

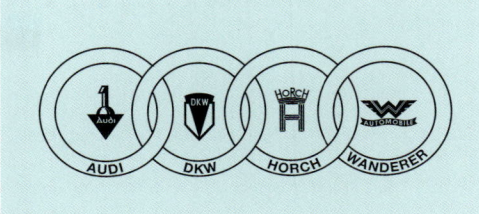

1949
Auto Union GmbH

1969
Audi NSU
Auto Union AG

1985
AUDI AG

Die Anfangsjahre

So kam der Mensch aufs Auto

Das Auto entstand nicht von heute auf morgen – oder besser: nicht von vorgestern auf gestern. Der Wunschtraum, so schnell zu fahren, wie die Vögel fliegen, ist Jahrtausende alt. Es hat schließlich Jahrhunderte gedauert, bis aus ersten Versuchen sensationelle Wirklichkeit wurde, und dann hat es immer noch Jahrzehnte gebraucht, bis daraus freud- und leidvoller Alltag wurde.

Berühmte Namen säumen diesen Weg am Anfang: Aristoteles, Archimedes, Heron von Alexandria, Leonardo da Vinci, Roger Bacon. Natürlich erfanden sie kein Automobil, aber sie hielten es immerhin für möglich, dass eines Tages die natürlichen Fortbewegungskräfte des Menschen durch maschinelle zu vergrößern oder zu ersetzen wären. Sieht man von diesen, den naturwissenschaftlichen Grundkenntnissen vorauseilenden Gedanken ab, blieb es allerdings bei den Visionen.

Das ausgehende Mittelalter und die beginnende Neuzeit brachten zum Thema hochinteressante Spielzeuge, die in Gestalt mechanisch bewegter Wagen fürstliche Gemüter ergötzten. Sie blieben ebenso Ausnahmen wie der handradbetriebene, dreirädrige Fahrstuhl, den sich der gelähmte Nürnberger Uhrmacher Stefan Farffler in dieser Zeit baute. Sie waren weder leistungsfähiger noch schneller als die üblicherweise zum Antrieb genutzten Pferde.

Der Schritt von derartigem Spielzeug zum mechanisierten Verkehrsmittel setzte den Übergang von der menschlichen Antriebskraft zur Kraftmaschine voraus. Historisch gesehen ist die Dampfmaschine der Urahn aller später und heute noch üblichen Wärmekraftmaschinen. Über das Versuchsstadium hinaus entwickelt wurde sie freilich keineswegs, um damit irgendwelche Wagen oder Schiffe anzutreiben, sondern um in den britischen Bergwerken des einbrechenden Grundwassers Herr zu werden, also zu Pumpzwecken. Erst nachdem sie sich auch als bestens geeignet für den Antrieb von Mühlen, Spinnmaschinen usw. erwiesen hatte, verwirklichte einer die Idee, ein Fahrzeug damit anzutreiben. Er hieß Nicolas Joseph Cugnot, war französischer Artillerie-Offizier und baute 1769 eine Dampfzugmaschine für Geschütze. Das war das erste mithilfe einer Wärmekraftmaschine angetriebene Straßenfahrzeug – von da an datiert die Vorgeschichte des Kraftfahrzeugs.

Dampfwagen des Engländers Goldsworthy (1827) mit gesondert vorlaufendem, entlastetem Lenkräderpaar

Der Nürnberger Zirkelschmied Johann Hautzsch schuf um 1650 diesen Wagen, der mithilfe von Federkraft angetrieben wurde

Im Überlandlinienverkehr zwischen London und Birmingham eingesetzter Dampfomnibus von Church (1832)

Der erste Unfall

Cugnots erste Fahrt endete an einer Gartenmauer – nicht, weil er sie übersehen hatte, sondern weil er sein ungefüges Monster nicht daran vorbeidirigieren konnte. Erstes Automobil – erster Unfall – erstes Problem: die Lenkung eines Fahrzeugs von innen. Bei Pferdegespannen bediente man sich der Hebelwirkung langer Deichseln – aber hier? Kein Wunder also, dass sich die Dampfmaschine nun im Schienenverkehr mit der dort üblichen Zwangslenkung viel zügiger und allumfassend durchsetzte.

Im Straßenverkehr sind während des 19. Jahrhunderts Dampfwagen besonders in

Per pedes und Pedale: Tretwagen von Elias Richard in Paris (1674)

England zu erstaunlich häufigem Einsatz gelangt; um 1830 gab es dort allein 100 Dampfwagen, 26 davon fuhren in London! Dennoch vermochte sich dieser Antrieb nicht durchzusetzen: zu schwer, zu aufwendig und von einem geradezu gigantischen Wasserdurst. Dennoch: Seitdem wusste man viel mehr über Straßenfahrzeuge, so z. B., dass die Antriebsaggregate klein sein mussten, dass feste Brennstoffe dafür weniger geeignet waren und dass es für die Kraftübertragung nichts Besseres gab als die Kette.

Als im 18. und 19. Jahrhundert die industrielle Revolution begann, Europa zu verändern, wurde die Dampfmaschine ihr Symbol. Aber auch andere Kraftquellen wurden immer gefragter, kleinere vor allem – und für den Kurzzeitbetrieb geeignete. Nachdem um die Jahrhundertwende das so genannte

Der Dampfwagen von Josef Cugnot (1769)

Leuchtgas gefunden worden war, schlug nun die Stunde des Motors. Seitdem hatten etwa ein Dutzend Engländer, Franzosen, Italiener Gasmotoren entwickelt, gebaut und probiert, bis dem Belgier Lenoir 1860 in Paris der erste stationäre Motor gelang, der das Kraftstoff-Luft-Gemisch durch die Kolbenbewegung ansaugte und der auch wirtschaftlich zu betreiben war.

Eine Idee kommt in Bewegung

Vier Jahre später liefen bereits 130 solcher Motoren in der Seine-Stadt, und ihr großer Erfolg drang auch an das Ohr eines deutschen Kaufmanns namens Nikolaus August Otto. Ihm, dem Nicht-Techniker, gelang nach jahrelangen Mühen, unter Einsatz aller seiner Ersparnisse, nach dem Opfer der Berufsaufgabe und schließlich mithilfe von Eugen Langen der durchschlagende Erfolg: Der direkt wirkende Viertaktmotor war erfunden. In der von Otto und Langen gegründeten Gasmotorenfabrik Deutz AG arbeitete als Produktionsleiter ein Jahrzehnt lang ein gewisser Gottlieb Daimler, der dann gemeinsam mit Wilhelm Maybach den kleinen, schnell laufenden, benzingetriebenen Fahrzeugmotor entwickelte. Ein paar hundert Kilometer weiter rheinaufwärts schuf Carl Benz zur gleichen Zeit einen selbstfahrenden Wagen, der durch einen Verbrennungsmotor angetrieben wurde. Das ihm erteilte Patent vom 29. Januar 1886 gilt als Geburtsurkunde des Kraftfahrzeugs. Seine Vorgeschichte ist beendet – nun beginnt seine Geschichte.

Pferdewagen, Radfahrer, Fußgänger, Omnibusse und auch Automobile kennzeichnen das innerstädtische Mobilitätsspektrum zum Jahrhundertbeginn (Berlin, Friedrichstraße)

Der Dampfwagen von Richard Trevithick (1801) wurde über ein einziges Vorderrad gelenkt

Bald begann die Fertigung dieses Automobils im größeren als dem handwerklichen Maßstab, und die Stückzahlen wuchsen vor allem ab Mitte der 90er Jahre beachtlich. Benz suchte dringend einen Mann, der diesen Motorwagenbau beherrschen und leiten konnte. Er fand ihn in August Horch. Zwischen 1896 und 1899 begleitete dieser in Mannheim in leitender Position die Etablierung des Kraftwagens. 572 Stück davon sind allein in Horchs letztem Betriebsjahr bei Benz hergestellt worden. Weltweit gab es keine Fabrik, die damals so viel oder gar mehr produziert hätte.

Deutschland befand sich seit den 60er/70er Jahren in einem industriellen Aufschwung ohnegleichen. Der riesige Boom in der Metallurgie und im Maschinenbau hatte hier den Begriff vom „Stahlzeitalter" provoziert, das für die Ewigkeit geschaffen schien. Das Leben dynamisierte sich in unglaublicher Weise. Die romantische Idylle zerstob, Großstädte entstanden und wuchsen mit bisher nicht erlebter Geschwindigkeit. Der Fortschritt in Wissenschaft und Technik war geprägt durch Ereignisse und Namen, die bald jeder kannte: 1872 hatte Ernst Abbe das erste Mikroskop in den Zeiss-Werkstätten geschaffen. Drei Jahre später entwickelte Carl von Linde die Ammoniak-Kältemaschine und begründete damit die moderne Tieftemperaturtechnik. In seiner Vorlesung saß einige Jahre später ein gewisser Rudolf Diesel, der sich vornahm, einen vollkommenen Motor zu bauen. 1879 zeigte Werner von Siemens in Berlin die erste Elektrolok der Welt. Noch im gleichen Jahrhundert erfand Schott das Hochtemperaturglas, entwickelte Mannesmann die nahtlosen Rohre, entdeckte Hertz die elektrischen Schwingungen und Röntgen das Geheimnis der Strahlen – und Diesels Motor lief!

Dieses großartige Mosaik naturwissenschaftlicher und technischer Meisterwerke ergänzten Otto, Benz und Daimler auf ebenso glänzende Weise. Ein Technikoptimismus machte sich in Deutschland breit, der getragen war vom selbstbewussten Gefühl ingeniöser Fähigkeiten ebenso wie von einem Reichtum an technisch-wissenschaftlichen Ideen. Zwischen 1877 und 1907 sind im Deutschen Reich 195.000 Patente erteilt worden!

Morgendämmerung

Der technische Fortschritt drang in diesen Jahrzehnten aus Labors und Gelehrtenstuben, aus Werkstätten und Universitäten in den Alltag der Menschen ein –

Fahrräder mit zwei, drei und vier Rädern, hoch und niedrig, sportlich und bequem, bevölkerten Ende des 19. Jahrhunderts die Straßen

Geburtsanzeige für
Horch Automobile
(1901)

in den Fabrikhallen veränderte er ihre Arbeit, in den Wohnungen ihr Leben und auf den Straßen, Schienen und Wasserwegen ihre Fortbewegung. Wie ein Sog erfasste er die gesamte Gesellschaft – und damit auch die Entwicklung des Automobils.

Von Anfang an versprach es seinem Nutzer vervielfachte Mobilität – und traf damit genau die Aufbruchstimmung weit im Land. Hatte seit Jahrzehnten bereits die Eisenbahn eine Vorstellung davon geprägt, was Mobilität bedeutete, so verkündete der Siegeszug des Fahrrads Ende des 19. Jahrhunderts, dass mobile Freiheit immer mehr zur Sehnsucht geworden war, deren Erfüllung sich jährlich Zehntausende etwas kosten ließen. Verkehrszählungen verrieten, dass schon 1899 mehr Fahrräder als alle anderen Personenfuhrwerke die Straßen befuhren. 1891 hatte in den deutschen Kommunen die Elektrifizierung der Schienenbahnen begonnen, und keine 20 Jahre später hatte jede deutsche Stadt über 100.000 Einwohner eine Straßenbahn! Ihre Beförderungsleistungen schienen fast zu explodieren – untrügliches Zeichen ebenso dynamisch zunehmender Mobilität. Sie war es auch, die zu einer unübersehbar großen Nachfrage führen konnte, wenn es gelang, die nicht an Schienen gebundene Fortbewegung mit einem Motor zuverlässig und mit beherrschbarem Aufwand zu bewerkstelligen. Das war der Startimpuls für die Automobilindustrie.

Horch

Vor der Jahrhundertwende gab es in Deutschland über drei Dutzend Firmen, die Autos bauten. Eine davon hieß August Horch & Cie; sie war am 14. November 1899 entstanden und hatte ihren Sitz in Köln. Ihr Gründer war einer der Pionieringenieure der Kraftfahrzeugtechnik. Bereits in der Lehre und als fahrender Geselle hatte Horch sich in vielen komplizierten Situationen als pfiffiger Praktiker erwiesen. Als graduierter Ingenieur im Motorenbau tätig, gewann er Mitte der 90er Jahre zunehmend Interesse am Kraftfahrzeug. 1896 gelang ihm eine Anstellung bei Benz & Cie in Mannheim. Dort wurde er kurz darauf Leiter der Abteilung Motorwagenbau und blieb es drei volle Jahre lang. Hier in der Keimzelle des industriellen Automobilbaus an leitender Stelle tätig, gewann Horch Einblick in die Wachstums- und Entwicklungsprobleme des Kraftfahrzeugs. Mit seinen Kenntnissen und Erfahrungen machte er sich dann 1899 selbständig. Zunächst reparierte er bereits im Betrieb befindliche Motorwagen, in die er Bosch-Abreißzündungen mit einem von ihm selbst entwickelten und von ihm auch patentierten Gestänge versehen einbaute.

Der Beginn einer Legende

Bald saß Horch über der Konstruktion seines ersten Automobils. Anfang Januar 1901 unternahm er damit seine erste Probefahrt. In Verwirklichung seiner Ideen, um die er bei Benz damals vergeblich gekämpft hatte, brachte Horch den Motor vorn an. Um die Nachteile des stampfenden, in Fahrtrichtung liegenden Einzylinders und des auch unbefriedigenden Kontramotors auszugleichen, hatte er einen neuen Motor entwickelt, bei dem zwei Zylinder einen gemeinsamen Verbrennungsraum besaßen. Horch nannte ihn den „stoßfreien" Motor. Das Getriebe hing hinter der Hinterachse am Rahmen und war mit dem Differential verblockt. Von dort wurde die Kraft auf die Innenverzahnung von Zahnkränzen übertragen, die mit den Hinterrädern verschraubt waren. Die laufruhigen Pfeil-

Ein Horch Omnibus (17 Passagiere) als Aussichtswagen mit aufsteigender Sitzanordnung (1912)

Der erste Horch Wagen aus Sachsen: 2-Zylinder-Modell (1902/03)

Ludwig Kathe im von ihm karossierten Horch Wagen für die Prinz-Heinrich-Fahrt (1908)

Lieferwagen auf 10/30-Fahrgestell (1913)

zahnräder des Getriebes befanden sich ständig im Eingriff und wurden mithilfe dazwischenliegender kleiner Kupplungen geschaltet. Besonders bemerkenswert war, dass Horch das Kurbelgehäuse aus Leichtmetall gegossen hatte.

Anfang 1902 zog Horch nach Reichenbach in Sachsen, wo ihm ein mittelständischer Unternehmer Kapital für die Gründung einer Automobilfabrik bot. Wieder saß Horch über Konstruktionszeichnungen für ein neues Automobil. Jetzt und in den folgenden Jahren verwirklichte er weitere neue Ideen, so den Kardanantrieb für die Kraftübertragung und die Verwendung von Chromnickelstahl für hochbelastete Zahnräder. Seiner Überzeugung von der großen masseerleichternden Bedeutung des Leichtmetalls folgend, hatte er nun das Kurbelgehäuse sowie die Gehäuse von Getriebe und Differential aus Leichtmetall gefertigt.

1904 verlegte Horch den Sitz seines Unternehmens nach Zwickau und wandelte es in eine Aktiengesellschaft um. Die Produktion wuchs verhältnismäßig rasch, von 18 Autos im Jahr 1903 auf 94 im Jahr 1907. Im Folgejahr wurde die magische 100 überschritten! Sind in Reichenbach noch Zweizylinderautomobile gefertigt worden, so gab es in Zwickau bei Horch nur noch Vierzylinder! Gleich in den Beginn der Zwickauer Zeit fiel eine bedeutende Neuerung: Horch ordnete als einer der ersten Konstrukteure die Einlassventile hängend an. Mit so einem OHV-Motor im Auto gewann der Zwickauer Rechtsanwalt Dr. Stöß die Herkomerfahrt 1906, einen der schwersten internationalen Wettbewerbe.

Die Markenphilosophie seiner Firma hat August Horch von Anfang an entscheidend geprägt. „Ich war unter allen Umständen bestrebt, nur starke und gute Wagen zu bauen", hieß sein Leitmotiv – ihm war die Marke Horch verbunden, solange es sie gab.

Die Zwickauer Vierzylinder gab es zunächst mit 22 und mit 40 PS. Der Hubraum dafür umfasste 2,6 bzw. 5,8 Liter! Anspruchsvolle Ausstattung zeichnete die Wagen ebenso aus wie ihre robuste Technik.

Pech hatte Horch mit einem Sechszylinderexperiment, das sich als Flop herausstellte. Auch dem hohen Erwartungsdruck im Hinblick auf weitere sensationelle Sporterfolge hielten seine Wagen nicht stand. Eine Wiederholung des Herkomersieges ließ sich nicht erzwingen. Intrigen und Querelen in Vorstand und Aufsichtsrat taten das ihre. Auf dem Gipfel der Auseinandersetzungen verließ Horch kurzentschlossen am 16. Juni 1909 sein Werk – mit schäbigen 20.000 Mark Abstandszahlung in der Tasche.

Üppiger Luxus im Zeitstil

Der Neubeginn

Es war noch kein Monat vergangen, als Horch wieder ein neues Horch Werk gründete: Am 16. Juli 1909 wurde es im Handelsregister als Gesellschaft mit beschränkter Haftung (GmbH) eingetragen. Das dafür erforderliche Kapital von 200.000 Mark hatte Horch binnen 72 Stunden beisammen.

Nach Horchs Abgang wurde Fritz Seidel als Chefkonstrukteur und Heinrich Paulmann als Technischer Direktor eingesetzt. Sie zehrten noch lange vom übernommenen Erbe.

Vor allem aber schotteten sie sofort nach Ausscheiden des Unternehmensgründers den Namen Horch durch nicht weniger als 13 Warenzeicheneintragungen ab – bis zum 10. Januar 1910 wurden es insgesamt sogar 26! Darunter befanden sich Begriffe wie Originalhorchwagen, Autohorch, Horchoriginal, Horchuk, Horchol und Horcher. Selbst den Namen A. Horch hatte man sich

Dokument der Mangelwirtschaft im Kriegsjahr 1917: Mit Holzbereifung, ohne Reservereifen und mit vielen Kanistern für knappes Benzin fuhr dieser Horch 10/30 PS für die Kaiserliche Flieger-Abteilung ins Feld

schützen lassen! Horch selbst hatte das alles versäumt und nun auch keine Chance mehr, ein neues Unternehmen unter seinem Namen zu führen.

Auch das Entwicklungsmotiv von August Horch blieb Leitstern für Seidel und Paulmann: stark und gut. Sie brachten einen neuen 28-PS-Wagen heraus, dessen Motor bald 35 und schließlich 40 PS leistete. Im Hinblick auf die Ventilsteuerung zählten die beiden letzten, auf Horchs Anfangsjahre unmittelbar nach der Jahrhundertwende zurückgehenden Motoren noch 1913 im deutschen Automobilbau zur Spitze. In der Klasse von 10 Steuer-PS gab es zu diesem Zeitpunkt lediglich sechs Motoren mit hängenden Ansaugventilen, die bei Mercedes, Horch und Windhoff über den Kolben und bei Audi, Komnick und Nacke über den Auslassventilen angeordnet waren.

Wirtschaftsstrategie

Freilich war den beiden neuen Machern völlig klar, dass eine wirtschaftliche Fertigung auch bei guter Auftragslage unumgänglich sein musste. Dazu waren konstruktive Veränderungen die wichtigste Voraussetzung. Dies hieß im Motorenbau vor allem Übergang von paarweise gegossenen Zylindern zum Zylinderblock. Diese neuen Konstruktionen waren nun seitengesteuert. Auch an den kleineren Wagen für Markeneinsteiger dachte man. So kamen 1911 der 6/18-PS und der 8/24-PS-Wagen auf den Markt. Sie zeigten sehr moderne Konstruktionsmerkmale, glattflächig entwickelte Blockmotoren und recht gute Fahreigenschaften. Für den Sommer 1914 war gar die Vorstellung eines noch kleineren Wagens vorgesehen, der auf den Namen Pony hören und dessen 1,3-Liter-Vierzylindermotor 14 PS leisten sollte. Zum gleichen Zeitpunkt wollte man bei Horch Automobile mit ventillosen Schiebermotoren herausbringen. Sie galten als besonders laufruhig, waren aber sehr aufwendig in der Herstellung und bedurften einer sorgfältig durchzubildenden Bauart der Steuerschieber. Um ganz sicher zu gehen, verzichtete man bei Horch auf jede Eigenentwicklung und wollte für diese Wagen den englischen Daimler-Motor importieren, der nach den Patenten des Amerikaners Knight schiebergesteuert entwickelt worden war. Aus beiden Projekten – Kleinstwagen und Schiebermotoren – ist schließlich nichts geworden; der Ausbruch des Ersten Weltkriegs kam dazwischen.

Dieser 14/40 PS Horch wurde an den Scheich Ül Islam geliefert (1916)

Im Jahr 1914 bestand das Horch Angebot aus vier Grundtypen mit 30-, 40-, 50- und 60-PS-Vierzylindermotoren in Blockbauweise. Es war ergänzt worden durch die kleinen und großen Auslauf- sowie moderne Zwischentypen, die durch Modifikation der Hub/Bohrungs-Maße entstanden waren. Dabei gewannen auch für kommerzielle Nutzzwecke gedachte Ausführungen an Bedeutung. Bei Horch sind vor dem Ersten Weltkrieg die ersten Lastwagen gebaut worden. Das erste Horch Nutzfahrzeug war ein Krankenwagen im Jahr 1910. Interessanterweise wurden auch Arbeitsmaschinen auf Pkw-Fahrgestellen angeboten, z. B. Häckselschneider. Auf dem 8/24-Fahrgestell gab es zahlreiche Lieferwagenaufbauten, die sich sehr großer Beliebtheit erfreuten. Mit dem 40- und 50-PS-Motor sind leichte Omnibusse und kleinere Lastwagen bestückt worden. Die 55-PS-Motoren trieben dann schon 3-Tonner an, die auch mit Anhänger gefahren werden konnten. Unmittelbar vor Kriegsbeginn kam noch ein 33/80-PS-Wagen heraus, dessen Vierzylindermotor noch paarweise gegossene Zylinder besaß und über den respektablen Hubraum von sage und schreibe 8 Litern verfügte!

1899–1918

Unternehmensgeschichtliche Daten: Horch

1899	Am 14. November Gründung von August Horch & Cie in Köln
1902	Am 3. März Gründung von August Horch & Cie Motor- und Motorwagenbau in Reichenbach
1904	Am 10. Mai Gründung der August Horch Motorwagenwerke AG in Zwickau
1918	Am 16. Februar Umbenennung in Horchwerke AG Zwickau; Kapital 3,0 Mio. Mark

Die wichtigsten Horch Typen 1901–1918

Bezeichnung	Zylinderzahl/ Anordnung	Bohrung x Hub in mm	Zylinder- inhalt in cm^3	PS	Bauzeit
Modell 1	2			4–5	1901
Modell 2	2 R		2.500	10–12	1902–1904
Modell 3	4 R	85 x 105	2.383	18–22	1903–1905
Modell 4	4 R	85 x 100	2.270	14–17	1903–1905
für Sport auch	4 R	85 x 120	2.725	22–25	1903–1905
Modell 5	4 R	115 x 140	5.810	35–40	1903–1905
Z	4 R	84 x 120	2.660	11/22	1906–1909
ZD	4 R	115 x 140	5.810	23/40	1906–1910
6 Zylinder	6 R	115 x 140	8.725	31/60	1907–1908
S	4 R	115 x 155	6.440	25/55	1908–1922
K	4 R	83 x 120	2.600	10/25	1910–1911
H	4 R	100 x 135	4.240	17/42	1910–1919
C	4 R	74,5 x 120	2.090	8/24	1911–1922
N	4 R	80 x 130	2.600	10/30	1911–1921
P	4 R	100 x 150	4.710	18/50	1914–1922

Der erste Horch fuhr im Januar 1901. Bis zum 31. Dezember 1918 sind insgesamt etwa 9.100 Horch Wagen hergestellt worden. Ausgeliefert wurden nur Fahrgestelle, die von Karosseriefirmen ihre Aufbauten erhielten. Die Preise für Horch Chassis lagen im ersten Jahrzehnt je nach Motorgröße zwischen 9.400 und 16.300 Mark.

Im Gründungsjahr 1904 beschäftigte das Unternehmen etwa 100 Arbeitnehmer; 1918 waren es 1.800. Der Umsatz stieg bis zum Jahr 1914 auf 5,8 Mio. Mark; 1918 erreichte er 30 Mio. Mark.

August Horch

1868	Geboren am 12. Oktober 1868 in Winningen/Mosel Lehr- und Wanderjahre als Schmied Studium am Technikum in Mittweida Betriebsingenieur in Unternehmen des Motorbaus
1896	Zu Benz nach Mannheim, dort bis 1899 Leiter der Abteilung Motorwagenbau
1899	Eröffnung einer eigenen Werkstatt in Köln
1902	Übersiedlung nach Reichenbach i. V.
1904	Gründung der A. Horch Motorwagenwerke AG in Zwickau
1909	Nach Zerwürfnis Gründung der Audi Werke in Zwickau
1912–1914	Triumphale sportliche Erfolge auf Audi Wagen bei schwersten Sportprüfungen der Welt
1920	Übersiedlung nach Berlin, dort als Gutachter und Sachverständiger für kraftfahrzeugtechnische Fachfragen tätig
1922	Am 20. Februar Ehrendoktor der TH Braunschweig
1932	Mitglied des Aufsichtsrats der Auto Union AG, Chemnitz
1944	Mehrfach in Berlin ausgebombt, Übersiedlung nach Langenhessen in Sachsen
1945	Flucht nach Oberfranken, dort schließlich in Münchberg wohnhaft
1949–1950	Teilnahme an der Neugründung der Auto Union in Ingolstadt
1951	Am 3. Februar 1951 in Münchberg im Alter von 83 Jahren gestorben und in Winningen beigesetzt

Das Horch 25/60 PS Phaeton (1914) besaß bereits elektrische Beleuchtung

August Horch zählte zu den Pioniereingenieuren der Kraftfahrzeugtechnik. Noch vor der Jahrhundertwende war er an der Lösung der Anfangsprobleme des Automobils beteiligt und leistete dazu maßgebliche und für die Praxis bedeutende Beiträge, so z. B. die erstmalige Verwendung von Aluminium als Werkstoff für das Kurbelgehäuse, die Einführung des Kardanantriebs sowie die Verwendung hochfester Stähle im Getriebebau. Die Ingenieurtätigkeit Horchs war vor allem darauf ausgerichtet, der Grundsatzerfindung des Automobils durch die notwendigen Nachfolgeverbesserungen zur tatsächlichen Brauchbarkeit zu verhelfen.

Seit 1909 hatte Horch nichts mehr mit den Automobilen zu tun, die seinen Namen trugen. Nach dem Austritt aus den von ihm gegründeten Horch Werken ist sein Wirken im Weiteren unter der Marke Audi zum Begriff geworden.

August Horch
1868–1951

August Horch über seine Erfahrungen mit den Automobilen der Anfangsjahre:

„Unterhalb des Ringes an der Lenksäule waren zwei Griffe, diese dienten zur Einschaltung der Antriebsriemen vom Motor auf das Vorgelege. Links unten beim Lenker befand sich ein Hebel, mit diesem wurde das Explosionsgemisch eingestellt. Weiter war dort ein Hebel; an diesem Hebel war eine Stange befestigt, welche zur Drosselklappe führte. Man konnte mit diesem Hebel die Klappe bewegen, also mehr oder weniger schließen und somit den Motor schneller oder langsamer laufen lassen. Ebenso links vom Fahrer war die Handbremse, wenn man sie anzog, wirkte sie auf den Gummi der Hinterräder. Um den Motor in Gang zu setzen, mußte ein Schwungrad gedreht werden, von Ankurbeln konnte in jenen Tagen noch keine Rede sein. Man drehte eben dieses Schwungrad so lange, bis eine Zündung erfolgte, und diese Arbeit war mitunter ebenso aufregend wie anstrengend. Erfolgte nämlich keine Zündung, mußte man nach vorne an den Wagen sausen und dort am ‚Gemischverstellungshebel' drehen. Hatte man aber gleich Glück und der Motor zündete, mußte man ebenfalls sofort nach vorne stürzen und den Drosselklappenhebel regulieren, bis der Motor zum richtigen Laufen kam. Dann erst konnte die Fahrt mit Gottes Hilfe beginnen.

Man nahm Platz und schaltete die kleine Geschwindigkeit mit dem Hebel ein, der sich unter dem Lenkhebel befand. Damit schob man den Riemen, der auf der Stufenscheibe über den kleinsten Durchmesser der Scheibe lief, langsam hinüber auf die feste Scheibe des Vorgeleges. Der Wagen bewegte sich nunmehr mit seiner geringsten Geschwindigkeit von drei bis fünf Stundenkilometern vom Platze weg. Hatte man ungefähr eine Geschwindigkeit von acht Stundenkilometern erreicht, schaltete man die kleine Geschwindigkeit aus und die zweite, größere, ein, und jetzt konnte man mit dem Wagen die Höchstgeschwindigkeit, nämlich achtzehn Stundenkilometer, erreichen."

Plakat zur Mutation Horch – Audi (1910)

Die Geburt von Audi

Am 16. Juli 1909 wurden die August Horch Automobilwerke GmbH in das Zwickauer Handelsregister eingetragen. Die Gründung stieß sofort auf den Protest der Horchwerke, die schließlich vor dem Reichsgericht Recht bekamen. Horch blieb die Möglichkeit versagt, seinen Namen nochmals einem Automobilunternehmen zu geben. So findet sich im Zwickauer Handelsregister unter dem 25. April 1910 die Eintragung: Die Firma lautet künftig Audi Automobilwerke GmbH.

Das erste Ziel bestand für Horch darin, diese neue Marke bekannt zu machen, wobei man keinesfalls auf die alte Identität verzichten wollte. Das Unternehmen begann seine Tätigkeit genau so, wie Horch schon einmal angefangen hatte: mit Instandhaltungs- und Reparaturarbeiten. Dabei erwies sich der renommierte Name von August Horch als ausgesprochen werbewirksam. Diese Arbeiten begannen bereits vor dem Eintrag der Firma in das Handelsregister und hielten sie auch noch lange Zeit über Wasser. Zwar hatte sich Horch zusammen mit Hermann Lange, der ihm als Oberingenieur des alten Unternehmens gefolgt war, an die Neukonstruktion eines eigenen Wagens gemacht, aber es dauerte noch über ein Jahr, bevor der erste davon auch wirklich ausgeliefert werden konnte. Im Juli 1910 verließ der erste Audi die Zwickauer Fabrik. Der Name von August Horch, der künftig in keiner Werbeanzeige dieser Anfangsjahre fehlte und den auch alle Audi Plakate trugen, verfehlte seine Wirkung nicht. Außerdem ging Horch ganz zielgerichtet auf sportliche Erfolge zu, die nach seinen Erfahrungen günstigste Öffentlichkeitswirkung versprachen. Mit einem recht glücklichen Griff entschied er sich für eine Teilnahme an der Internationalen Österreichischen Alpenfahrt im Mai 1911. Diese Veranstaltung wurde seit 1906 als Kleinwagenwettbewerb durchgeführt und war 1910 erstmals auch für Tourenwagen ausgeschrieben worden. In den Folgejahren trat sie dann praktisch die Nachfolge der Prinz-Heinrich-Fahrten an und wurde in ihren Bestimmungen entsprechend

Der erste Audi im Juli 1910 vor dem Laden des Münchner Händlers Zeidler

härter. Bereits bei der Alpenfahrt 1911 kamen nur 10 von 75 gestarteten Fahrzeugen strafpunktfrei ins Ziel! August Horch hatte es sich nicht nehmen lassen, seinen Wagen selbst zu fahren, und gewann mit seinem Audi nach 2.250 km extrem schwieriger Bergstraßen die Einzelwertung der Fahrer! Im Folgejahr nahm erstmals eine komplette Audi Mannschaft an der Alpenfahrt teil, die im Juni stattfand. Drei Audi Wagen errangen den Mannschaftssieg, und ihnen gelang 1913 sogar die Wiederholung dieses Triumphs. Am meisten zeigten sich die Audi Fahrzeuge jedoch bei der Alpenfahrt des Jahres 1914 ihren Konkurrenten überlegen. Fünf Wagen waren von ihnen am Start – mit den Fahrern Horch, Graumüller, Lange, Obruba und Muri. Alle kamen strafpunktfrei ins Ziel. Das führende Fachorgan, der „Motorwagen", kommentierte diesen Erfolg: „Dieses Ergebnis bedeutet vor allem einen gewaltigen Triumph für die deutsche Marke Audi, die fünf Wagen in den Wettbewerb schickte und alle fünf vollständig punktfrei heimbrachte. Überraschend kam dieser Erfolg von Audi durchaus nicht. Die Audi Wagen haben auch in den vorherigen Alpenfahrten das beste Ergebnis erzielt ..."

Vom Sport zur Wettbewerbsfähigkeit

Die Autos, mit denen Horch diesen triumphalen Erfolg feiern konnte, zeigten unverkennbar die Merkmale der Konstruktionsschule von August Horch. Die Motoren besaßen wieder die so bewährte Ventilanordnung, bei der das Ansaugventil hängend, das Auslassventil stehend, und zwar beide übereinander angeordnet waren. Auch das so breit ausgeformte Kurbelgehäuse fand sich wieder, das einen kompletten Schutz nach unten bot und gleichzeitig mittragende Funktion ausübte. Selbstverständlich ließ sich auch Horch'sche Stirnraddifferential wiederentdecken, mit dem der Hinterradantrieb in einem sehr kleinen Gehäuse unterzubringen war.

Wie schon im ersten Horch Werk üblich, wurden auch bei Audi die Typen mit den Großbuchstaben des Alphabets bezeichnet. Es begann

Die Trophäe: der Alpenpokal

Das Lächeln des Seriensiegers: August Horch in seinem Audi am Ziel der Internationalen Österreichischen Alpenfahrt (1914)

1910 mit A, und bis zum Ersten Weltkrieg war man bei Typ E angelangt. Es handelte sich ausnahmslos um Vierzylinderwagen, von denen der Typ C am berühmtesten wurde und nach seinen Erfolgen als „Alpensieger" bezeichnet worden ist. Der 14/35-PS-Motor besaß eine völlig neu konstruierte Kurbelwelle, die um 14 mm desaxial angeordnet und in dreifach mit Weißmetall ausgegossenen Rotgusslagern geführt wurde. Die Auslassventile waren hier schräg gestellt, was kurze Gaswege und eine bessere Brennraumgestaltung erlaubte.

Nach den ersten spektakulären Erfolgen hatte Horch diesen dritten Typ ganz bewusst auf den Wettbewerb hin konstruiert. Die Erfahrung lehrte, dass der anfälligste Punkt der Wagen die thermische Empfindlichkeit war. Außerdem kam es darauf an, mit einer robusten Konstruktion eine möglichst hohe Dauerleistung zu erzielen.

Sehr groß dimensionierte Kühlwasserräume an den Zündstellen, den Auspuffventilen und den inneren Auspuffleitungen sorgten für eine ausgezeichnete Wärmeableitung. In Verbindung mit dem großflächigen Kühler war damit das thermische Problem so gut gelöst, dass selbst beim Befahren der Alpenpässe nicht einmal eine Wasserpumpe benötigt wurde. Der Gewinn des Alpenpokals nach den Seriensiegen von 1912 bis 1914 hat für die Entwicklung von Audi große Bedeutung besessen. Vor allem sind damit innerhalb einer recht kurzen Frist die

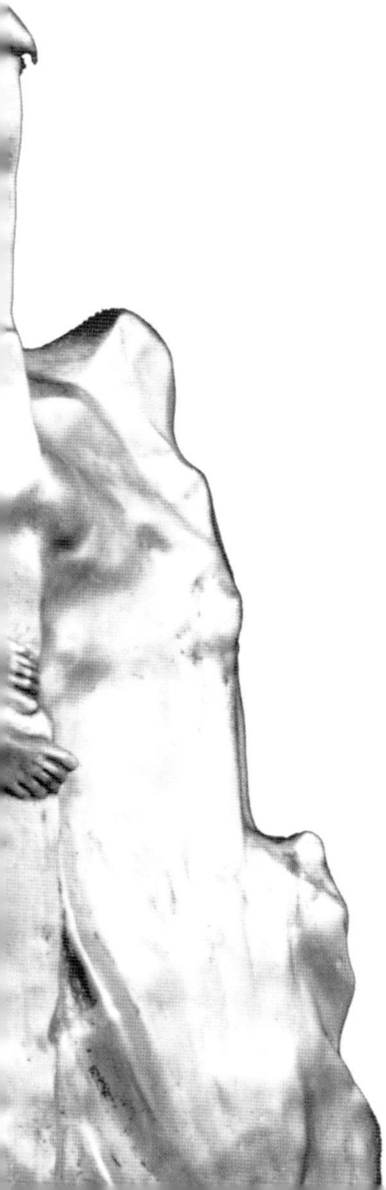

Marke Audi und ihr Ruf etabliert worden. Letzterer bestand sowohl aus der sportlichen Intention, schneller und besser als andere sein zu können, als auch aus den wesentlichen und sehr stark gebrauchsbezogenen Aspekten der Zuverlässigkeit unter extremen Beanspruchungen – und zwar nicht als Folge gezielter Elitezüchtung eines einzelnen Fahrzeugs, sondern als serienmäßige Gebrauchseigenschaft eines jeden Audi Wagens. In diesem Sinne hat vor allem die Siegesfolge über mehrere Jahre hin gewirkt.

Außerdem hat sich mit den Audi Siegen recht genau die Hoffnung von August Horch nach Steigerung von Produktion und Absatz erfüllt. Nimmt man als erstes Jahr der durchgängigen Produktion das Jahr 1911, so hat sich bis 1914 die Motorwagenfertigung genau verdoppelt. Damit erreichten die Audi Werke die gleiche Zuwachsrate wie die Horch Konkurrenz am Ort.

Und schließlich muss darauf verwiesen werden, dass Horch mit dieser Siegesserie eine Rechtfertigung seiner Verhaltensweise erlebte, wie er sie sich nicht nachdrücklicher hätte wünschen können. Die Konstruktion der Alpensieger-Wagen vom Typ B und C war zweifellos für ihn der Höhepunkt im technisch-konstruktiven Schaffen.

Wenn auch mit den Alpenfahrten die endgültige Etablierung von Audi als Automobilmarke mit einem ganz spezifischen Ruf vollbracht werden konnte, so hielt sich die zahlenmäßige Ausbeute dieser Erfolge in Grenzen. Bis zum Kriegsausbruch sind in Zwickau exakt 754 Audi Wagen gefertigt worden, was noch nicht einmal einer durchschnittlichen Jahresfertigung von 200 Wagen entsprach. Ein durchaus mögliches stärkeres Wachstum wurde durch die zu schwache Kapitalbasis der GmbH verhindert, weshalb Horch noch vor Kriegsausbruch 1914 begann, die Umwandlung des Unternehmens in eine Aktiengesellschaft zu betreiben.

Am 21. Dezember 1914 sowie am 14. und 20. Mai 1915 wurden mit Wirkung vom 1. Januar 1915 die Audi Werke AG in Zwickau mit einem Kapital von 1,5 Mio. Mark gegründet. Direktoren waren August Horch (Absatz), Hermann Lange (Technik) und Werner Wilm (allgemeine Verwaltung).

Audi Motor mit paarweise gegossenen Zylindern, nicht abnehmbarem Zylinderkopf und Leichtmetalltraverse (1913)

Ein neuer Abschnitt

Allein schon aus dieser Funktionsverteilung wurde offensichtlich, dass sich Horch von der technisch-konstruktiven Tätigkeit zurückgezogen hatte. Dafür zeichnete nun Hermann Lange verantwortlich – und neben ihm seit dem Jahr 1910 Dipl.-Ing. Erich Horn, der das Amt des Chefkonstrukteurs versah.

Erfolg mal drei

Das Triumvirat Horch–Lange–Horn hatte in den fünf Jahren der Audi Existenz bis zum Kriegsausbruch nicht weniger als fünf Pkws und zwei Lastwagenmodelle geschaffen. Damit zeigte es eine erstaunliche Kreativität und konstruktive Expansionskraft. Allerdings wäre wohl eine solche Vielfalt für ein so kleines Unternehmen eher ein Grund für den Untergang als für das Wachstum gewesen, wenn Horch nicht gerade mit dieser Typenpolitik bewiesen hätte, dass er als Techniker die Dialektik von Einheitlichkeit und Vielfalt sehr gut begriffen und daraus recht praktische Schlüsse gezogen hatte. Die Motorengussstücke unterschieden sich bei den Typen B bis E nicht durch äußere Abmessungen, sondern nur durch die von Hub und Bohrung. Die kastenförmig erweiterten Kurbelgehäuse besaßen die gleichen Ausmaße, sodass sie in die gleichen Rah-

Ruhm und Ehre den „Alpensiegern"

menlängsträger eingesetzt werden konnten. Auch die Spur- und Radstandsmaße der Typen B und C sowie D und E stimmten jeweils überein. Horch und seine Techniker haben hier eine sehr rationale Fertigungsweise demonstriert, die ohne konsequente Standardisierung nicht möglich gewesen wäre. Vielleicht verdankte er diesen Erfolgen auch seine ehrenvolle Berufung in die Normenkommission der deutschen Kraftfahrzeugindustrie.

Audi Droschke auf dem Fahrgestell vom Typ B (1913)

Unternehmensgeschichtliche Daten: Audi

1909	Gründung der August Horch Automobilwerke GmbH in Zwickau am 16. Juli, nach der Trennung des Namensgebers von der bisherigen Horchwerken AG
1910	Am 10. April Umbenennung in Audi Werke GmbH in Zwickau – nach einem verlorenen Rechtsstreit
1915	Ab 21. Januar Umwandlung in Audiwerke AG in Zwickau; Kapital: 1,5 Mio. Mark

Die wichtigsten Audi Typen 1910 – 1918

Bezeichnung	Zylinderzahl/ Anordnung	Bohrung x Hub in mm	Zylinder- inhalt in cm³	PS	Bauzeit	Bemerkung
A	4 R	80 x 130	2.600	10/22	1910–1912	
B	4 R	80 x 130	2.600	11/28	1911–1917	
C	4 R	90 x 140	3.560	14/35	1911–1925	
Ct	4 R	90 x 140	3.560	14/35	1912–1928	Lkw
D	4 R	100 x 150	4.710	18/45	1911–1920	
E	4 R	110 x 150	5.700	22/50	1911–1924	
G	4 R	75 x 118	2.071	8/22	1914–1926	

Das Unternehmen beschäftigte im Geschäftsjahr 1909 insgesamt 33 Arbeitnehmer, 1918 waren es 543. Der erste Audi verließ im Juli 1910 das Werk, bis 1914 folgten ihm 753. Bis zum 31. Dezember 1918 sind insgesamt 2.130 Audi Wagen hergestellt worden. Werkseitig sind grundsätzlich nur Fahrgestelle ausgeliefert worden, für die ausgewählte Karosseriefirmen die Aufbauten anfertigten. Das Chassis des ersten Audi von 1910 kostete 8.500 Mark.

1899–1918

August Hermann Lange

1867	Geboren am 7. November 1867 in Strehla bei Torgau als Sohn des Gutsbesitzers August Lange und dessen Ehefrau Amalie, geb. Kopsch
1874–1884	Schulbesuch in Leipzig
1884	Am 1. April Beginn der dreijährigen Lehrzeit als Dreher in der Maschinenfabrik Bleichert & Co, Leipzig, dort nach der Lehre bis zum 2. November 1888 als Geselle tätig
1892–1894	Ingenieurstudium am Technikum in Mittweida
1894–1895	Konstrukteur in der Motorenfabrik Grob & Co, Leipzig
1895	Ab 1. November Konstrukteur in der Leipziger Dampfmaschinen- und Motorenfabrik
1897	Ab 1. Januar Konstrukteur, später Leiter der Versuchsstation für Motoren in der Rheinischen Gasmotorenfabrik Benz & Co, Mannheim
1904	Ab 1. April Betriebsleiter und selbstständiger Konstrukteur in der Eisengießerei und Motorenfabrik Osers & Bauer, Wien
	Ab 1. September Technischer Direktor der Horchwerke AG, Zwickau (1905 Ernennung zum Oberingenieur)
1909	Ab Juli Technischer Direktor, später Betriebsdirektor bei Audi
1915	Mitglied des Vorstands
1922	Gestorben am 19. Februar 1922 an Herzasthma in Zwickau, beigesetzt auf dem Hauptfriedhof in Zwickau

*August Hermann Lange
1867–1922*

August Horch zur Entstehung des Markennamens Audi

„Wir durften den Namen August Horch nicht mehr führen, obwohl es mein eigener Name war. Wir beriefen sofort eine Sitzung ein, die in der Wohnung von Franz Fikentscher stattfand, und brüteten lange über einem anderen Namen. Uns war klar, daß diese Sitzung niemand verlassen durfte, bevor unser Werk keinen Namen hatte. Was da alles an möglichen und unmöglichen Bezeichnungen auftauchte, läßt sich nicht beschreiben.

In einer Zimmerecke saß bescheiden ein Sohn von Franz und büffelte an seinen Schulaufgaben, das heißt, er tat so, in Wirklichkeit hörte er mit der gesammelten Inbrunst eines jungen Herzens dieser hochinteressanten und hitzigen Unterhaltung zu. Wahrscheinlich hatte er schon seit einiger Zeit etwas auf dem Herzen, schluckte es aber immer wieder hinunter. Aber plötzlich brach der zurückgehaltene Vulkan aus ihm heraus und er schrie begeistert herüber: ‚Vater – audiatur et altera pars! ... wäre es nicht richtig, anstatt Horch Audi zu sagen?' Es war heraus, und wir saßen schlankweg begeistert da."

Luxuriöse Innenausstattung für gehobene Ansprüche

Audi Sanitätskraftwagen (1913)

Da kam ein Wanderer des Weges

Am 15. Februar 1885 hatten die beiden Mechaniker J. B. Winklhofer und R. A. Jaenicke in Chemnitz eine Reparaturwerkstatt für Fahrräder gegründet. Kurz darauf begannen sie selbst mit der Herstellung der immer gefragteren Zweiräder, die unter dem Markenzeichen Wanderer vertrieben wurden. Ab 1896 lautete die Firmenbezeichnung Wanderer Fahrradwerke AG vorm. Winklhofer und Jaenicke.

Schon sechs Jahre vorher hatte Winklhofer die Fertigung von Fräsmaschinen begonnen, die zur Fahrradherstellung gebraucht wurden und die schließlich bald ein eigenständiger Produktionszweig der Firma geworden waren. Seit 1904 gab es unter dem Markenbegriff „Continental" auch Schreibmaschinen von Wanderer, und 1909 vervollständigten Addier- und Subtraktionsmaschinen die Büromaschinenpalette.

Bereits 1902 war jedoch das erste Wanderer Motorrad entstanden: eine 1,5-PS-Maschine mit luftgekühltem Einzylindermotor, dessen Einlassventil zwar im Zylinderkopf hing, aber lediglich durch die Druckverhältnisse im Zylinder (sog. Schnüffelventil) gesteuert wurde. Nur das Auslassventil erhielt seine Steuerimpulse über eine Nockenwelle. Das Motorrad wog 45 kg und konnte 50 km/h erreichen. Dennoch – das Fahren mit der ungefederten Maschine war recht strapaziös! Erst 1905 bekam die Vordergabel der Wanderer Motorräder eine Federung. Die Motorenleistung war inzwischen jedoch verdreifacht worden und erlaubte nun auch Geschwindigkeiten von bis zu 80 km/h. 1910 kam sogar ein noch leistungsstärkeres Zweizylindermodell heraus. Jetzt spendierte man den Wanderer Motorrädern auch eine Hinterradfederung, einen Kippständer und eine zweite Hinterradbremse. Schließlich bekam man auf Wunsch und gegen Aufpreis sogar einen Kickstarter.

Der Gedanke, den Automobilbau aufzunehmen, lag gar nicht so fern. Heimlich, still und leise hatte man schon 1905 ein Automobil zusammengebaut. Es handelte

Der Wanderer Prototyp (1905), der ohne Nachfolger blieb

1899–1918

Ein Wanderer Motorrad mit 500er Zweizylinder-Motor (1914)

Das Puppchen bot Platz für zwei Personen, und man saß hintereinander

sich um einen Kleinwagen für zwei Personen, mit einem Zweizylindermotor. Er wies keine außergewöhnlichen Merkmale auf und glich in Antrieb und Aufbau durchaus zeitgenössischen Konkurrenzfabrikaten. Bei Wanderer schien man nicht sonderlich begeistert gewesen zu sein, denn man ließ noch einen zweiten Wagen bauen, der nun einen Vierzylindermotor besaß und etwa 1907 fertig wurde. Jedoch – auch er überzeugte nicht. Inzwischen hatte aber eine Krise auch die Reihen der Automobilfabrikanten gelichtet und dabei sogar recht erfolgreiche Marken ausgelöscht. Grund genug, doppelt sorgfältig abzuwägen. Außerdem hatte das Steuergesetz von 1906 die großen Wagen mit erheblichen finanziellen Abgaben belastet und so in den Jahren darauf zu einem verstärkten Angebot von Kleinwagen geführt. Es lag auf der Hand, dass ein in der unteren Preisgruppe angesiedeltes Automobil noch am ehesten günstige Absatzchancen versprach. Schließlich ließ man sich bei Wanderer auch nicht leichtfertig auf eine unausgereifte Konstruktion ein, der die Mängel erst im Verlauf der Serienproduktion ausgetrieben werden sollten, sondern wollte mit einem qualitativ hochwertigen Produkt auf den Markt kommen. Eben daraus erklärt sich die über viele Jahre hin verlaufende Versuchsperiode, an deren Ende dann das Wanderer Puppchen stand.

Am 27. August 1912 unternahmen damit zwei Wanderer Mitarbeiter eine Probefahrt, die sie durch Nord- und Südtirol führen sollte. Nach über 2.000 km kam der Wagen am elften Tag wohlbehalten wieder in Chemnitz an, nachdem er die Strecke mit hohen Passfahrten und endlos scheinenden Serpentinen über Gebirgsjoche glänzend gemeistert hatte. Der 12 PS leistende Vierzylindermotor und das grazile, leichte Wägelchen genügten allen Anforderungen im Hinblick auf Leistung und Wirtschaftlichkeit. Damit fühlte man sich bei Wanderer im Konzept bestätigt. Man war so überzeugt davon, die Ideallösung gefunden zu haben, dass man einen gewissen Ettore Bugatti abwies, als dieser den Werken Konstruktionspläne für einen Kleinwagen anbot.

Wie berechtigt diese Haltung war, zeigte sich eindrucksvoll in der Folgezeit: 15 Jahre lang bildete dieser kleine Wagen, durch den Beinamen Puppchen populär geworden, nicht nur die einträgliche Grundlage der Wanderer Automobilproduktion, sondern auch eine der besten Kleinwagenkonstruktionen auf dem deutschen Markt.

Unternehmensgeschichtliche Daten: Wanderer

1885	Am 26. Februar Gründung des Chemnitzer-Velociped-Depot Winklhofer & Jaenicke
1887	Am 4. Januar Einführung des Markennamens Wanderer für Fahrräder
1896	Umbenennung in Wanderer Fahrradwerke AG vorm. Winklhofer & Jaenicke, Schönau/Chemnitz am 5. Mai
1900	Beginn der Werkzeugmaschinenfertigung
1902	Beginn der Motorradfertigung
1904	Beginn der Schreibmaschinenfertigung (Marke Continental)
1905	Erste Automobilversuche
1908	Ab 15. Januar Wanderer Werke, vorm. Winklhofer u. Jaenicke AG; Kapital: 1,6 Mio. Mark, 1915 auf 5,25 Mio. erhöht
1913	Fertigungsbeginn für Wanderer Automobile
1918	Bis zu diesem Jahr sind weit über 10.000 Motorräder und über 2.000 Automobile gebaut worden; für das 1,5-PS-Rad waren rund 750 Mark zu zahlen, während das Wanderer Puppchen 4.000 Mark kostete

Die wichtigsten Wanderer Automobil-Typen bis 1918

Bezeichnung	Zylinderzahl/ Anordnung	Bohrung x Hub in mm	Zylinder- inhalt in cm³	PS	Bauzeit	Bemerkung
W 3	4 R	64 x 95	1.222	5/12	1913–1914	Puppchen
W 3/II	4 R	64 x 100	1.280	5/15	1914–1921	Puppchen

Die wichtigsten Wanderer Motorrad-Typen bis 1918

Bezeichnung	Zylinderzahl/ Anordnung	Zylinder- inhalt in cm³	PS	Bauzeit	Bemerkung
1,5 PS	1		1,5	1902–1903	Fahrradrahmen
1,5 PS	1		1,5	1903–1904	verstärkter Rahmen
2,5 PS	1		2,5	1904–1910	Motorradrahmen
4 PS	1		4	1905–1908	
1,5 PS	1	198	2	1908–1914	
3 PS	2V	408	4,5	1910–1914	hinterer Zylinder senkrecht
2 PS	1	251	3	1914–1919	
4 PS	2V	504	5,75	1914–1919	beide Zylinder schräg

1899–1918

Johann Baptist Winklhofer 1859–1949

Johann Baptist Winklhofer

1859	Geboren am 23. Juni 1859 als Sohn eines Bierbrauers in München
1875	Nach der Lehrzeit beim Königlichen Laboratorium in München als Dreher tätig
1880	Wechsel zur Maschinenfabrik Josef Hofer nach Ingolstadt, dort bis 1883 tätig
1883	Seit 1883 als Reisevertreter für englische Hochräder der Firma Rudge tätig, dabei Zusammentreffen mit dem späteren Teilhaber Jaenicke
1885	Gemeinsam mit Jaenicke Gründung einer Fahrradreparaturwerkstatt in Chemnitz, die 1896 in eine Aktiengesellschaft umgewandelt wurde
1897	Ab 1. Oktober alleiniger Vorstandsvorsitzender der Wanderer Fahrradwerke AG
1902	Am 4. Oktober 1902 Rücktritt als Vorstandsvorsitzender und Wechsel in den Aufsichtsrat, in dieser Funktion bis 1929
1911	Verleihung des Titels eines Kommerzienrats
1916	Gründung einer Firma in München, die zunächst Munition, später Ketten herstellte; sie wurden unter der Markenbezeichnung IWIS bekannt, einer Abkürzung von Johann Winklhofer Söhne
1949	Am 28. März 1949 in Landsberg am Lech gestorben

10 Gebote für Vorwärtsstrebende
vom Wanderer Gründer J. B. Winklhofer

1. Grundbedingung ist gründliches Verständnis für den eigenen Beruf. 2. Der Ehrgeiz, jedes Ding besser zu machen, als es irgendein anderer kann. 3. Festhalten am Prinzip, daß dem Kunden für sein Geld nur das Beste geliefert werden darf. 4. Eine nie ausgehende Freude an der Arbeit muß vorhanden sein. 5. Immer nur nach den neuesten Arbeitsmethoden und mit den allerbesten Einrichtungen im Betrieb arbeiten. 6. Der größte Teil des verdienten Geldes muß zur Beschaffung dieser betriebsfördernden Mittel verwandt werden. 7. Den rechten Mann an den rechten Platz stellen. 8. Einfach und solide leben, damit man früh mit klarem Kopfe an die Arbeit gehen kann. 9. Sich mit dem Gedanken vertraut machen, daß man nicht jedes Geschäft machen kann oder muß. 10. Schließlich gehört noch eine recht große Dosis Geduld dazu, um den Erfolg seiner Mühen abzuwarten, auch wenn es manchmal recht trostlos aussieht.

DKW macht Dampf

Der 1878 geborene Däne Jörgen Skafte Rasmussen, der bereits in jungen Jahren nach Deutschland gekommen war, hatte in Mittweida und Zwickau ein Ingenieurstudium absolviert, bevor er sich 1904 in Chemnitz niederließ und mit einem Teilhaber die Firma „Rasmussen & Ernst" gründete. Am 14. Oktober 1906 erwarb Rasmussen in Zschopau eine Tuchfabrik samt Grundstück im Dischautal und verlegte das Unternehmen im Jahr darauf dorthin. Das Verkaufsbüro blieb in Chemnitz. Die Handelsregistereintragung am 13. April 1907 nennt als Inhaber der Firma nur noch Rasmussen. Als Zweck des Unternehmens wurde die Fabrikation von Maschinen, Metallwaren und Armaturen genannt. Hergestellt wurden vor allem Armaturen für den Dampfkesselbetrieb, aber auch Feueranzünder sowie Gemüseputz- und schälmaschinen.

Der DKW mit Dampfantrieb (1917)

Auf Umwegen zum Automobil

Im Jahr 1909 sind Abdampfverwertungsanlagen, Anlagen zum Reinigen von Putzmaterial, Zentrifugal-Ölabscheider, mechanische Rostbeschickungsanlagen, Roste und Feuerungen für Dampfkessel angeboten worden. Deutlich lässt sich daraus die Hinwendung zur Dampftechnik erkennen, die allerdings für das Kleinunternehmen nicht lange profilprägend blieb.

Mit Beginn des zweiten Jahrzehnts unseres Jahrhunderts nahm kraftfahrzeugbezogenes Zubehör eine immer größere Bedeutung an. Der Angebotskatalog der Firma von 1912 enthielt Pkw-Kotflügel, Kraftfahrzeugbeleuchtungsanlagen, Gleitschutzketten und Vulkanisierapparate. Darüber hinaus wurden auch Autogenschweißgeräte verkauft. Ab 1909 firmierte das Unternehmen als Rasmussen & Ernst, Zschopau-Chemnitz, Maschinen- und Armaturenfabrik, Apparatebau Anstalt. 1912 hieß es schließlich Zschopauer Maschinenfabrik J. S. Rasmussen.

Viel Dampf – wenig Ergebnis

Im Jahr 1916 begann Rasmussen mit Experimenten zu einem Dampfkraftwagen. Zu diesem Zweck verpflichtete er einen Landsmann, den Ingenieur Mathiessen, der bis zum Kriegsausbruch in den USA mit der Konstruktion von Dampfkraftwagen Erfahrungen und Erfolge gesammelt hatte. Veranlasst und aktualisiert wurden diese Arbeiten durch den Kraftstoffmangel, der mit zunehmender Kriegsdauer im Deutschen Reich immer härter spürbar wurde.

Mathiessen baute zunächst einen Lastkraftwagen. Den mit Dieselöl beheizten Röhrendampfkessel ordnete er senkrecht stehend hinter dem Fahrersitz an. Außerdem baute er gleichzeitig einen Personenkraftwagen. Dort war der Dampfkessel im Vorderteil des Wagens hinter einer Blechverkleidung untergebracht. Das Röhrensystem wurde über Heizflämmchen erwärmt. Nachdem ein Druck von 100 at erreicht war, ließ sich der Dampf über eine Kondensabscheidung zur Kraftleistung direkt in die zweizylindrige Dampfmaschine leiten, die ihre Kraft dann unter Verzicht auf ein Getriebe wiederum direkt auf die Hinterachse abgab. Dampfdruck und Dampfmenge ließen sich entsprechend dem Leistungsbedarf dosieren.

Die Experimente wurden maßgeblich durch den Mangel an flüssigen Kraftstoffen beeinflusst und vom Kriegsministerium reichlich subventioniert. Sie mißlangen letztlich, weil die Anlage technisch unbefriedigend blieb. Das mitgeführte Wasser war zu schnell verbraucht, obwohl der Speicher dafür 500 Liter fasste! Häufiges und zeitaufwendiges Nachtanken setzte Wasserzapfstellen an der Fahrtstrecke voraus. Die zum Antrieb benötigte Dampfmenge reichte auch für Volllastbetrieb auf ansteigendem Fahrweg nicht aus. Der theoretische Aktionsradius dieses Dampfwagens betrug 90 km. Seine Leermasse war jedoch so hoch, dass man sechs Pferde brauchte, um ihn im nicht seltenen Bedarfsfall zur Zschopauer

Fabrik zurückzubringen, wenn er den Geist aufgegeben hatte. Nach dem Krieg sind die Versuche eingestellt worden.

Für den Fall der Produktionsaufnahme hatte sich Rasmussen jedoch ein neues Warenzeichen schützen lassen, das von diesem Dampfkraftwagen geprägt war: DKW. Die bildliche Darstellung ordnete die drei Buchstaben um einen Rauch speienden Vulkan.

Erstes Fabrikgebäude von J. S. Rasmussen in Zschopau (1907)

Unternehmensgeschichtliche Daten: DKW

1904	Gründung der Firma Rasmussen & Ernst in Chemnitz; Abdampfarmaturen
1907	Am 13. April Verlagerung des Unternehmens nach Zschopau, wo Rasmussen 1906 ein Grundstück erworben hatte; Rasmussen ist Alleininhaber, das Verkaufsbüro bleibt in Chemnitz
1909	Rasmussen & Ernst, Zschopau-Chemnitz, Maschinen- und Armaturenfabrik, Apparatebau Anstalt
1912	Zschopauer Maschinenfabrik J. S. Rasmussen

1899–1918

Jörgen Skafte Rasmussen 1878–1964

Jörgen Skafte Rasmussen

1878	Geboren am 30. Juli 1878 in Nakskov (Dänemark) Nach dem Schulabschluss Schmiedelehre in Kopenhagen
1898–1900	Ingenieurstudium in Mittweida, das danach in Zwickau abgeschlossen wurde
1904	Beendigung der Ingenieurtätigkeit bei der Rheinischen Maschinenfabrik in Düsseldorf
1904	Unternehmer zunächst in der Armaturenfabrikation; bis zum Kriegsende blieb der Wohnsitz in Chemnitz, danach siedelte Rasmussen nach Zschopau über
	In den 20er Jahren Ausbau des DKW Konzerns mit starkem finanziellem Engagement der Sächsischen Staatsbank; wichtigste Grundlage blieb die DKW Motoren- und Motorradproduktion
1928	Beginn der Automobilfertigung
	Als einer der ersten Unternehmer begann Rasmussen in Scharfenstein mit der Herstellung von elektrischen Haushalts- und Gewerbekühlschränken (seit 1932: Deutsche Kühl- und Kraftmaschinengesellschaft mbH, Scharfenstein)
	Idee und Konzept für die Bildung der Auto Union als Unternehmen im Staatsbankbesitz wurden maßgeblich von Rasmussen mitgeprägt, der allerdings von einer späteren Reprivatisierung ausging
1932–1934	Vorstandsmitglied der Auto Union AG für Technik
1935	Unvereinbare Differenzen in der Führungsauffassung bei der Auto Union führten zur Trennung mit nachfolgendem Rechtsstreit, in dessen Ergebnis Rasmussen eine Entschädigungszahlung erhielt
1937	Verlegung des Wohnsitzes nach Sacrow bei Berlin
1938	Verleihung des Dr. Ing. e.h. durch die TH Dresden für Verdienste um die Motorisierung anlässlich seines 60. Geburtstags; in dieser Zeit beteiligt an der Einführung der Imbert Holzgas-Anlage, die zunächst bei Framo gefertigt wurde
1945	Flucht nach Flensburg
1948	Rückkehr nach Dänemark; wieder die Konstruktion von Automobilen und Motorrädern initiiert und finanziert, gemeinsam mit dem dänischen Industriesyndikat, das drei Modelle unter der Markenbezeichnung DISA baute und vertrieb
1964	Am 12. August 1964 in Kopenhagen verstorben

Horch im Überblick

Zweizylinder-Fahrgestell (1903)

Typ 23/45 PS Limousine (1908)

August Horch bei der Prinz-Heinrich-Fahrt (1908)

31/60-PS-Sechszylinder (1908)

Dreisitziger Sonderaufbau für 6/18 PS

1899–1918

8/24 PS Phaeton (1911)

Lieferwagen (1912)

Tourenwagen mit Limousinenaufsatz, sog. Aufsatz-Limousine (1913)

10/30-PS-Rennwagen für Eisrennen in Schweden 1913 (1. Preis)

Phaeton auf 14/40-PS- Fahrgestell (1913)

41

Audi im Überblick

Sport Phaeton Typ A (1910)

Phaeton Typ A und B (1911)

Lieferwagen Typ B (1912)

Phaeton Typ B (1911)

Chassis Typ B (1911)

Aufsatzlimousine Typ C (1913)

Landaulet Typ C (1913)

Audi Typ G, 8/22 PS, Sportzweisitzer (1914)

Audi Typ D, 18/45 PS (1914) – der Wagen des sächsischen Königs

Wanderer im Überblick

Das erste Wanderer Motorrad, 1,5 PS (1902)

Wanderer 2-PS-Einzylinder-Motorrad (1914)

Wanderer 4-PS-Zweizylinder-Motorrad (1914)

Erstes Wanderer Automobil mit Zweizylindermotor (1905)

Wanderer W 3 Puppchen 5/12 PS bei einer Erprobungsfahrt in den Alpen (1912)

1899–1918

Wanderer W 3 Puppchen 5/12 PS, Sitzanordnung hintereinander (1913)

Wanderer W 3 Puppchen 5/15 PS beim Start zur Katschbergprüfung (1914)

Wanderer W 3 5/15 PS, Sitzanordnung nebeneinander (1914)

Wanderer W 3 Puppchen 5/15 PS Dreisitzer (1917)

Wanderer W 3 Puppchen (1913)

45

Wachstum zwischen Inflation und Wirtschaftskrise

Parkplatz vor dem Dresdner Arbeitsamt (1931)

Nachdem das Kriegsende durch Waffenstillstand und Versailler Vertrag besiegelt war, begann die Automobilindustrie wieder mit ihrer Produktion für zivile Zwecke. In den Fabrikhallen wurden die Vorkriegstypen montiert, nahezu unverändert und eigentlich nur durch die jetzt elektrische Beleuchtung von jenen „aus Kaisers Zeiten" zu unterscheiden. Der Verfall der deutschen Währung

Anfang der 20er Jahre ließ zwar das Exportgeschäft wie nie zuvor aufblühen, jedoch brachte der Inflationskollaps Ende 1923 die Ernüchterung: Die Scheinblüte war zu Ende. Die alten Autos, hergestellt auf veralteten Maschinen, waren nun nicht mehr absetzbar.

Aufbau

Ansätze moderner Kraftfahrzeugtechnik – z. B. Blockmotor, Linkslenkung, Vierradbremse – und bessere Technologien – z. B. Übergang von der Werkstatt- zur Reihenfertigung und Anfänge der Fließbandproduktion – waren zunächst im wirtschaftlichen Chaos der Nachkriegsjahre stecken geblieben. Die seit Mitte der 20er Jahre auf dem deutschen Markt verstärkt auftretende internationale Konkurrenz zwang nun die einheimische Kraftfahrzeugindustrie, auch ihrerseits den Schritt in Richtung Fließbandproduktion zu tun.

Außerdem forderten leistungsstärkere und moderneren Ansprüchen gerecht werdende Automobile auch neuartige und kostspieligere Herstellungsverfahren. Um die Wagen leichter werden zu lassen, entwickelte man neue Leichtmetallwerkstoffe, z. B. Dural, Lautal, Silumin, Elektron. Für deren Bearbeitung waren neue und andere Maschinen erforderlich: mit hoher Schnittgeschwindigkeit und Einzelantrieb. Völlig neue Bearbeitungsverfahren änderten die Einrichtung der Werkhallen. Erstmalig tauchten damals die gigantischen Metallpressen zur Herstellung von Karosserieblechteilen, Beschlägen, Gestängen, Hebeln und Zahnrädern auf. Die Schleiftechnik brauchte mit der Einführung des Honens (Ziehschleifen) ganz andere Maschinen, die allerdings Oberflächen bisher unbekannter Güte erzeugten. Auch die Veränderung der Lackiermethoden ist hier zu nennen, die von herkömmlichen Ofenlackierverfahren mit Einbrennlacken zu lufttrocknenden Nitrolacken überging. Die Automobilfabrikation übernahm in der Einführung modernster Fertigungsverfahren eine Pionierrolle für die gesamte Industrie. Die meisten Automobilwerke, darunter auch Horch, DKW und Wanderer, gingen zwischen 1925 und 1929 zur Fließbandfertigung über. In der gleichen Zeit hat sich in Deutschland die Automobilproduktion verdoppelt!

Wachstum

Dieses Wachstum hat kein einziges Unternehmen der Branche aus eigener Kraft finanzieren können – ohne direktes Engagement der Großbanken wäre nichts gelaufen! Es ging ja nicht nur um die Anschaffungsinvestitionen für neue – und eben teurere – Maschinen, sondern vor allem um mindestens ebenso hohe Kapitalhilfen für die Finanzierung des Absatzes. 1928 wurden 70 Prozent aller in Deutschland gekauften Automobile in Raten bezahlt!

Hinzu kam, dass der Markt begrenzt blieb. Krieg und Inflation hatten den für das Automobilgeschäft so wichtigen Mittelstand ruiniert. Da außerdem Deutschland durch den Versailler Vertrag gezwungen war, allen Siegerstaaten Meistbegünstigungen einzuräumen, gab es praktisch kaum noch Zollschranken, sodass sich hierzulande die gesamte internationale Konkurrenz tummelte.

Die Kraftfahrzeuge begannen, das Straßenbild zu verändern. Hatte man 1924 in Deutschland rund 420.000 davon gezählt, so waren es vier Jahre später bereits 1,2 Mio.! Das entsprach Zuwachsraten, wie sie erst in der allerjüngsten Vergangenheit beim Stillen des Nachholbedarfs in den neuen deutschen Bundesländern beobachtet worden sind. In Deutschland fuhren Kraftfahrzeuge vor allem in Städten. Dort war vor dem Krieg noch das Pferd wichtigstes Verkehrsmittel gewesen. Allein in Berlin hatte man davon 5.500 gebraucht, um die Omnibusse zu ziehen! Jedes Jahr verdiente die Berliner Omnibusgesellschaft 100.000 Goldmark allein durch den Verkauf von Pferdemist. Wie sehr diese scheinbare Idylle die Umwelt belastete, ging aus dem Stoßseufzer eines Zeitgenossen hervor: „Ein noch konkreteres Merkmal der Pferde war der Dreck, trotz der Aktivität eines Bataillons von rotbejackten Jungen, die zwischen den Rädern und Hufen mit Eimer und Besen wirkten; die Eimer wurden am Gehsteinrand ausgeleert, aber der Dreck überflutete trotzdem die Straßen über den Rinnstein hinaus ... oder überzog die Straßenoberfläche wie mit Schmieröl oder Kleie, zur Freude der Fußgänger. Und zu dem Dreck kam der Krach, der wiederum vom Pferd herrührte und wie ein mächtiger Herzschlag die inneren Bezirke ... durchflutete."

Abhilfe hatten die elektrischen Bahnen und der Kraftomnibus geschaffen, die

1919–1932

Großveranstaltungen mit zehntausenden von Zuschauern stellten von Anfang an die höchsten Anforderungen an die Organisation des Straßenverkehrs

Der Schein trügt: Statt einer Idylle erlebten alte Städte mit kostbarer und unveränderlicher Bausubstanz im Zentrum sehr früh krasse Probleme des Auto- und Straßenbahnverkehrs

nun den Stadtverkehr für jedermann bewältigten. Aber die Mobilitätssehnsucht des Einzelnen wurde dadurch nur bedingt befriedigt. Das Fahrrad war nach wie vor des kleinen Mannes Zauberross, das ihm allzeit verfügbar Ziele und Erlebnisse fernab der Bahn- und Buslinien erschloss. Mit seiner Motorisierung begann in Deutschland das Kraftfahrzeug zum Gebrauchsgut zu werden: Bis lange nach dem Zweiten Weltkrieg gab es hier mehr Motorräder als Automobile.

Der Personenwagen wuchs von oben in die Gebrauchswelt der Gesellschaft hinein. Für Luxus- und Sportgebrauch wurde er allmählich populär. Die 20er Jahre waren schließlich jene Zeit, in der mit Kleinwagen um die Gunst des Käufers gebuhlt wurde. Eine Fülle von technischen Ideen wurde dafür geboren und verwirklicht.

Horch – Qualität & Quantität

Im Jahr 1920 erwarb Dr. Moritz Strauss die Aktienmehrheit der Horchwerke AG. Ihm gehörte bereits der größte Anteil an den Argus Flugmotorenwerken GmbH in Berlin. Kontakte zwischen beiden Unternehmen gingen auf die Vorkriegszeit zurück, als man bei Horch mit Flugmotoren experimentierte, die nach Argus Lizenzen hergestellt werden sollten. Obwohl nichts daraus wurde, verlor man sich nicht aus den Augen.

Als mit Kriegsende der Flugmotorenbau verboten wurde, gewann die Verbindung zu Horch für Dr. Strauss an Aktualität. Er beauftragte kurzerhand den Schweizer Konstrukteur Arnold Zoller mit der Konstruktion eines Personenwagens, den er dann bei Horch in Zwickau bauen lassen wollte. Gleichzeitig sollte der neue Wagen die noch in großer Vielfalt gebauten Vorkriegsmodelle als nunmehr einziges Horch Produkt ablösen.

Zoller bot mehrere Motoren an, und Strauss entschied sich für den preisgünstigsten darunter. Der Schweizer arbeitete in Berlin-Reinickendorf, im Sitz der Argus Werke, und entwickelte dort noch einige interessante Versuchsmotoren, die jedoch zu kompliziert und zu teuer gerieten. Daher trennten sich Zoller und Strauss wieder voneinander, und ab 1. Juli 1922 trat als neuer Argus Chefkonstrukteur Paul Daimler, der Sohn Gottlieb Daimlers, seinen Dienst in Berlin an. Per Beratervertrag war er gleichzeitig dazu verpflichtet, die Modellpflege der Horch Wagen sicherzustellen.

In der zweiten Hälfte der 20er Jahre war die Fertigungskapazität von vier Wagen täglich (1925) auf zwölf (1928) gestiegen. Im Jahr darauf konnte man sogar schon 15 Wagen am Tag montieren. Seit 1927 handelte es sich dabei fast ausschließlich um Achtzylindermodelle.

1930 trat Paul Daimler in den Ruhestand, und Fritz Fiedler wurde neuer Horch Chefkonstrukteur.

Als Technischer Direktor war seit Sommer 1926 William Werner bei den

Horch 10/35 vor der Hagia Sophia (1923)

Horchwerken tätig, ein Jahr später bereits als stellvertretendes Vorstandsmitglied. Er genoss den Ruf, einer der bedeutendsten Fertigungsexperten im Management der deutschen Industrieunternehmen zu sein.

Ein halbes Jahr nach William Werner trat Fritz Zerbst bei den Horchwerken ein, nach kurzer Zeit war er Betriebsdirektor des Zwickauer Werks und blieb es über anderthalb Jahrzehnte!

Binnen kürzester Zeit wurde Ende der 20er Jahre der Horch 8 zum Qualitätsbegriff, der ein Spitzenerzeugnis der deutschen Automobilindustrie symbolisierte. Die besondere Laufruhe und die hohe Verarbeitungsqualität prägten den Ruf dieser Wagen. Die Zwickauer Automobilbauer haben sich dabei eine in Deutschland einmalige Konzentration an Know-how vor allem bei der Fertigung so großer Triebwerke erworben. Dazu gehörte z. B. die kenntnisreiche Behandlung der großen Gussblöcke, um deren Verziehen während der Bearbeitungsvorgänge zu verhindern; das Auffräsen der Ventilsitze und deren Einläppen von Hand mit der Brustleier; das Auswuchten aller rotierenden Teile einschließlich der Riemenscheibe der Lichtmaschine und – für die extreme Laufruhe – Einstellen der schräg verzahnten Bronzeräder für den Königswellenantrieb mithilfe eines Hörrohrs! In einer gesonderten Kabine wurde jeder einzelne Wagen darauf abgehört, ob er das vorgesehene mechanische Gesamtgeräusch auch nicht überschritt. Jeder Motor hatte 60 Minuten Prüfstandlauf hinter sich, davon 40 Minuten mit Vollgas. Alle hochbelasteten Teile, z. B. die Kurbelwellenlager, wurden bei Horch als einem der ersten Automobilhersteller überhaupt mit Diamanten bearbeitet.

Die Kapitalisierung der Fertigungseinrichtungen und

des Absatzes überschritten die finanziellen Möglichkeiten von Dr. Strauss bei weitem. So engagierten sich die Allgemeine Deutsche Credit Anstalt (ADCA) und die Berliner Commerzbank für das Zwickauer Werk. Diese Banken gehörten 1932 auch zum Gründungskonsortium der Auto Union, in der die Horchwerke aufgingen.

Die Produkte

Als 1920 die Friedensproduktion bei den Horchwerken wieder voll in Gang gekommen war, hatte man sechs Personen- und drei Lastwagentypen im Angebot. Es handelte sich ausnahmslos um Vorkriegsentwicklungen, darunter als Topmodell ein Wagen mit 80-PS-Vierzylindermotor und 8,5 Liter Hubraum!

1923 lief diese bunte Palette aus, und es wurde nur noch der seit 1922 im Programm befindliche, von Zoller entwickelte 10/35-PS-Wagen hergestellt. Er wurde angetrieben durch einen seitengesteuerten Vierzylindermotor mit 35 PS Leistung. Das ebenfalls völlig neu entwickelte Fahrgestell war allein durch sieben Patente und acht Gebrauchsmuster geschützt. Sie betrafen u. a. das Hinterachsgehäuse sowie den Motor, der mit der Lenkung und der Stirnwand zu einer einzigen montagefertigen Baugruppe vereinigt worden war.

Paul Daimler hat zuerst diesen Wagen überarbeitet, indem er auf eine ebenfalls schon von Zoller entworfene OHC-Version des Motors zurückgriff und damit bei gleichem Hubraum eine Leistung von 50 PS erreichte. Der Wagen bekam eine Vierradbremse und bot mit seinem Flachkühler – der vorherige 10/35 hatte einen modischen Spitzkühler – einen konventionellen Anblick. Erstmals sah man hier das neue Markenzeichen: ein H, über dem sich das Wort Horch so wölbte, dass das Gebilde einer Krone glich. Das Signet stammte von Prof. Ernst Böhm, Lehrer für Gebrauchsgrafik an der Hochschule für Freie und Angewandte Kunst in Berlin.

Der Höhepunkt des Daimler-Wirkens für Horch war zweifellos der von ihm entworfene Achtzylindermotor in Reihenbauweise.

Um die Baulänge in vernünftigen Grenzen zu halten, hatte Daimler die Zylinder

Horch Kühlerfigur: die geflügelte Weltkugel (1929)

Horch 10/50 mit Wechselaufbau

Der von Paul Daimler entworfene Horch Geländewagen (1928)

Horch Typ 375 Sedan-Cabriolet (1930)

paarweise im Block gießen lassen, sodass nur zwischen jedem zweiten Kühlwasser floss. Der Motor hatte etwa 3 Liter Hubraum und leistete 60 PS. Die Ventilsteuerung besorgten zwei oben liegende Nockenwellen, die über eine Königswelle mit Gleason-Spiralverzahnung angetrieben wurden. Auf ihrem Kopf saß der Verteiler. Vom gleichen Kegelrad, das die Königswelle antrieb, wurde nach unten die Zahnraddruckpumpe für die Schmierung bewegt. Rechnet man den Schraubradantrieb für die Kühlwasserpumpe und für die Lichtmaschine hinzu, so arbeiteten bei diesem Antrieb nicht weniger als acht Zahnräder ineinander!

Der Auspuffkrümmer war völlig verrippt und wurde am Motor entlang nach vorn geführt. Bemerkenswert an dem Wagen waren auch konstruktive Details, die damals weit über dem Durchschnitt lagen. So wurde die Vierradbremse mithilfe der Saugwirkung des Motors betätigt (nach dem System des Belgiers Albert Dewandre), um die erforderlichen Pedaldrücke zu reduzieren. Im Kühlsystem sorgte ein Thermostat, der den Wasserumlauf erst bei 72 Grad öffnete, für die Optimierung der Betriebstemperatur.

Der Wagen wurde Ende 1926 auf der Berliner Automobilausstellung zum ersten Mal der Öffentlichkeit vorgestellt. Die Typenbezeichnung des ersten Horch Achtzylinders lautete 303. Der für ihn geforderte Preis machte deutlich, wo ihn seine Väter gerne sehen wollten: mittendrin in der Oberklasse. Dieser Horch kostete in der einfachsten Ausführung als offener Tourenwagen 11.900 Mark. Wenige Konkurrenten waren teurer, viele dagegen sogar billiger, so z. B. der Mercedes Mannheim und der 3,3-Liter Röhr!

Von Anfang an gab es den Wagen mit einem kurzen und einem langen Radstand, wobei die Aufbauten zunächst die aus dem Waggon- und Anhängerbau bekannte Gottfried Lindner AG in Ammendorf bei Halle herstellte. Cabriolets bezog man von Gläser in Dresden und Dietzsch in Glauchau. Zwei Jahre später erschien mit dem Horch 350 der Nachfolgetyp. Dessen Karosserien hatte Prof. Hadank entworfen, wie Böhm an der Berliner Kunsthochschule tätig. Statt der bisher eckigen Form mit flachem Dach zeigte der Wagen nun Rundungen und eine gewölbte Dachform; er erschien dadurch niedriger und gestreckter. Auf der Berliner Automobilausstellung im Dezember 1928 war ein halbes Dutzend der neuen Wagen zu sehen – als Pullman-Limousine und Pullman-Cabriolet, offener Tourenwagen, Limousine und Sportcabriolet. Den Vogel schoss das viertürige so genannte Sedan-Cabriolet ab – eine graue Karosserie harmonierte mit scharlachroter Lederausstattung und sandfarbenem Verdeck! Als erste deutsche Firma bot Horch seitdem seine Wagen serienmäßig mit splitterfreiem Glas ausgerüstet an. Sehr große, von Zeiss in Jena gefertigte Scheinwerfer beherrschten die Frontpartie des Wagens. Zwischen ihnen war eine Querstange angeordnet, in deren Mitte eine 8 im Kreis auf die Horch 8-Spezifik hinwies. Der bisher unverkleidete Kühler bekam nun eine in Wagenfarbe gehaltene und im Chromrand gefasste Jalousie, die sich über einen Thermostat gesteuert öffnete. Neu war eine auf dem Kühlerverschluss angebrachte Symbolfigur, ein geflügelter Pfeil. (Entwurf Oskar Hadank)

Der Motor war auf 4 Liter Hubraum und 80 PS gesteigert worden. Ab 1928

Horch Eleganz im Stil der späten 20er Jahre.

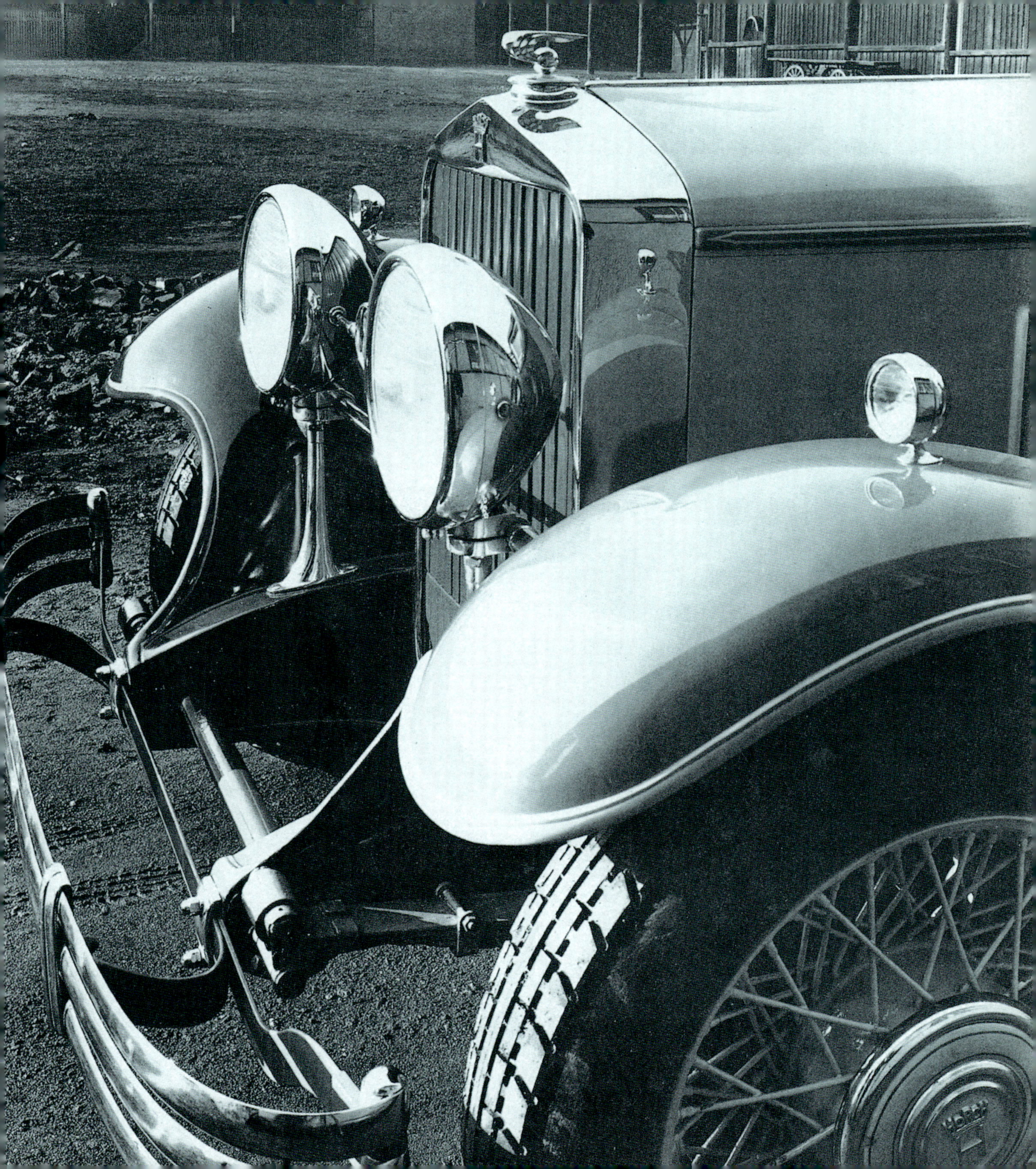

mussten Horch Fahrer auch nicht mehr alle 32 Schmierstellen mit der Fettpresse bedienen, sondern erfreuten sich einer mit Fußdruck zu betätigenden Zentralschmierung.

Wiederum zwei Jahre später bot Horch eine Sonderausführung seines Achtzylinders an, der auf den nüchternen Typencode 375 hörte. Der Karosserieentwurf stammte wiederum von Hadank, auch unterm Blech hatte Paul Daimler nochmals nachgelegt. Wesentlichste Neuerungen waren die tiefe Kröpfung des Rahmens über der Hinterachse und eine veränderte Federanordnung, wodurch sich breitere Spurmaße und günstigere Federabstände ergaben. Die Hinterfedern waren 1,45 Meter lang und wurden von 18 Lagen aus Chromvanadiumstahl gebildet! Erstmals gab es bei Horch hydraulische Schwingungsdämpfer. Auf dem Kühlerverschluss des Wagens prangte von nun an die – wieder von Ernst Böhm entworfene – geflügelte Weltkugel.

Mit diesem Auto war Paul Daimler endlich am Ziel. Die Anfangsschwierigkeiten waren überwunden, und der Achtzylinder war zum seidenweich laufenden Motor

Horch Automobile gehörten zu den Abonnenten auf den ersten Platz bei Schönheitswettbewerben

geworden. Dem so anspruchsvollen Antrieb entsprachen nun auch Fahrgestell und Karosseriegestaltung des Wagens, der insgesamt in Deutschland Maßstäbe setzte. Dies galt vor allem für die Fertigungsqualität und das unaufdringlich-luxuriöse Ambiente. Als Paul Daimler Ende 1929 in den Ruhestand trat, da konnte er auf bis dahin über 7.000 Horch Achtzylinderwagen zurückschauen – eine Zahl, von der die deutschen Konkurrenten nur träumen konnten.

Die erste Aufgabe seines Nachfolgers Fritz Fiedler bestand in der Abmagerung der Autos sowohl gewichts- als auch kostenseitig. Vor allem aber konzipierte er die Angebotspalette neu. Den Reihenachtzylinder, ab sofort nur noch mit einer oben liegenden Nockenwelle, gab es künftig in drei Größen: 4 Liter Hubraum mit 80 PS, 4,5 Liter mit 90 PS und 5 Liter mit 100 PS. Für diese drei Motorvarianten standen ein kurzes und ein langes Fahrgestell zur Verfügung. Acht Karosseriemodelle waren werkseitig vorgesehen, aber natürlich stand es jedem Horch Käufer frei, lediglich das Fahrgestell zu erwerben und darauf dann bei einem Karossier wie Gläser oder Erdmann & Rossi einen Aufbau seiner Wahl setzen zu lassen.

Stars, die aufhorchen ließen

Für besonderes Aufsehen sorgten die Horchwerke auf dem Pariser Salon 1931. Auf dem Horch Stand war ein gelb lackiertes Cabriolet mit braunem Verdeck und grüner Saffian-Lederpolsterung zu bewundern, flankiert von einem Typ 500 in Stahlblau mit grauem Verdeck und von einem 470er Sedan-Cabriolet in grauem Lack mit hellgrauem Verdeck und blauer Lederpolsterung. Die Attraktion, das gelbe Sportcabriolet, zeigte unter der geöffneten Motorhaube ein neues Wunderwerk: einen Zwölfzylinder-V-Motor mit 6 Liter Hubraum! Fiedler hatte keinen Aufwand gescheut, um höchsten Ansprüchen an Laufkultur gerecht werden zu können. Um Schwingungsproblemen an der siebenfach gelagerten Kurbelwelle zu begegnen, hatte er sie mit zwölf Ausgleichsgewichten am vorderen Ende und noch dazu mit einem Schwingungsdämpfer versehen. Für die Kolbenschmierung schuf Fiedler ein spezielles Leitungssystem, um sicherzustellen, dass

Der Horch Reihenachtzylinder wurde in seiner ersten Version von zwei oben liegenden Nockenwellen gesteuert

die Kolbenlaufbahn bereits vor dem ersten Zylinderhub beim Starten des Motors mit einem Ölfilm versehen war. Die Kolbenbolzen erhielten bei jeder Umdrehung Drucköl von der Kurbelwelle durch die hohlgebohrten Pleuelstangen, und das Spiel der Ventile wurde auf hydraulische Weise ausgeglichen. Natürlich war für die Geräuscharmut des Wagens die Verwendung eines ZF-Aphongetriebes geradezu obligatorisch. Übrigens war es eines der ersten in Deutschland, bei denen schon der zweite Gang geräuscharm ausgebildet war.

Diesen Motor hängte Fiedler in einen elektrisch geschweißten Kastenrahmen, der außerdem das Stahl-Holz-Gerippe der Karosserie aufnahm. Die Festigkeit des Rahmens und des Karosserieverbands sollte durch die als Hohlkörper konstruierte Stirnwand, die als verwindungsfester Querträger genau über dem Schwungrad angeordnet war, verstärkt werden.

Dieses Flaggschiff der Horch Flotte gab es entweder als zwei- oder viertüriges Cabriolet unter der Typenbezeichnung 670 oder als Pullman-Limousine bzw. -Cabriolet unter dem Typencode 600.

Besonderes Kennzeichen des Horch 670 war die dreiteilige Windschutzscheibe, deren Mittelstück sich nach außen verstellen ließ. Das mit Edelholz belegte Armaturenbrett war ebenso mit einer Kartenleselampe bestückt wie mit diversen Kontrollleuchten. Die Inneneinrichtung wurde durch serienmäßige Liegesitze den Komfortansprüchen angepasst.

Der Wagen kam Anfang 1932 auf den Markt und kostete je nach Ausführung zwischen 24.000 und 26.000 Reichsmark. Teurer waren in Deutschland nur die Mercedes Kompressor-Modelle und der Maybach Zeppelin. Da wundert es nicht, wenn dem Wagen nur mäßige Verbreitung zuteil wurde. Bis zum endgültigen Abverkauf 1934 sind 27 Wagen vom Typ 600 und 53 vom Typ 670 gefertigt worden. Der Markt der Luxusklasse war in Deutschland hart umkämpft wie kaum anderswo. 17 Achtzylinder in 47 Modellvarianten glänzten miteinander um die Wette! Um so höher ist es zu bewerten, dass es Horch gelang, sich gegen diese Konkurrenz durchzusetzen: In der Klasse über 4,2 Liter Hubraum betrug der Marktanteil der Zwickauer Edelmarke 44 Prozent.

Eines der schönsten klassischen Automobile überhaupt: der Horch 780

Der Vater des Nürburgrings, Landrat Dr. Creutz, gehörte zur großen Schar der Horch Enthusiasten

1919–1932

Im Motorsport hielten sich die Horchwerke in den 20er Jahren sehr zurück. Anfängliche Versuche mit kopfgesteuerten Vierzylinderwagen bei AVUS-Rennen endeten mit mäßigem Erfolg. Werkseitig endeten damit auch alle derartigen Ambitionen. Dennoch haben private Sportfahrer einige sehr erstaunliche Erfolge errungen, z. B. Fürst Schaumburg-Lippe, der Kölner A. Broschek oder Marion v. d. Heydt. Ende der 20er und Anfang der 30er Jahre gehörten Horch Wagen zu den Seriensiegern bei den Schönheitskonkurrenzen.

Unternehmensgeschichtliche Daten: Horch

Die Horchwerke AG gehörte von 1920 bis zur Liquidation am 29. Juni 1932 zu den Argus-Flugmotorenwerken, Berlin. Sitz der Horch Direktion in dieser Zeit war Berlin, Mittelstraße 15. Das Kapital betrug 5 Mio. Reichsmark.

Die Produktionszahlen

Zwischen 1922 und 1932 sind etwa 15.000 Horch Wagen hergestellt worden, davon ab 1927 rund 12.000 mit Achtzylindermotor. Das entsprach einer Jahresleistung von durchschnittlich 1.300 Wagen. Zwischen 1925 und 1930 betrug der Jahresumsatz durchschnittlich 23 Mio. Reichsmark. Die Zahl der Beschäftigten schwankte zwischen 2.200 und 2.400 Arbeitnehmern. 1932 erreichte der Zulassungsanteil der Horch Automobile in Deutschland in der Klasse über 4,2 Liter Hubraum über 44 Prozent.

Die wichtigsten Horch Typen 1919–1932

Bezeichnung	Zylinderzahl/ Anordnung	Bohrung x Hub in mm	Zylinderinhalt in cm³	PS	Bauzeit	Bemerkung
10 M 200	4 R	80 x 130	2.600	10/35	1922–1924	
10 M 201	4 R	80 x 130	2.600	10/50	1924–1926	
303	8 R	65 x 118	3.132	12/60	1927	2 Nockenwellen
305	8 R	67,5 x 118	3.378	13/65	1927–1928	
350	8 R	73 x 118	3.950	16/80	1928–1930	
400	8 R	73 x 118	3.950	16/80	1930–1931	
420	8 R	87 x 95	4.517	18/90	1931–1932	1 Nockenwelle
500	8 R	87 x 104	4.944	20/100	1930–1932	
670	12 V	80 x 100	6.021	120	1932–1934	
750	8 R	87 x 95	4.517	90	1932–1934	

Die Preise

Der Tourenwagen 10/50 PS kostete 1926 12.876 Reichsmark. Der Achtzylinder war zum Teil teurer als die Konkurrenzmodelle. Der Preis für den Tourenwagen 303 betrug 1927 11.900 Reichsmark. Für den 350 waren in gleicher Ausführung 14.000 Reichsmark zu bezahlen, während der Zwölfzylinder-Typ als Pullman-Limousine 24.500 Reichsmark kostete.

Der Horch Zwölfzylinder wurde nicht nur in Pullman-Ausführung, sondern auch als sorgfältig gestyltes viersitziges Sportcabriolet angeboten

Just-in-Time-Produktion bei Horch 1928

„Ausgangspunkt für die Berechnung des Zeitpunktes, an dem das Rohmaterial angeliefert werden muß, ist der Augenblick, in dem der fertige Wagen das Montageband verläßt. Von hier aus ist rücklaufend ein genauer „Fabrikations-Fahrplan" aufgestellt worden, in dem jede einzelne Operation genau mit der Zeit, die sie benötigt, eingetragen ist. Besondere Terminbeamte sorgen dafür, dass der Fahrplan, der im Zentralbüro verfolgt wird, auch eingehalten wird.

Der Motor und die Hinterachse laufen auf ihren Montagebändern genau zu der Minute aus ihren Abhörräumen (das ist die letzte Operation) auf das Montageband des Fahrgestells, wenn sie zum Einbau benötigt werden. Ebenso wird jeder Motor und jeder Hinterachsteil erst in dem Augenblick fertig, wenn er an seine Stelle kommen muß.

Die Karosserie ist gerade fertig lackiert, wenn sie auf das fertige Fahrgestell aufgebaut wird, und so fort, bis der Wagen nach der letzten gründlichen Ableuchtung unter hellen Scheinwerfern das Werk verläßt."

P. Friedmann in: Deutsche Motor-Zeitschrift 1928, Heft 6

1919–1932

Ernest Friedländer: Auto-Test-Buch (1931)

„Der Wagen hat ungemein fließende Linien, und wenn er auch stärker modischen Einflüssen nachgibt als die serienmäßigen Erzeugnisse von Daimler-Benz, so hat er vor diesen den Vorzug einer geschmeidigeren Erscheinung und eines sublimierteren Ausdrucks. Bei Horch ist das formale Problem heute dominierend. Alles, selbst Konstruktives hat sich diesem obersten Gesichtspunkt einzuordnen, und so ist es erklärlich, dass das Resultat dieser Konzeptionsform eine Delikatesse aufweist, die kaum zu übertreffen ist. Die großen Horch Cabriolets und Limousinen zählen heute trotz ihrer Größenordnung zu den beflügeltsten und schneidigsten Schöpfungen der Automobiltechnik."

Paul Daimler

Paul Daimler 1869–1945

1869	Geboren am 13. September 1869
1897	Nach Schulbildung und Ingenieurstudium an der TH Stuttgart Konstrukteur bei der Daimler-Motoren-Gesellschaft
1902–1905	Generaldirektor der Österreichischen Daimler-Motoren-Gesellschaft in Wien
1907–1922	Vorstandsmitglied und Chefkonstrukteur der Daimler-Motoren-Gesellschaft in Stuttgart
	Schöpfer jener Mercedes-Rennwagen, die den legendären Dreifachsieg beim Großen Preis von Frankreich 1914 errangen
1915	Ernennung zum Baurat – in dieser Zeit Erwerb besonderer Verdienste um die Kompressorentwicklung für Flugmotoren, die nach dem Krieg für Straßenfahrzeuge fortgeführt wurden
1922	Nach erheblichen Differenzen mit dem Daimler-Vorstand Trennung vom Untertürkheimer Unternehmen; ab 1. Juli Chefkonstrukteur der Argus-Motoren-Gesellschaft mbH in Berlin-Reinickendorf. Per Beratervertrag zur Motorenentwicklung für die Horchwerke verpflichtet. Argus war dort Mehrheitsaktionär
1926	Im Dezember wurde der von ihm geschaffene Horch Reihenachtzylinder Typ 303 zur Berliner Automobilausstellung vorgestellt. Dieser Motor begründete den Ruf des Zwickauer Werks, bedeutendster Achtzylinderhersteller der deutschen Kraftfahrzeugindustrie zu sein
1929	Beginn des Ruhestands, wobei noch zahlreiche Ehrenämter versehen wurden
1945	Am 15. Dezember 1945 in Berlin gestorben

Audi – Noblesse oblige

Die Audiwerke AG waren wie ihre Konkurrenten am Ort mit beträchtlichen Gewinnen über den Krieg gekommen und begannen nun ebenfalls wieder mit der Fertigung ziviler Kraftwagen. Auch bei ihnen kamen leichte Lastwagen ins Programm, die Transportnot der Nachkriegsjahre hatte hier einen attraktiven Markt eröffnet.

Sehr früh hatte der technische Vorstand, Hermann Lange, die Notwendigkeit einer veränderten Modellpolitik erkannt. Er hatte im Oktober 1919 die erste Friedensautomobilausstellung, die in Kopenhagen stattfand, besucht, und dort begriffen, dass man in Zukunft weniger und zugleich anspruchsvollere Typen anbieten musste. Dementsprechend sahen auch dann die Vorgaben aus, die er in konstruktiver Hinsicht für den neu zu entwickelnden Audi festlegte.

Die Inflation bereitete Audi zunächst keine Schwierigkeiten, und dank dem immer wertloser werdenden Papiergeld konnte man sich sogar die Einstellung von mehr Mitarbeitern leisten. Die Autos wurden immer aufwendiger, und 1923 brauchte man zur Herstellung eines Fahrgestells des Vorkriegserfolgstyps C („Alpensieger") über 1.300 Stunden. Für den neu entwickelten Typ K waren zu diesem Zeitpunkt noch 4.000 Stunden erforderlich – Arbeitskraft kostete eben immer weniger!

Die Audi Werke waren, gemessen an ihren Konkurrenten, ein eher mittelständisches Unternehmen.

Auch im Hinblick auf die Kapitaldecke war Audi eher zu den Kleinen der Branche zu rechnen, und für das technische Streben zu Edelautos galt wohl das Leitmotiv „klein, aber fein". Leider – zu klein. Denn mit weniger als 190 Autos im Jahresdurchschnitt ließen sich nicht einmal 5 Mio. Reichsmark umsetzen. 1928 erwarb daher der Herr über das DKW Imperium, J. S. Rasmussen, die Audiwerke AG. Er hatte in Amerika die Fertigungseinrichtungen einer Fabrik für Sechs- und Achtzylindermotoren gekauft, nach Scharfenstein im Erzgebirge

1923 wurde die von Prof. Drescher geschaffene 1 auf der Weltkugel zum Audi Markenzeichen

Als erster Hersteller in Deutschland bot Audi bereits 1921 Linkslenkung und Mittelschaltung serienmäßig an

geschafft und suchte nun Automobilwerke, die seinen dort gefertigten Motor kauften, um ihn in ihre Autos einzubauen. Die Audi Übernahme diente vorrangig diesem Ziel – und wurde ein Fehlschlag. In der sich immer mehr verschärfenden Krise ließen sich teure Autos immer weniger verkaufen.

Nach dem Tod von Hermann Lange 1922 wurde Dipl.-Ing. Erich Horn Chefkonstrukteur. Er zeichnete verantwortlich für den ersten Audi Sechszylinder (1923). Ihm folgte 1926 Heinrich Schuh, der bereits seit 1920 Betriebsdirektor war. Ihm ist die Entwicklung des ersten Audi Achtzylinders zu verdanken. Außerdem aber wurde unter seiner Verantwortung das gesamte Produktionsregime bei Audi reorganisiert.

Das Audi Logo bestand in der Vorkriegszeit ausschließlich aus dem Namenszug. 1922 richtete die Unternehmensleitung ein Preisausschreiben aus, in dessen Ergebnis ein gegenständliches Symbol die Wortmarke als Warenzeichen ergänzen sollte.

Unter 150 Einsendungen entschied sich der Vorstand für die von Prof. Arno Drescher vorgeschlagene und entworfene Zahl 1, die auf einem (Welt-) Kugelsegment stand. Dieses Warenzeichen ist für Audi im Juni 1923 eingetragen worden. Es zierte die Kühler von Vier-, Sechs- und Achtzylinderwagen. 1931 entschied sich Rasmussen dafür, künftig in diesem Zwickauer Werk seine DKW Kleinwagen mit Frontantrieb montieren zu lassen.

Die Produkte

Der erste neue Audi nach dem Krieg, von Hermann Lange entwickelt, war unverkennbar der direkte Nachfolger des so erfolgreichen „Alpensiegers". Der Neue hörte auf die Typenbezeichnung K und hatte die Hub/Bohrungs-Maße des Alpensiegermotors. Allerdings waren die Zylinder nicht mehr paarweise gegossen, sondern Lange wählte einen Aluminiumzylinderblock mit einem Kopf aus Grauguss. Auch die Brennräume waren ganz besonders gestaltet. Statt der flachen, langgezogenen Form mit übereinander angeordneten Ventilen gab es nun einen kugelförmigen Verbrennungsraum mit schräg angeordneten Ventilen, die von der seitlich im Kurbelgehäuse liegenden Nockenwelle über Stoßstangen und Kipphebel gesteuert wurden. Die Nockenwelle wurde über spiralverzahnte Steuerräder angetrieben. Für die Schmierung des Motors gab es nicht weniger als drei Ölpumpen, und für die Kühlung reichte immer noch das Thermosyphonprinzip ohne Wasserpumpe aus, wobei ein mehrstufig angetriebener vierflügeliger Ventilator wirksame Unterstützung bot. Das Bemerkenswerte an diesem auf der Berliner Automobilausstellung 1921 gezeigten Auto war die Anordnung der Lenkung. Sie befand sich hier erstmals in einem deutschen Serien-Pkw links. Nach einschlägigen Versuchen, vor allem aber unter Auswertung der damals in der Fachpresse zahlreich erschienenen Aufsätze, deren Verfasser durchaus Experten waren und die einhellig für diese Anordnung des Fahrersitzes auf der linken Seite plädierten, hatte man sich bei Audi rasch entschlossen: „Die bisherige Anordnung der Lenkung auf der rechten Seite des Wagens haben wir in Erkennung der Vorteile der Linkssteuerung bei Rechtsfahrordnung verlassen." So lautete die lapidare Mitteilung im Prospekttext.

Bedenkt man, dass noch 1922 etwa 90 Prozent und 1923 ca. 75 Prozent aller neu zugelassenen Personenwagen Rechtslenkung besaßen, so versteht man das Audi Selbstverständnis als Pionier des technischen Fortschritts durchaus richtig.

Interessant waren am Ausstellungsfahrzeug noch einige Details. Das Lenkrad ließ sich umklappen, wie bei sportlichen Wagen üblich. Dementsprechend verfügten die Autos serienmäßig auch über einen Drehzahlmesser. Der Tank des Audi K fasste immerhin 125 Liter, davon 15 Liter Reserve. Pfiffiges Detail: Der Hebel zum Umschalten befand sich damals allgemein noch außen auf dem Tank,

Audi Typ K 14/50 PS (1921)

und der Fahrer musste vom Sitz steigen, um an den hinten befindlichen Tank zu gelangen. Die Reservestellung des Hebels verschloss nun beim Audi den Tankdeckel, sodass beim Nachtanken erst wieder die normale Position eingestellt werden musste, damit man den Tank füllen konnte. Auf diese Weise konnte der Fahrer niemals durch eine versehentlich beibehaltene Reservestellung unliebsam dadurch überrascht werden, dass ihm der Kraftstoff völlig ausgegangen war. Als Besonderheit besaß der Audi K eine motorgetriebene Reifenluftpumpe.

Der erste Sechszylinder

Zwei Jahre später ist auf der Berliner Autoausstellung der Nachfolgetyp, entwickelt von Erich Horn, der Öffentlichkeit vorgestellt worden. Es handelte sich um den ersten Audi Sechszylinder. Dessen Kurbelwelle war achtmal in Weißmetall gelagert und mit sehr groß geformten Gegengewichten ausgestattet. Später bekam sie noch einen Schwingungsdämpfer, wofür sich Audi erneut Pionierverdienste anrechnen durfte, denn die Firma zählte zu den ersten, bei denen Wert und Bedeutung von solchen Dämpfern erkannt wurde, und die daraus die praktischen Konsequenzen zogen.

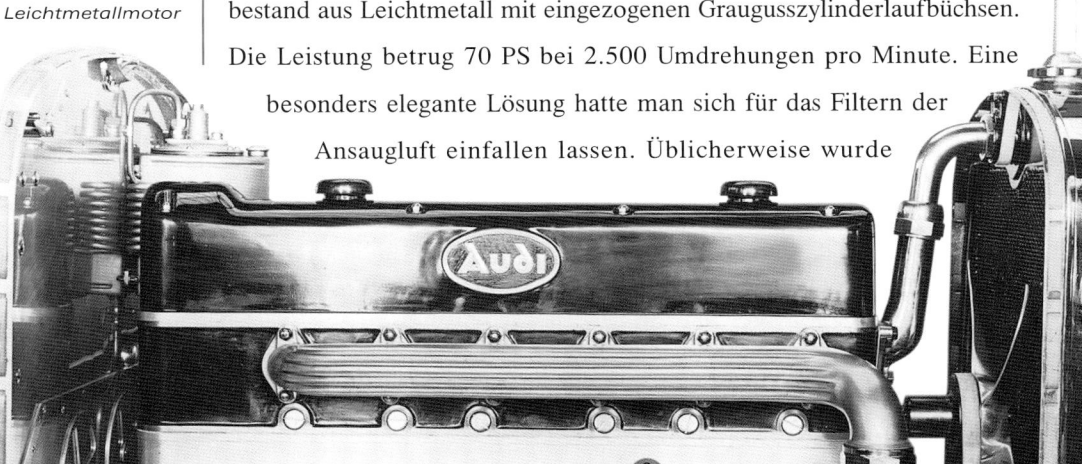

Der erste Audi Sechszylinder erschien 1923 und besaß einen Leichtmetallmotor

Die Ventile wurden durch eine oben liegende Nockenwelle gesteuert, die ihrerseits über eine Königswelle angetrieben wurde. Der Motorblock bestand aus Leichtmetall mit eingezogenen Graugusszylinderlaufbüchsen. Die Leistung betrug 70 PS bei 2.500 Umdrehungen pro Minute. Eine besonders elegante Lösung hatte man sich für das Filtern der Ansaugluft einfallen lassen. Üblicherweise wurde

Der erste Audi Achtzylinder erschien 1927

Der kleine Audi mit Peugeot Motor (1931)

diese schwach oder gar nicht gereinigt in den Vergaser gesaugt. Die Schmutzpartikel setzten sich entweder auf den Zylinderlaufflächen oder an den Kolbenböden ab. Die Auswirkungen waren bekannt und gefürchtet. Beim Audi M wurde die Luft durch seitliche kreisrunde Öffnungen im Rahmen auf der Vergaserseite angesaugt und durch einen ölbenetzten Filter geleitet, der im Kurbelgehäuseunterteil angebracht war. Von da gelangte sie dann, vom Auspuffgas vorgewärmt und von Wirbeln weitgehend befreit, in den Vergaser. Auch hier hat Audi eine Pionierrolle in der Kraftfahrzeugtechnik gespielt.

Dieser Sechszylinderwagen wurde bei Audi erstmals mit einer Flüssigkeitsbremse ausgestattet, wobei es sich sogar um eine Eigenkonstruktion und um eine der ersten deutschen Flüssigkeitsbremsen überhaupt handelte.

Im Jahr 1927 erblickte der erste Audi Achtzylinder das Licht der Welt. Im Audi Alphabet trug der Wagen den Buchstaben R. Seine technische Bezeichnung lautete 19/100 PS und nach Zylinderzahl und Steuer-PS wurde er auch als Typ 819 bezeichnet. Der Motor leistete 100 PS bei 3.000 Umdrehungen pro Minute und verlieh dem Wagen eine Höchstgeschwindigkeit von 110 km/h. Bemerkenswert war seine Elastizität. Das günstigste Drehmoment lag mit 28 mkg bei 1.100 Umdrehungen pro Minute. Kein Wunder, dass man das Auto aus 8 km/h im direkten Gang ruckfrei bis zur Höchstgeschwindigkeit beschleunigen konnte!

Der 340 kg schwere Motor besaß keinen Leichtmetallblock mehr, wie noch beim Typ M, sondern bestand aus einem Graugusszylinderblock und einem Leichtmetallkurbelgehäuse. Fertigungstechnisch ließ sich die große Länge des Reihenachtzylinders nur schwer beherrschen. Erstmals in der Audi Geschichte wollte man mit einem Dreiganggetriebe auskommen.

Der gesamte Aufwand war von Heinrich Schuh wesentlich gemindert worden, und verschwenderische Konstruktionsdetails fielen dem Rotstift zum Opfer. Der

Wagen war zwar insgesamt größer und nach außen auch komfortabler, aber unter dem Blech erheblich preiswerter geraten. Bei gleicher Stückzahl betrugen die Herstellungskosten für den R nur 47 Prozent von denen für den M. Dem Wagen wurde der Modellname „Imperator" verliehen, um damit seinen Anspruch auf Beherrschung von Markt und Maßstäben auszudrücken.

Neue Wege

Allein – bei allem Motorisierungsoptimismus blieb eben dieser Markt begrenzt. So sind beispielsweise im Monat Juli des Jahres 1930 in Deutschland alles in allem 541 Wagen mit einer Leistung von über 75 PS neu zugelassen worden. Aufschlussreich deren Verteilung auf die einzelnen Marken: 170 Horch, 75 Daimler-Benz, 12 Maybach, 15 Packard, 76 Buick, 20 Audi usw.

So drängte Rasmussen auf einen kleinen Audi. Er wollte die Fertigungskapazität seines in Berlin-Spandau gelegenen DKW Werks besser ausnutzen und seinen dort produzierten DKW Wagen wahlweise mit Viertaktmotor anbieten. Dieser stammte von Peugeot, hatte 1000 ccm und leistete 30 PS. Die Wagen bekamen dann noch die 1 auf den Kühler und wurden als Audi Typ P verkauft. Bereits im Herbst 1930 hat Rasmussen jedoch eine völlig neue Audi Linie gefunden. Er erschien im September in Begleitung von Heinrich Schuh im Audi Konstruktionsbüro und erteilte dort stehenden Fußes den Auftrag zur Entwicklung eines Kleinwagens mit DKW Motorradmotor, Schwingachsen, Frontantrieb und Holzkarosserie. Vorgegebene Entwicklungszeit: 6 Wochen. Die beiden Konstrukteure haben nicht nur den Termin gehalten, sondern auch ein Auto auf die Räder gestellt, das sich in den kommenden Jahren in über einer viertel Million Exemplaren als Deutschlands beliebtester Kleinwagen verkaufen ließ.

Audi gehörte zu den Avantgardisten für Stromlinienkarosserien; Aufbau aus Aluminium auf Audi Typ K (1923)

Zum gleichen Zeitpunkt konzentrierte sich Rasmussen darauf, den Frontantrieb auch für die Mittelklasse salonfähig zu machen. Die bisher damit unternommenen Experimente anderer Marken waren noch nicht so viel versprechend ausgefallen. Rasmussen meinte, was bei der „Fahrmaschine" DKW möglich sei, müsste auch in der Mittelklasse machbar sein.
Nachdem Rasmussen 1928 das Audi Zepter übernommen hatte, verordnete er dem Zwickauer Werk seine in Scharfenstein hergestellten Rickenbackermotoren. Er hatte aus den USA zwei Reihenachtzylinder mitgebracht, einen mit 4,3 und einen mit 5,1 Liter Hubraum. Insgesamt befanden sich damit nun drei Achtzylindermodelle im Audi Programm! Ein Hohn auf die lebensnotwendige Rationalisierungspolitik, die sich gerade Rasmussen mit seinen viel billiger herstellbaren Motoren auf die Fahne geschrieben hatte. So lief 1929 die Imperator-Fertigung aus, und der kleine Achtzylindermotor wurde ebenfalls gestrichen. Mit dem verbliebenen Motor rüstete man den nächsten Audi Typ S aus; er leistete ebenfalls 100 PS. Der Zylinderblock bestand aus Grauguss, das Kurbelgehäuseunterteil aus Aluminium. Auch dieser Motor war vorrangig auf Elastizität ausgerichtet. Der vierte Gang des Getrie- bes war nun als untersetzter Schnellgang ausgebildet. Als Typenbezeichnung wurde „Zwickau" gewählt. Analog hierzu erschien ein Jahr später der Typ „Dresden" mit Sechszylinder-Rickenbackermotor.

Audi Omnibusfahrgestell mit Achtzylinder-Rickenbackermotor für den Export (1929)

Unternehmensgeschichtliche Daten: Audi

1928	Am 20./21. August 1928 übernahm J. S. Rasmussen die Aktienmajorität der Audiwerke AG
1929	Rasmussen erwirbt den Rest. Das Aktienkapital beträgt 2,6 Mio. Reichsmark
1932	Am 29. Juni wurde die Gesellschaft aufgelöst und in die Auto Union AG integriert

Die wichtigsten Audi Typen 1919–1932

Bezeichnung	Zylinderzahl/Anordnung	Bohrung x Hub in mm	Zylinderinhalt in cm³	PS	Bauzeit	Bemerkung
K	4 R	90 x 140	3.560	14/50	1921–1926	1. Serienwagen mit Linkslenkung
M	6 R	90 x 122	4.655	18/70	1924–1928	
R	8 R	80 x 122	4.900	19/100	1927–1929	„Imperator"
S	8 R	82,5 x 121	5.130	19/100	1929–1932	Rickenbackermotor
T	6 R	82,5 x 121	3.838	15/75	1930–1932	Rickenbackermotor
P	4 R	63 x 90	1.122	5/30	1931	Peugeot Motor

Die Produktionszahlen

Zwischen 1921 und 1932 sind rund 2.500 Audis gebaut worden, was einer durchschnittlichen Jahresfertigung von rund 200 Wagen entspricht.

Die Zahl der Mitarbeiter ging zurück. Waren 1925 noch rund 370 Arbeitnehmer in Lohn und Brot, so beschäftigte Audi 1930 nur noch 169!

Der Zulassungsanteil in Deutschland in der betreffenden Klasse war marginal und entsprach etwa 3,7 Prozent.

Die Preise für Audi Wagen orientierten sich an der Nobelklasse. Für den Sechszylinder Typ M musste man 1925 22.300 Reichsmark bezahlen. Ein Maybach kostete in gleicher Ausführung 25.000 Reichsmark! Infolge konstruktiver Änderungen und rationellerer Bauweise kostete der Achtzylinder Audi Imperator 1927 nur noch 16.575 Reichsmark und der Typ S mit Achtzylinder-Rickenbackermotor gar nur noch 12.950 Reichsmark.

Aus der Audi Betriebsanleitung von 1919

„Im Großstadtverkehr benutze man daher diejenige Getriebeübersetzung, die der Fahrgeschwindigkeit entspricht, und reguliere nie durch Schleifenlassen der Kupplung [...] Besondere Sorgfalt bedingt die Pflege des Kupplungslederbelages. Ist er trocken und erhärtet, so macht sich dies beim Einkuppeln durch ein kreischendes Geräusch bemerkbar. Der Lederbelag muß sodann kräftig mit Benzin oder Petroleum abgewaschen und hierauf mit Leber- oder Fischtran oder Rizinusöl oder feinster Vaseline bestrichen werden. Nach dem wird er wieder geschmeidig und schmiegt sich leichter und vollkommen geräuschlos in

Audi Typ Dresden mit 75-PS-Sechszylindermotor (1930)

den Konus des Schwungrades. Zur Erzielung eines guten Aufsaugens des Tranes in den Lederbelag ist es ratsam, die Kupplung über Nacht durch Zwischenklemmen eines Holzstückes zwischen Pedal und Getriebe ausgerückt zu halten."

Heinrich Schuh

1886	Geboren am 28. Februar 1886 in Edingen/Baden als Sohn eines Landwirts
1901–1909	Metallarbeiterlehre und Wanderjahre
1910–1911	Konstrukteur für Lastkraftwagen bei Benz in Gaggenau
1911–1918	Zeppelin-Fahringenieur der Deutschen Luftschiffahrts AG (DELAG); Betriebsleiter im Zeppelin-Luftschiffbau, Potsdam
1919–1920	Betriebsleiter im Maybach-Motorenbau, Potsdam
1920	Ernennung zum Audi Betriebsdirektor in Zwickau
1923	Von Audi finanzierter Studienaufenthalt in den USA
1926	Seit 1. April Technischer Direktor der Audiwerke AG; als Nachfolger von Erich Horn gleichzeitig Chefkonstrukteur
1927	Vorstellung des von ihm konstruierten Typs R 19/100 PS, des ersten Audi Achtzylinders
	Hinwendung zur Fertigungstechnik In einem Zeugnis werden ihm große praktische Erfahrungen im Automobil- und Werkzeugmaschinenbau, auf dem Prüffeld und in der Präzisionsmassenfabrikation attestiert: „Den Werkzeug- und Vorrichtungsbau beherrscht er vollkommen. Einige 1000 Vorrichtungen sind nach seinen Angaben konstruiert und ausgeführt worden und diese haben sich vorzüglich bewährt."
1931	Sicherung des Fertigungsablauf des DKW Front; mitverantwortlich dafür, dass in den Zwickauer Audi Werken der Durchbruch zur Massenfertigung frontgetriebener Kleinwagen erzielt wurde
	Schuh zeichnete sich auch in der Zeit des 3. Reichs durch sachkundige und menschenfreundliche Betriebsführung aus
1945	Im Oktober 1945 nach Denunziation von der Roten Armee verhaftet und in das Lager Mühlberg verschleppt
1950	An unbekanntem Ort in Russland verstorben

Heinrich Schuh
1886–1950

Panoramascheibe als Sonderwunsch am Audi Typ C (1921)

1919–1932

Polizeimannschafts-wagen auf Audi E Fahrgestell mit 55-PS- Motor (1925)

Aus dem Vorwort zur Betriebsanleitung für den Audi K (1924)

„Ein solches Edelfahrzeug sein eigen zu nennen, ist für den Besitzer eine Art von Legitimation seines guten Geschmacks und seiner Kultur, – ähnlich wie etwa für den Engländer der Oberschichten die Zugehörigkeit zu einem allerersten Club zugleich der Ausweis für seine Vollendung als Gentleman in jedem Sinne ist. Der Besitz eines Audi Wagens legt also auch Gebote des ‚Noblesse oblige' auf [...]"

Wanderer – von Tradition zu Innovation

Die Chemnitzer Wanderer Werke zählten zu den bedeutenden Fahrzeugherstellern in Deutschland. Den Löwenanteil nahmen in der Fertigung natürlich die Fahrräder ein, aber auch Motorräder dieser Marke erfreuten sich großer Beliebtheit. Immerhin hatte Wanderer im Ersten Weltkrieg fast die Hälfte aller Heeresmotorräder geliefert! Wanderer Automobile konkurrierten in der Mittelklasse gegen Wagen aller wichtigen deutschen Mitbewerber. Unter ihnen gehörte Wanderer zu den ausgesprochen traditionsgebundenen Firmen, die in konstruktiver Hinsicht Zurückhaltung bewahrten und ihrem festen, anhänglichen Käuferkreis keine umwälzenden Neuerungen anboten. Dieser lohnte es seiner Stammmarke: Selbst in Krisenjahren wies der Absatz kaum eine Beeinträchtigung auf.

Ab Mitte der 20er Jahre wurden bei Wanderer alle Fertigungsbereiche rationalisiert. Der Fahrradbau machte bezeichnenderweise den Anfang, als letztes folgte der Automobilsektor. Eng damit verbunden war ein Ortswechsel: Vom Stammsitz Schönau zog zuerst der Werkzeugmaschinenbau in neue Produktionshallen nach Siegmar um. Ab 1927 war hier der Automobilbau ebenfalls zu Hause. Am Tag konnten anfänglich 25 Autos gefertigt werden.

Ab 1928 gehörte als junger Mann Baron Klaus-Detlof von Oertzen zum Unternehmensvorstand, der von den Generaldirektoren Daut und Stuhlmacher gebildet wurde. Er veranlasste 1929 den Verkauf der Motorradfertigung. Das neu entwickelte 500er Kardanrad übernahm Janeček in Prag. Die Konstruktionen der übrigen Modelle sind an NSU verkauft worden. Gleichzeitig setzte sich von Oertzen für eine konsequente weitere Modernisierung der Automobilabteilung ein, in die zwischen 1929 und 1931 über 11 Mio. Reichsmark investiert wurden.

Baron von Oertzen war es auch, der die für die Zukunft so außerordentlich wichtige Verbindung zu Ferdinand Porsche herstellte. Seiner Initiative war es zu verdanken, dass Porsche mit seinem neu gegründeten Konstruktionsbüro einen mehrere Positionen umfassenden Entwicklungsauftrag bekam. Als frühe Krönung dieses

Wanderer W 11 10/50 PS mit einem Aufbau als offener Tourenwagen

sehr fruchtbaren Verhältnisses galt die Unterschrift unter einen Vertrag, wonach Porsche für Wanderer einen Rennwagen entwickeln sollte.

Die Produkte

Bei den Motorrädern erschien unmittelbar nach dem Krieg in Anknüpfung an die vorherigen Modelle ein Zweizylinderrad mit angeblocktem Getriebe, Kickstarter und Kettenantrieb, das bis 1924 im Programm blieb. Im gleichen Jahr folgte die legendäre Zweizylinder Wanderer mit vier Ventilen pro Zylinder! Analog hierzu gab es auch eine kleinere Wanderer mit liegendem 200er Einzylindermotor, der ebenfalls über vier Ventile verfügte. Nachdem sich das letzte große Wanderer Modell mit 500er Einzylindermotor, Pressstahlrahmen und Kardanantrieb als Flop erwiesen hatte, ist der Motorradbau bei Wanderer Mitte 1929 aufgegeben worden.

Bei den Automobilen hat man noch lange den trotz kürzester Produktionszeit schon sehr populär gewordenen Wanderer 5/15 PS, das Puppchen, im Programm behalten, ab 1917 auch in einer dreisitzigen Version. Sowohl der Motor als auch das Fahrgestell wurden nach dem Krieg grundlegend überarbeitet. Der Motor erhielt einen abnehmbaren Zylinderkopf mit hängenden Ventilen, und die Bohrung wurde um eine Kleinigkeit vergrößert, was einen Hubraum von 1,3 Liter ergab. Eine verstärkte, sorgfältig konstruierte Auslegerblattfederung an der Hinterachse trat an die Stelle der bis dahin verwendeten Dreiviertel-Elliptikfederung. Dieser Typ W8 kam 1921 auf den Markt und erhielt ab 1925 einen auf 20 PS Leistung gesteigerten Motor. Den vor dem Ersten Weltkrieg geborenen Grundtyp behielten die Wanderer Werke 14 Jahre in der Produktion! Erst 1927 ist dieser erfolgreichste Wanderer Wagen zugunsten eines leistungsfähigeren Nachfolgers aufgegeben worden. Dieser fuhr mit einem 30-PS-Vierzylindermotor mit 1,5 Liter Hubraum. In der Wanderer Typenfolge war man mittlerweile beim W10 angelangt, der von diesem Motor angetrieben wurde. Gleichzeitig bekam das Auto alle Neuerungen der modernen Kraftfahrzeugtechnik mit: Linkslenkung, Mittelschaltung, Mehrscheibentrockenkupplung, geschlossener Motor-Getriebeblock und Vierradbremse.

Dieser 6/30er ist wenige Jahre später noch einmal modernisiert worden; er bekam ein Fahrgestell mit hydraulischen Schwingungsdämpfern und Zentralschmierung. Außerdem aber boten die Wanderer Werke nun einen Sechszylinderwagen 10/50 PS an. Die Karosserien wurden von namhaften Firmen geliefert, darunter das Daimler-Benz Werk in Sindelfingen, die Firma Reutter in Stuttgart und Gläser in Dresden. Wanderer Wagen waren solide, aber hausbacken. Die Weltwirtschaftskrise riss die Techniker und Kaufleute in Siegmar und Schönau unsanft aus ihrer Qualitätsidylle. Jäh erkannten sie, dass auch und gerade moderne Technik nach außen hin attraktiv zu gestalten war. Jetzt entschloss man sich dazu, Nägel mit Köpfen zu machen. Man verpflichtete den prominentesten Konstrukteur, der sich dafür finden ließ: Ferdinand Porsche. Der entwarf für die Sachsen neue OHV-Motoren mit Leichtmetallzylinderblock und eingezogenen nassen Laufbuchsen, wahlweise einen 1,7-Liter-35-PS- und ein 2-Liter-40-PS Motor, beide mit sechs Zylindern. Sie unterschieden sich nur in der Bohrung und wurden in das fast unveränderte Fahrgestell des bisherigen W10 zusammen mit einem Vierganggetriebe eingebaut. Damit entstanden die Typen W15 (7/35 PS) und W17 (8/40 PS).

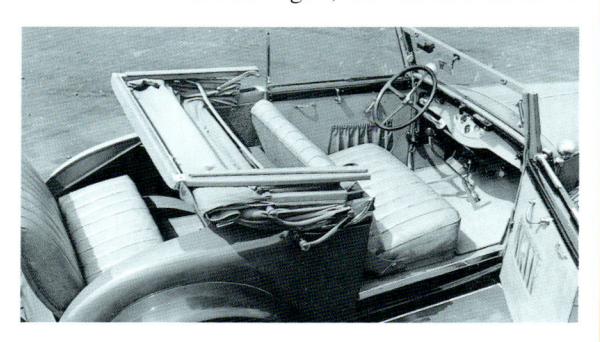

Damit nicht genug, hatten die Wanderer Werke am 29. November 1930 mit dem Automobilkonstrukteur einen Vertrag geschlossen, wonach dieser weitere drei Typen zu entwerfen hatte. Dabei handelte es sich um ein Sechszylinder- und zwei Achtzylindermodelle, von letzteren sollte eines mit Kompressor ausgestattet sein.

Im Motorsport blieb die Marke Wanderer nicht unbekannt. Die kleinen Wagen hatten eine derart verblüffende Leistungsfähigkeit, dass man daran ging, sie für Sportzwecke zurechtzumachen. Sie bewährten sich unter Privatfahrern in der ersten Hälfte der 20er Jahre besonders bei Berg- und Kurzstreckenrennen.

Zeitgenössisch elegantes Ambiente im Sechszylinder Wanderer Sportcabriolet mit „Schwiegermuttersitz"

Der neue Wanderer W 17 mit dem Porsche Motor unterschied sich äußerlich noch kaum von seinen Vorgängermodellen

Der Sechszylinder Wanderer 10/50 PS auf der Berliner Automobilausstellung

In Italien genossen sie eine besondere Popularität, nachdem der Rennfahrer Cercignani mehrfach in seiner Heimat auf Wanderer erfolgreich war, wobei er Durchschnittsgeschwindigkeiten von fast 90 km/h erzielte. Dieser Popularität in Italien entsprach auch die Absicht Wanderers, mit zwei 1,5-Liter-OHC-Wanderer Wagen an der Targa Florio 1922 teilzunehmen. Beide haben das Rennen leider nicht beendet.

In der zweiten Hälfte der 20er Jahre fanden sich Wanderer Wagen im Teilnehmerfeld von Zuverlässigkeitsfahrten. Bedeutende Erfolge gelangen bei den Internationalen Alpenfahrten, so u. a. 1931 der Gesamtsieg in der Mannschaftswertung und 1932 der Gewinn des Gletscherpokals durch die strafpunktfreien Wanderer Einzelfahrer Bernet und Kappler sowie des Alpenpokals durch die Wanderer Mannschaft.

Unternehmensgeschichtliche Daten: Wanderer

Die Wanderer Werke verpachteten ab 1. Januar 1932 ihre Automobilabteilung in Siegmar bei Chemnitz für 10 Jahre an die Auto Union.

Bis zum 30. Juni 1932 führten die Wanderer Werke diese Automobilherstellung bereits für Rechnung der Auto Union AG. Die Produktionszahlen hatten in der Anfangszeit kaum mehr als 500 Stück jährlich betragen.

In den 20er Jahren sind von zunächst etwa 1.500 schließlich um 3.500 Automobile pro Jahr hergestellt worden.

Der Zulassungsanteil in der Klasse 1,2 bis 2,1 Liter Hubraum lag 1932 knapp über 10 Prozent.

Die Preise entsprachen dem Wanderer Anspruch auf die Mittelklasse. Der W8 kostete 1926 als offener Tourenwagen 6.900 Reichsmark. 1929 waren für den W10 mit gleicher Karosserie noch 6.000 Reichsmark zu zahlen. 1931 betrug der Preis für die viertürige Limousine des W10 nur noch 4.850 Reichsmark.

Klaus-Detlof von Oertzen

1894	Geboren am 13. April 1894 in Inowrazlav (Hohensalza), Provinz Posen
	Nach Schulabschluss Offizierslaufbahn bei der Kaiserlichen Fliegertruppe, 1916 mit schwerer Verwundung abgebrochen
1919–1924	Kaufmännische Laufbahn bei der Reifenfirma Harburg-Wien, der späteren Phönix
1925–1928	Filialleiter für Phönix in Dresden; Verkaufsleiter für Mitteldeutschland
1928	Vorstandsmitglied der Wanderer Werke in Siegmar bei Chemnitz, Ressort Vertrieb
1932	Maßgeblich an der Gründung der Auto Union AG beteiligt, gilt als Vater des Signets der vier Ringe
1935	Ausstieg als ordentliches Vorstandsmitglied der Auto Union, Ressort Vertrieb
1935–1939	General Manager Export der Auto Union in Südafrika, Asien und Australien
1940–1946	Während des Krieges in Indien interniert
1946–1948	Generaldirektor der China Diesel Motors Corporation in Shanghai, eines Unternehmens der General Motors Gruppe
1949	Umzug nach Johannesburg/Südafrika – ansässig als selbstständiger Vertrauensmann von VW und Büssing
1950	Ernennung zum VW Export Chef für Afrika, Australien, Asien
1963	Am 31. Dezember Eintritt in den Ruhestand
1991	Gestorben am 25. Juli 1991 in Lausanne/Schweiz

Klaus-Detlof von Oertzen 1894–1991

Die wichtigsten Wanderer Automobil-Typen 1919 – 1932

Bezeichnung	Zylinderzahl/ Anordnung	Bohrung x Hub in mm	Zylinder- inhalt in cm³	PS	Bauzeit	Bemerkung
W6	4 R	67 x 110	1.551	6/18	1920–1924	wechselgesteuert
W8	4 R	64,5 x 100	1.306	5/15	1921–1925	hängende Ventile
W8/II	4 R	64,5 x 100	1.306	5/20	1925–1927	
W9	4 R	67 x 110	1.551	6/24	1924–1926	
W10/I	4 R	67 x 110	1.551	6/30	1926–1927	
W10/II	4 R	72 x 120	1.954	8/40	1927–1928	
W10/III	4 R	72 x 96	1.563	6/30	1928–1929	
W10/IV	4 R	72 x 96	1.563	6/30	1930–1932	
W11	6 R	72 x 104	2.540	10/50	1928–1934	

1919–1932

Der Lieferwagen für schnellen Lebensmitteltransport war eine Wanderer Domäne

Als einer der ersten deutschen Hersteller brachte Wanderer den so genannten Kombinationskraftwagen heraus

Wanderer Vorstandsmitglied von Oertzen über von ihm ausgelöste kommerzielle und technische Entwicklungen:

„Ich ging zu Mercedes in Sindelfingen und sagte: ‚Kinder, ihr macht so schöne Karosserien, warum macht ihr keine für uns?' Und da haben wir uns geeinigt. Und Thyssen hat mir das nie vergessen, dass ich damals über meinen eigenen Schatten gesprungen bin und ihnen sofort einen Auftrag über eintausend Karosserien gegeben habe, was denen in Sindelfingen auch nicht weh getan hat. Diese Maßnahme hat niemals zu irgendwelchen Komplikationen in den Wanderer Werken geführt. Dafür war ich zu gefestigt. Mein Aufsichtsrat stand hinter mir. In den Wanderer Werken haben wir 1929/30 selbst keine Karosserien gebaut. Die kamen aus dem Rheinland, die Cabrios von Gläser in Dresden und die Limousinen von Reutter in Stuttgart. Porsche hat auf mein Betreiben hin die Motoren entwickelt, den Sechszylindermotor, 1,7-Liter und 2-Liter. Zunächst für die Wanderer Werke, später auch für die Auto Union. Porsche schickte zum Vertragsabschluß seinen Schwiegersohn, Dr. Piëch, nach Chemnitz zu mir, und wir schlossen zwei Verträge ab."

Quelle: Tonband-Protokolle

Die wichtigsten Wanderer Motorrad-Typen 1919 – 1929

Bezeichnung	Zylinderzahl/ Anordnung	Zylinderinhalt in cm^3	PS	Bauzeit	Bemerkung
2,5 PS	1	324	5	1919–1924	
4,5 PS	2 V	616	9	1919–1925	
5,4 PS	2 V	708	15	1924–1927	4 Ventile pro Zylinder
1,5 PS	1 liegend	196	4,5	1924–1926	4 Ventile pro Zylinder
1,4 PS	1 liegend	184	4,2	1926–1928	
5,7 PS	2 V	748	20	1927–1929	
200	1 liegend	196	4,5	1928–1929	
K 500	1	498	16	1928–1929	Kardanantrieb

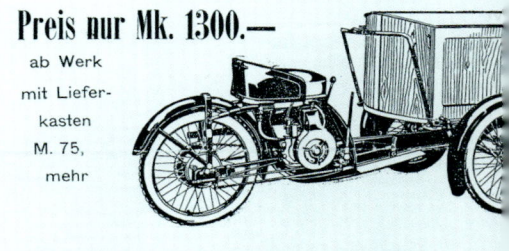

DKW – die Schmiede der Auto Union

Zum Kriegsende kreuzten sich in Zschopau die Wege von Rasmussen und Hugo Ruppe, einem schon aus früheren Jahren bekannten Motorenkonstrukteur, der vor allem luftgekühlte Zwei- und Viertaktkleinmotoren entwickelt und gebaut hatte. Er entwarf noch Ende 1918 für Rasmussen einen schlitzgesteuerten Zweitaktmotor mit 25 ccm Hubraum, den dieser zur Leipziger Frühjahrsmesse 1919 vorstellte. Die folgenden Abschlüsse bildeten einen respektablen Erfolg für den kleinen Motor. Im Anschluss an die bei den Dampfwagenversuchen gefundene DKW Marke nannte Rasmussen das Motörchen „Des Knaben Wunsch".

Nachdem nun der auf dieser Grundlage entwickelte Fahrradmotor – „Das kleine Wunder" – bedeutenden kommerziellen Erfolg brachte, war für Rasmussen das künftige Produktionsprofil klar. Ab 1921 firmierte die Firma als Zschopauer Motorenwerke J. S. Rasmussen. Die Unternehmensexpansion orientierte sich am Produkt.

Rasmussen gründete oder erwarb

1920	Rota Magnet Apparatebau GmbH, Zschopau (Schwungradmagnetzünder)
1922	Zöblitzer Metallwarenfabrik (Armaturen)
1922	Frankenberger Motorenwerke (Sättel, Vergaser, ab 1926 Dreiradlieferwagen), 1934 Verlagerung nach Hainichen
1924	Slaby-Werke Berlin (Elektrowagenbau, später Holzkarosserien)
1926	Den Scharfensteiner Betrieb der Moll-Werke (Motorenbau, Kühlanlagenfertigung, ab 1930 Junkers-Gegenkolben-Dieselmotoren) sowie die Schüttoff-Werke, Chemnitz (Motorräder)
1928	Audi Werke, Zwickau
1928	Eisengießerei in Wittigsthal
1930	Luma Werke in Stuttgart (Dynastartanlagen)

Auch Lieferdreiräder mit DKW Motoren wurden in Zschopau gebaut

1919–1932

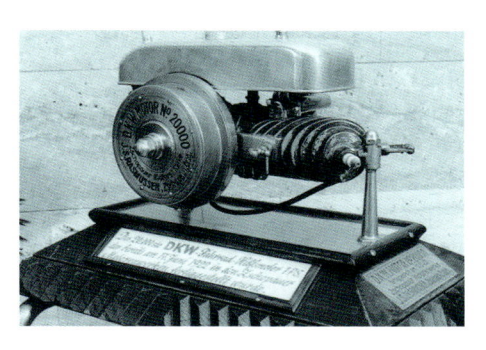

Der DKW Fahrradhilfsmotor

Außerdem hatte Rasmussen vorwiegend Metall verarbeitende Werke im Erzgebirgsraum – z. B. in Marienberg und Annaberg – erworben. Maßgeblich beteiligte er sich am Prometheus-Getriebewerk in Berlin-Reinickendorf.

Die DKW Motorradproduktion gedieh prächtig. „DKW – das kleine Wunder, fährt Berge rauf wie andere runter"; so reimte damals die Werbung. Immerhin war DKW 1928 die größte Motorradfabrik der Welt! In einem Land, wo der Mittelstand durch verlorenen Krieg und Inflation kräftig gebeutelt worden war, konzentrierte sich der Einstieg in die Motorisierung stärker als irgendwo anders auf das Motorrad.

Für Popularisierung sorgte ein aus hervorragenden Fachkenntnissen schöpfendes und mit kommerziellem Geschick operierendes Management. Rasmussen besaß vor allem das bemerkenswerte Geschick, die richtigen Leute für seine Ambitionen zu finden. Den Leipziger Hugo Ruppe, der ihm den Zweitaktmotor einbrachte; den Stuttgarter Friedrich Münz, der ihm die als Dynastart in die Kraftfahrzeuggeschichte eingegangene einmalige Kombination aus Lichtmaschine und Anlasser anbot; Dr. Herbert Venediger, der als erster die Zweitaktmotoren systematisch untersuchte und dabei auf die Arbeiten von Schnürle stieß, deren riesige Bedeutung er vor allem für den Kleinmotorenbau erkannte; Hermann Weber, der als Zschopauer Chefkonstrukteur Motorräder entwarf, die zum Besten gehörten, was auf dem Markt war, darunter solche Jahrhundertkonstruktionen wie die RT 125, die – ein Qualitätssiegel besonderer Art – von ungezählten Konkurrenten einfach nachgebaut worden ist. Nicht zu vergessen ist auch der Österreicher Dr. Carl Hahn, der Rasmussens persönlicher Mitarbeiter war und dessen Engagement die Marke DKW zu einem erheblichen Teil ihre Ausstrahlung verdankte.

Rasmussen wusste sehr genau, dass der Erfolg keinesfalls nur technischen Charakter trug. Organisation und Management mussten damit auf gleichem Niveau korrespondieren. So baute DKW ein weit verzweigtes und durch das Werk autorisiertes Händlernetz auf. Jährliche Händlerkongresse und systematische Mechanikerschulungen sorgten für Weiterbildung sowie Zusammenhalt und sicherten die wirtschaftlich-technische Kommunikation.

Das erste Rad mit DKW Hilfsmotor in Nürnberg (1921)

DKW wurde zum Vorreiter des Teilzahlungsgeschäfts bei Motorrädern, und ab 1924 konnte man eine DKW für eine Wochenrate von 10 Reichsmark kaufen. Geprägt wurde dieses Management von einem Mann, dessen Fähigkeiten Rasmussen wiederum früh erkannt und den er zeitig an DKW gebunden hatte: Dr. Carl Hahn, als „DKW Hahn" weit über die Branche hinaus bekannt, der in sich in glücklicher Weise technischen Sachverstand und käufmännisches Geschick mit einfallsreicher Dynamik verband und bei DKW in Sachsen eine der fortschrittlichsten Verkaufsorganisationen der Kraftfahrzeugindustrie geschaffen hat.

Natürlich hätte das Vermögen Rasmussens zur Finanzierung dieses Ausbaus nicht ausgereicht. Als wichtigster Finanzier trat daher die Sächsische Staatsbank in Erscheinung, zu der sich die Bindungen besonders seit Mitte der 20er Jahre immer enger gestalteten. Seit 1929 war sie zu 25 Prozent an DKW beteiligt, und dieses Engagement war das mit Abstand größte der Staatsbank im Lande Sachsen. Der Gedanke, auf dieser Basis die noch potenten sächsischen Automobilunternehmen zu vereinen, lag nahe. Zur Disposition dafür standen die Horchwerke, die ebenfalls der Sächsischen Staatsbank in erheblichem Maße verpflichtet waren; und die Dresdner Bank bot für ein solches Vorhaben dringlich die Automobilabteilung der Wanderer Werke zum Kauf an. Audi gehörte ohnehin schon zu DKW, und Nutzfahrzeughersteller sollten ausgeschlossen bleiben.

Ein derartiges Konzept gedieh bei Rasmussen und dem – mit ihm auch persönlich befreundeten – Staatsbankdirektor Dr. Herbert Müller bis zur konkreten Vorstellung einer Auto Union in Sachsen.

Das DKW Reichsfahrtmodell mit 1,5-PS-Motor und Riemenantrieb

Motorräder

Nach den Erfolgen der Ruppe-Konstruktionen setzte Rasmussen ausschließlich auf den Zweitaktmotor. Obwohl dessen Arbeitsprinzip mit Kurbelkastenpumpe und Schlitzsteuerung schon seit dem Ende des 19. Jahrhunderts ebenso bekannt war wie der Vorzug seines mechanisch einfachen Aufbaus, hatten seine Schwierigkeiten bisher für Zurückhaltung bei Produzenten und Käufern gesorgt. Insbesondere die Wärmeabführung des doppelt so oft zündenden Zweitaktmotors, seine Schwierigkeiten der Abdichtung des druckbeaufschlagten Kurbelgehäuses, sein hoher Kraft- und Schmierstoffverbrauch, Schwierigkeiten der Drehzahlregelung in größeren Bereichen und der hohe Entwicklungsstand der Viertaktkonstruktionen ließen den Zweitaktmotor jahrzehntelang als zweitrangig, unzuverlässig und unwirtschaftlich erscheinen.

Im Betrieb spürbare Nachteile dieser Motoren waren ihr lautes und stakkatoartiges Geräusch, ihr hoher Verbrauch, die zu geringe Bremswirkung des Motors sowie ihre Neigung zum Verölen.

Dem gegenüber standen im Vergleich zum Viertaktmotor die Vorzüge höherer Leistung bei gleicher Abmessung, der wesentlich leichteren Ausführung, der unübertreffbar einfachen Gemischschmierung, der viel geringeren Bauteilanzahl sowie des elastischen Leistungsverhaltens.

Für Ruppe und Rasmussen waren diese Vorzüge ausschlaggebend. Der aus dem Spielzeug entwickelte Fahrzeugmotor, der als „Das Kleine Wunder" in die Geschichte der Motorisierung eingegangen ist, zeigte, welchen Weg sie künftig einschlagen wollten. Gemischschmierung, Schwungradzünder mit leicht zugänglichem Außenunterbrecher und eine 3:1 untersetzte Abtriebswelle, die eine beachtliche Bergsteigefähigkeit sowie eine günstige Dimensionierung des Riemenantriebs ermöglichten, waren neben präziser Fertigung ursächlich für die Spitzenposition, die der DKW Hilfsmotor gegenüber den 20 deutschen Vier- und Zweitaktkonkurrenten auf Anhieb erzielte. Der anfangs mit 1 PS, später mit 1,75 PS Leistung angebotene Motor besaß eine Gebläsezwangskühlung. Der Kühlluftstrom, der genial vereinfacht von Luftschaufeln auf dem Rotor des

Schwungradzünders erzeugt und über ein Blechgehäuse zu Zylinder und Zylinderkopf geführt wurde, war die wichtigste Voraussetzung für die thermische Beherrschung der später immer größer und leistungsfähiger werdenden DKW Motoren.

Der DKW Fahrradmotor wurde als Einbaumotor an etwa 70 andere Hersteller geliefert, die ihn im Rahmendreieck kleiner Leichtmotorfahrräder installierten. Im November 1922 wurden etwa 30.000 in Kundenhand befindliche derartige DKW Motoren gezählt. Der komplette Motor wurde mit verschraubtem, 1,5 Liter fassendem Kraftstoffbehälter, den Seilzügen und Bedienungshebeln, Keilriemen und Riemenfelge geliefert. Hinzu kam noch eine Stützgabel mit Klemmstück für den Motor. Immerhin brachte das kleine Triebwerk ein herkömmliches Fahrrad auf annähernd 40 km/h, und so sah sich Rasmussen veranlasst, verstärkte Fahrräder für seinen Motor herzustellen.

Nachdem sich Rasmussen in Unfrieden von Ruppe getrennt hatte, trat als Nachfolger der junge Ingenieur Hermann Weber in Zschopau als Cheftechniker ein. Die Handschrift Webers, der künftig als Verantwortlicher und Chefkonstrukteur tätig war, kennzeichnete alle weiteren DKW Typen bis zum Kriegsausbruch. Ohne Weber wäre die beispiellose technische Entwicklung von DKW in diesen Jahren nicht vorstellbar.

Die erste Arbeit Webers, der sich auch als erfolgreicher DKW Sport- und Rennfahrer erwies, war das 40 kg schwere und 65 km/h schnelle Reichsfahrtmodell. Damit hatte DKW den entscheidenden Schritt vom motorisierten Fahrrad zum Motorrad getan.

Gleichzeitig mit dem Reichsfahrtmodell entstand das Lomos-Sesselrad. Dessen besonders fahrwerkseitig anspruchsvolle Konstruktion zeichnete sich u. a. in seiner letzten Stufe durch Magnesiumgussrahmen und Hinterradschwinge mit Federeinabstützung aus. Die Rückenlehne des Stahlblechmuldensessels war als Kraftstofftank ausgebildet. Auch die kommenden Jahre waren durch eine Fülle konstruktiver Ideen der DKW Techniker gekennzeichnet. Einen ersten Höhepunkt bildete die E 206, die zum Schlager jener Jahre wurde. Für 750 Reichsmark war

Das Lomos-Sesselrad mit DKW Motor (1922) war einer der frühen Vorläufer des späteren Motorrollers

1919–1932

DKW Motorrad für gehobene Ansprüche: die Luxus 500 mit Zweizylindermotor

sie zu erwerben, während die Konkurrenz im Durchschnitt 100 bis 200 Reichsmark teurer war. Das Motorrad bekam eine richtige Reibscheibentrockenkupplung, der Schwungradzünder wurde um Stromspulen für die Beleuchtungseinrichtung ergänzt, und dem Vergaser war als völliges Novum im Motorradbau ein Ansaugluftfilter vorgeordnet. Als 1928 alle Motorräder bis 200 ccm von Kraftfahrzeugsteuer und Führerscheinzwang befreit wurden, eröffnete dies in Zschopau neue Dimensionen. Durch Verminderung der Zylinderbohrung um einen Millimeter wurde der Hubraum dieses Motorrades von 206 auf 198 ccm reduziert und dabei der bisherige Graugus- durch einen Aluminiumkolben ersetzt. Für bereits ausgelieferte Fahrzeuge – etwa 35.000 – wurden sofort Umbausätze angeboten. Mit der nunmehrigen E 200 war DKW der erste und über einige Monate auch einzige Anbieter in dieser neuen Kategorie, und die Nachfrage stieg schlagartig. In diese Phase fällt auch der Produktionsrekord, der eine einmalig erreichte Tagesleistung von 450 Motorrädern (üblicherweise 100 bis 150 am Tag) auswies.

Nachdem bereits 1926 in Deutschland mehr Zwei- als Viertaktmotorräder produziert worden waren, stammten etwa 60 bis 65 Prozent der deutschen Motorräder von DKW bzw. wurden von DKW Motoren angetrieben.

Bei über 60 deutschen Motorradfabrikaten ist die Verwendung von DKW Motoren nachweisbar.

Ab 1929 ist schrittweise der Stahlblechpressrahmen für alle Typen ab 200 ccm eingeführt worden. Gleichzeitig wurde damit auch der Übergang zum Satteltank vollzogen, der in gestalterischer Hinsicht für das Motorrad eine neue Epoche einleitete. Hinzu kam 1929 die Einführung des Verchromens der Nickelüberzüge bei DKW, wo man diese galvanische Oberflächenveredelung als erste Motorradfabrik in Deutschland durchgeführt haben dürfte. Durch das Verschrauben von Motor und Getriebe war schließlich der so genannte Blockmotor entstanden, der viele Vorteile bot und ein Jahrzehnt das DKW Motorrad wesentlich charakterisierte.

Im Jahr 1931 hatte Dr. Herbert Venediger seine an der TH München fertiggestellte Dissertation „Steigerung der Leistung und Wirtschaftlichkeit bei Zweitakt-Vergaser-Fahrzeugmotoren" verteidigt. Darin hatte er auch eine Umkehrspülung nach Schnürle analysiert. Rasmussen erahnte sofort die Möglichkeiten, die sich bei forcierter Forschung für den Zweitaktmotorradmotor auftaten. Er verpflichtete Dr. Venediger als Leiter der Zschopauer Versuchsabteilung und ließ das bereits 1924 erteilte Patent der Schnürle-Umkehrspülung intensiv untersuchen. Dabei traten die verblüffenden Vorteile dieses Verfahrens zutage: Thermische Entlastung des Motors, die Gebläse und Wasserkühler erübrigte, günstigere Verbrauchswerte, höhere Leistungsausbeute und einfachere Bauweise des Kolbens waren die wesentlichsten Ergebnisse. Damit konnte der einfachere Flachkolben den schweren Nasenkolben mit seiner ungünstigen Masseverteilung ersetzen. Rasmussen erwarb sofort die alleinigen Rechte des Schnürle-Patents für Otto-Motoren von der Klöckner-Humboldt-Deutz AG, in deren Diensten Schnürle stand, für sein Zschopauer Werk. Damit stellte er erneut die Weichen für einen technischen Vorsprung im Zweitaktmotorenbau, der infolge geschickter Beschreibung und Definition des Patentanspruchs vorerst nur den DKW Motoren zukam. Der Konkurrenz blieb nur der kostspielige Weg einer Lizenznahme bei DKW, und erst 1950 war der Weg frei für alle Anwender dieses Zweitaktverfahrens.

Automobile

Parallel zur Motorradentwicklung verfolgte Rasmussen von Anfang an Automobilpläne. Als er kurz nach Kriegsende in Berlin einen von Dr. Ing. Rudolf Slaby konstruierten Kleinstwagen sah, der mithilfe eines unter dem Sitz angeordneten Elektromotors angetrieben wurde und darüber hinaus Bauprinzipien entsprach,

Slaby und Beringer entwickelten in den 20er Jahren in Berlin eine selbsttragende Sperrholzkarosserie, die sie an einem kleinen Elektrowagen verwandten. Rasmussen experimentierte damit, um einen Wagenantrieb für seine Zweitaktmotoren zu erproben

Ein DKW Händler hatte allerhand anzubieten: die DKW Produktionspalette bei einer Sonderschau in Zwickau (1929)

1919–1932

die auch Rasmussen vorschwebten, nahm er sofort Kontakt zum Konstrukteur auf. Mit Slaby gründete er die Slaby-Beringer Automobilgesellschaft mbH in Berlin-Charlottenburg, an der er zu einem Drittel beteiligt war. Bis zum Juni 1924 erreichte die Produktion dieser Elektrowagen genau 2.005 Exemplare.

Zur Automobilausstellung in Berlin im Herbst 1923 wurde das gleiche Fahrzeug auch mit einem DKW Einzylindermotor von 170 ccm und einer Leistung von 2,5 PS vorgestellt.

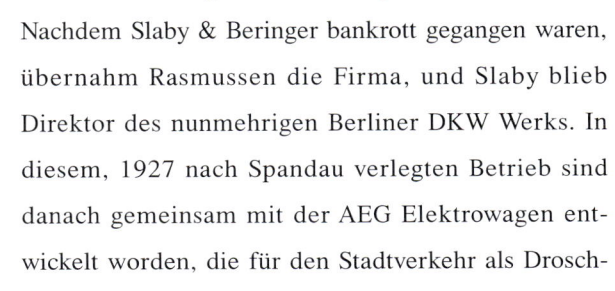

Nachdem Slaby & Beringer bankrott gegangen waren, übernahm Rasmussen die Firma, und Slaby blieb Direktor des nunmehrigen Berliner DKW Werks. In diesem, 1927 nach Spandau verlegten Betrieb sind danach gemeinsam mit der AEG Elektrowagen entwickelt worden, die für den Stadtverkehr als Droschken oder Lieferwagen gedacht waren. Eine normale Bleibatterie von 40 Zellen diente als Energiequelle. Sie stand vorn unter der Motorhaube und speiste einen Elektromotor von 3,5 kW. Die Karosserie des Wagens war selbsttragend und aus Sperrholz gefertigt, das mit Kupferblech überzogen wurde. Der Fahrschalter war in der Mitte des Wagens angeordnet. Die Konstruktion der Elektroausrüstung stammte von Dr. Klingenberg, während DKW den selbsttragenden Sperrholzaufbau und die Querfederung einbrachte. In Anlehnung an die bereits bekannten DKW Initialen ist der Elektrowagen unter der Markenbezeichnung DEW (Der Elektro Wagen) verkauft worden. In Berlin sollen davon 1926/27 etwa 500 Wagen gelaufen sein.

Auf der Leipziger Frühjahrsmesse 1928 wurde der erste DKW Kleinwagen mit Zweitaktmotor vorgestellt, dessen Zweizylinderreihenmotor mit 600 ccm Hubraum 15 PS abgab. Nach Slaby-Bauart wurden stehende Sperrholztafeln und Holzgerippe als tragendes Karosserieelement sowie Querfedern vorn und hinten verwendet. Einen Rahmen gab es nicht. Der Antrieb erfolgte über die Hinterräder. Damit begann die so erfolgreiche Verwendung des Zweitaktmotors und der selbsttragenden Holzkarosserie mit Kunstlederbezug im Automobilbau.

Beide Elemente sind auch von anderen Firmen angewandt worden, jedoch niemals in solcher in die Hunderttausende gehenden Stückzahl.

Neuer Antrieb

In dieser Zeit boten die Konstrukteure Gehle, Paffrath und Rasmussen einen von ihnen entwickelten Motor zum Kauf an. Es handelte sich um einen V-förmigen Vierzylinder, bei dem zwei im Winkel von 90 Grad zueinander stehende Zweizylinderblöcke mit je einer doppelt wirkenden Ladepumpe versehen waren, die beim Auf- und Abwärtshub jeweils einen Zylinder füllte. Damit wurde das Verfahren der Kurbelgehäusevorverdichtung und der Gemischschmierung verlassen. Das Kurbelgehäuse blieb druckfrei. Zweifellos war das ein großer Vorteil. Auch die verlängerte Ansaugzeit und der damit erhöhte Füllungsgrad sowie die verminderten Spülverluste und der im Ergebnis höhere Wirkungsgrad schlugen positiv zu Buche. Der erste derartige Wagen mit knapp 800 ccm Hubraum und 22 PS Leistung wurde Anfang 1930 ausgeliefert. Unter der Bezeichnung 4 = 8 ist er dem Publikum recht anspruchsvoll als „Vierzylinder mit der Wirkungsweise eines Achtzylinders" vorgestellt worden. Die Typenbezeichnung lautete ab 1932 „Sonderklasse" und „Sonderklasse Luxus", die mit schräg gestellter Frontscheibe, komfortablerer Ausstattung, mehr Chrom an der Karosserie und einer um Beleuchtungs- und Zubehörteile erweiterten elektrischen Anlage aufwarten konnte. Der Kunde musste für das Auto 3.175 Reichsmark bezahlen – sehr viel Geld für damalige Verhältnisse, jedoch verglichen mit dem Konkurrenzangebot durchaus angemessen. Während der Reingewinnn pro verkauftes Auto beim Vorgänger mit dem Zweizylindermotor noch 57 Reichsmark betragen hatte, kletterte er nunmehr auf 95 Reichsmark! Den Kleinwagenweg ging Rasmussen konsequent weiter. Er hatte

Ende 1930 entstand im Zwickauer Audi Konstruktionsbüro der DKW Front Kleinwagen, der bahnbrechend für die Durchsetzung des Frontantriebs im Automobilbau wirkte

mittlerweile die Zwickauer Audi Werke erworben und suchte dafür ein lohnenswertes Produkt. Angesichts der geschrumpften Kaufkraft und vor allem der seit 1925 halbierten Preise schien das Großwagengeschäft ohnehin nicht verlockend. So erschien Rasmussen eines Tages im September 1930 gemeinsam mit dem Audi Betriebsdirektor Heinrich Schuh im Audi Konstruktionsbüro. Dort hatte die Krise arg gewütet. Der Hof stand voll unverkaufter Autos. Von einstmals 24 waren noch zwei Konstrukteure übrig geblieben: Oskar Arlt und Walter Haustein.

Oskar Arlt (1889–1945) war gelernter Maschinenschlosser, in Berliner Maschinenbaubetrieben tätig gewesen und hatte im Jahr 1910 die Ingenieurschule in Zwickau besucht. Er verließ sie 1913 mit dem Abschlussprädikat „sehr gut" in der Tasche. Von da ging er zunächst zu Protos, später zu Hansa Lloyd und kam 1920 zu Audi, wo er zu einem der führenden Konstrukteure wurde.

Walter Haustein (1903–1988) hatte bei Horch die Position des Technischen Zeichners erlangt und war 1925 zu Audi gestoßen. Er war reiner Autodidakt und von großer Begabung. Seit 1926 wurde er bei Audi als Konstrukteur geführt. Bis 1956 war er als Hauptkonstrukteur im Werk Audi tätig und trat 1968 in den Ruhestand.

Diesen beiden hatte Rasmussen – wie erwähnt – den Entwicklungsauftrag für einen Kleinwagen mit der ungeheuerlichen Vorgabe einer Entwicklungszeit von sechs Wochen erteilt! Nach nur 36 Arbeitstagen war aus dieser Idee der fahrfähige Prototyp geworden. Und wiederum reagierte Rasmussen prompt: Entwicklungsabschluss bis Januar, Ausstellung des verkaufsfähigen Autos im Februar 1931 auf der Automobilausstellung in Berlin.

Mit dieser Entwicklung im Audi Konstruktionsbüro, in deren Rahmen nichts neu erfunden, sondern Bekanntes ausgewählt und außerordentlich geschickt miteinander verbunden worden ist, konnte nicht nur der Zwickauer Automobilbau auf eine völlig neue und extrem vitale Grundlage gestellt werden, sondern damit waren auch Pionierimpulse für die Entwicklung und Etablierung des Frontantriebs im Automobilbau überhaupt verbunden.

1928 kam das erste DKW Auto mit Zweitaktottomotor, Hinterradantrieb und natürlich Holzkarosserie auf den Markt

Motorsport

Bereits mit den ersten Fahrradhilfsmotoren, die in „Rennausführung" Fahrräder auf 65 km/h beschleunigten, sind Sportveranstaltungen bestritten worden. Der erste DKW Sieg datiert vom 20. September 1920 in Den Haag.

1925 entstand die DKW Rennabteilung, die künftig eigene, spezielle Wettbewerbskonstruktionen schuf. Wasserkühlung und Ladepumpe waren von nun an unverzichtbare Kennzeichen der schnellen DKW Rennzweitakter. Nach der ersten 175er Maschine entstand 1928 eine 250er Einzylindervariante, die 18 PS leistete und 130 km/h schnell war. Seit dem gleichen Jahr gab es auch die Zweizylinder PRe 500, die zuerst 26, später 32 PS abgab. Diese Motorräder waren außerordentlich erfolgreich. Die DKW Werbung konnte auf 1.000 Rennsiege in zwei Jahren verweisen!

Bei den Automobilen beteiligten sich DKW Fahrer an Zuverlässigkeitsfahrten. Wie serienmäßig es dabei zuging, zeigt folgende Zeitungsnotiz aus dem Jahr 1928: „Frl. Hildegard Kallweit, Danzig, beteiligte sich mit ihrem DKW noch am Kauftage an der ADAC-Nacht-Sternfahrt Danzig-Königsberg und zurück (400 km) und erzielte einen silbernen Pokal sowie eine Plakette." 1929 bildete Rasmussen eine DKW Automobil-Rennabteilung, als deren Leiter Gerhard Macher, ein sehr bekannter Dixi/BMW Sportfahrer, berufen wurde. Basis der Sportwagen war der Zweizylindermotor mit Ladepumpe; als Fahrer machten sich Simons, Oestreicher, Macher und Bauhofer einen Namen.

1930 stellte der Rennfahrer F. C. Meyer auf der Bahn in Montlhéry (bei Paris) mit einem von dem Aerodynamiker Koenig-Fachsenfeld entwickelten Wagen 12 internationale Klassenrekorde auf. Der DKW lief dabei 24 Stunden lang mit einem Schnitt von 91,5 km/h! 1931 kam der neue DKW Front zum Einsatz – als Monopostorennwagen, der bei Kleinwagenrennen auch recht erfolgreich war.

Das DKW Maskottchen aus den 20er Jahren

1919–1932

Zahlreiche DKW P 15 bei einem Schönheitswettbewerb in Berlin. Beachtlich der gut sichtbare Reibungsstoßdämpfer in der Vorderachse

Unternehmensgeschichtliche Daten: DKW

1916	Bis 1920 Experimente mit Dampfkraftwagen
1919	Spielzeug-Zweitaktmotor 25 ccm „Des Knaben Wunsch"
1921	Zschopauer Motorenwerke J. S. Rasmussen; Fahrradhilfsmotor „Das kleine Wunder"
1922	Warenzeichen DKW für Motoren und Motorräder geschützt
1923	Gründung der Zschopauer Motorenwerke J. S. Rasmussen AG am 22. Dezember. Kapital 1924: 1 Mio. Reichsmark; 1929 erhöht auf 10 Mio. Reichsmark
1928	Größte Motorradfabrik der Welt; Fabrikationsbeginn der DKW Automobile
1932	Am 29. Juni vereinigte sich das Unternehmen auf dem Wege der Fusion mit den Horchwerken AG, den Audiwerken AG und der Automobilabteilung der Wanderer Werke AG zur Auto Union AG, Chemnitz

Die wichtigsten DKW Automobil-Typen bis 1932

Bezeichnung	Zylinderzahl/ Anordnung	Bohrung x Hub in mm	Zylinderinhalt in cm^3	PS	Bauzeit
mit Hinterradantrieb					
P 15	2 R	74 x 68	584	15	1928–1930
4 = 8, V 800	4 V	60 x 65,5	780	22	1930–1931
4 = 8, V 1000	4 V	68 x 68,5	980	25	1931–1932
mit Frontantrieb					
F	2 R	68 x 68	494	15	1931–1932
F	2 R	74 x 68	584	18	1931–1932

Ein serienmäßiger DKW P 15 im Renneinsatz (1929)

Die Produktionszahlen stiegen von 5.000 auf über 65.000 Motorräder im Jahr 1928. Zu diesem Zeitpunkt konnten täglich 375 Motorräder und 500 Motoren gebaut werden. Der Zulassungsanteil in Deutschland erreichte 1930 30 Prozent. Die Preise stützten sich auf niedrige Herstellungskosten. Für die billigste DKW waren 485 Reichsmark zu zahlen.

DKW Automobile mit Hinterradantrieb sind ab 1928 in Spandau gefertigt worden. Seit 1931 wurden DKW Frontantriebswagen im Zwickauer Audi Werk, das seit 1928 zum DKW Konzern gehörte, gefertigt. Gemeinsam war beiden die mit Kunstleder bezogene Holzkarosserie. Die Produktionszahlen der seit 1928 gebauten Spandauer DKW Kleinwagen mit Hinterradantrieb erreichten bis 1932 rund 10.000 Stück, was einem Jahresmittel von 2.500 entsprach. Vor der Gründung der Auto Union wurden außerdem knapp 5.000 DKW mit Frontantrieb hergestellt. Der DKW Zulassungsanteil in der Kleinwagenklasse war zunächst bescheiden und erreichte erst mit dem Frontwagen bedeutende Höhen. Die Preise waren dem Kleinwagencharakter entsprechend sehr niedrig. Der DKW 4 = 8 kostete 1930 3.300 Reichsmark, der Preis für den DKW Front betrug 1931 1.685 Reichsmark.

Die wichtigsten DKW Motorrad-Typen bis 1932

Bezeichnung	Zylinderzahl	Bohrung x Hub in mm	Zylinderinhalt in cm³	PS	Bauzeit
Hilfsmotor	1	50 x 60	118	1	1919–1923
Golem-Sesselrad	1	50 x 60	118	1	1921–1922
Lomos-Sesselrad	1	55 x 60	143	2,5	1922–1925
Reichsfahrtmodell	1	55 x 60	143	2,5	1922–1924
ZM	1	59 x 64	175	2,5	1924–1925
E 206	1	64 x 64	206	4	1925–1928
Z 500	2	68 x 68	494	12	1926–1929
Luxus 200	1	63 x 64	198	4,5	1929–1932
ZIS 200	1	63 x 64	198	4	1929–1931
Super Sport 500	2	68 x 68	494	18	1929–1933
KM 175	1	59 x 64	172	4	1930–1933
Block 300	1	74 x 68	294	9	1931–1933

DKW Super-Sport 500 mit wassergekühltem Zweizylindermotor

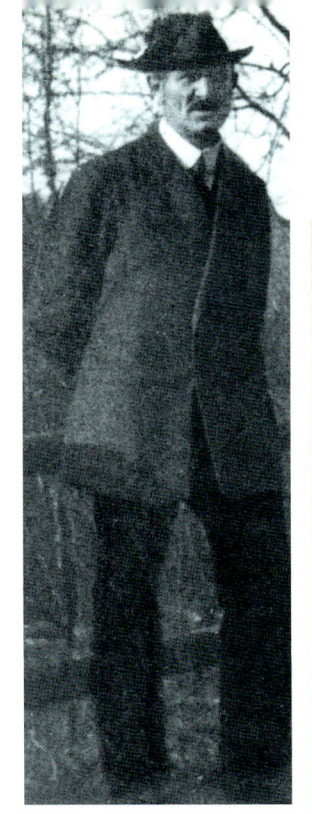

1919–1932

*Hugo Ruppe
1879–1949*

Werkseinfahrt zum DKW Werk in Berlin-Spandau, in dem ab 1928 die DKW Automobile mit Hinterradantrieb montiert wurden

Hugo Ruppe

1879	Geboren am 15. August 1879 in Apolda. Nach der Mechanikerlehre folgte das Ingenieurstudium am Technikum Ilmenau
1904	Konstruktion und Bau des Apoldania-Motorrads mit Viertaktmotor
1907	Gründung einer eigenen Automobilfabrik in Markranstädt bei Leipzig
1910	Umbildung zur Markranstädter Automobilfabrik (MAF) GmbH
1912–1914	Versuche mit Zweitaktmotoren und mit Schwungradzündmagneten
1914–1918	Kriegsdienst
1918	Übergang nach Zschopau zu Rasmussen, dem er seinen Zweitaktmotor anbot
1920–1945	Trennung von Rasmussen; Umzug nach Berlin, dort Gründung der Berliner Kleinmotoren Fabrik (Bekamo). Fertigung von Zweitaktmotoren mit Kolbenladepumpe, Leichtmetallzylindern mit Graugusslaufbuchsen, Leichtmetallkolben, abnehmbaren Aluzylinderköpfen und sehr origineller Spülluftsteuerung. Sie waren sehr aufwendig, aber die mit Abstand leistungsstärksten Zweitaktmotoren jener Zeit. Nach kurzer Tätigkeit bei Framo in Frankenberg Wechsel nach Festenberg (Schlesien), dort Aufbau einer Maschinenfabrik. Bei Kriegsende Zuflucht in Zschopau. Die Bemühungen, dort eine Produktion von kleinen Notstromaggregaten aufzuziehen, schlugen fehl
1949	Unmittelbar nach dem Tod seiner Frau starb Hugo Ruppe als völlig vermögensloser und fast vergessener Mann am 23. Januar 1949 in Zschopau

Carl Hahn

1894	Geboren am 4. März 1894 in Nove Hrady (Gratzen/Böhmen); nach dem Ersten Weltkrieg Studium der Agronomie an der Hochschule für Bodenkultur in Wien, 1922 mit der Promotion abgeschlossen
1922	Am 20. April 1922 Eintritt bei den Zschopauer Motorenwerken J. S. Rasmussen, Zschopau/Sachsen Hahn wurde die rechte Hand von Rasmussen und schuf eine leistungsfähige Vertriebsorganisation. Sein vielseitiges und erfolgreiches Engagement für die Zschopauer Marke brachte ihm den Ehrennamen „DKW Hahn" ein
1932	Nach Gründung der Auto Union AG, Chemnitz, Einberufung in den Vorstand, mit der Aufgabe des Vertriebs
1945	Nach der Flucht in den Westen Mitglied des Gründerkreises des Zentraldepots für Auto Union Ersatzteile in Ingolstadt, der Keimzelle der heutigen AUDI AG
1949	Stellvertretender Vorsitzender der Geschäftsführung der Auto Union GmbH
1957	Am 30. Juni 1957 aus gesundheitlichen Gründen aus dem Unternehmen ausgeschieden
1961	Am 5. Juni 1961 in Le Zoute/Belgien verstorben

Dr. Carl Hahn
1894–1961

Dr. Ove Rasmussen über seinen Vater, den DKW Chef J. S. Rasmussen:

„Mein Vater war in den Betrieben sehr beliebt. Er kannte die Namen fast aller Arbeiter. Er ging jeden Tag mit einer dicken Zigarre durch den Betrieb und der Hund ging hinterher. Und wenn der mal den Anschluß verpaßt hatte, ein Motor knatterte und der einen Schock bekommen hatte, dann führten die Arbeiter den Hund wieder zu meinem Vater. Dann hing er sich am Rockschoß fest und dann gings weiter. Mein Vater war sehr beliebt, obwohl er kein besonders spendabler Mensch gewesen ist. Er hat auch nicht, wie Robert Bosch in Stuttgart, ein Krankenhaus gestiftet. Das hat er nicht getan, aber es gab viele Einrichtungen, die hat er gestiftet. Aber zum Krankenhaus hat es bei ihm nicht gelangt. Was aber die Lohnzahlungen anbelangt: die Löhne, die in Zschopau bezahlt wurden, waren noch im Dritten Reich und auch noch im Kriege Problemlöhne, weil sie zu hoch waren."

Fertig zum Versand

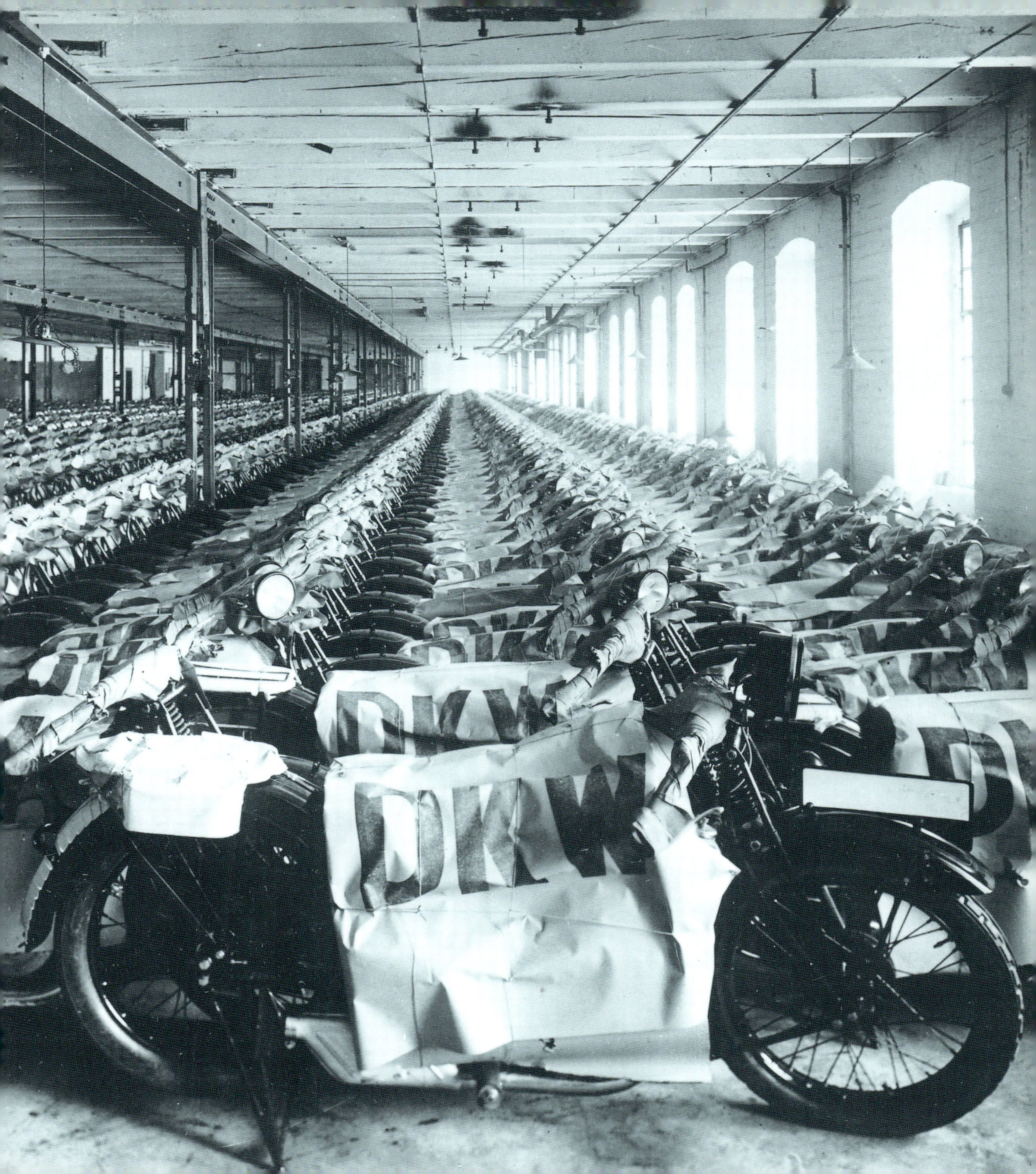
DKW
DKW

Horch im Überblick

*10/35 PS Phaeton
(1923)*

*10/50 PS Limousine
(1924)*

*10/50 PS Phaeton
(1925)*

306 Roadster (1928)

*10/45 PS Sportwagen
(1924)*

1919–1932

420 Sportcabriolet (1930)

350 Mannschaftswagen (1929)

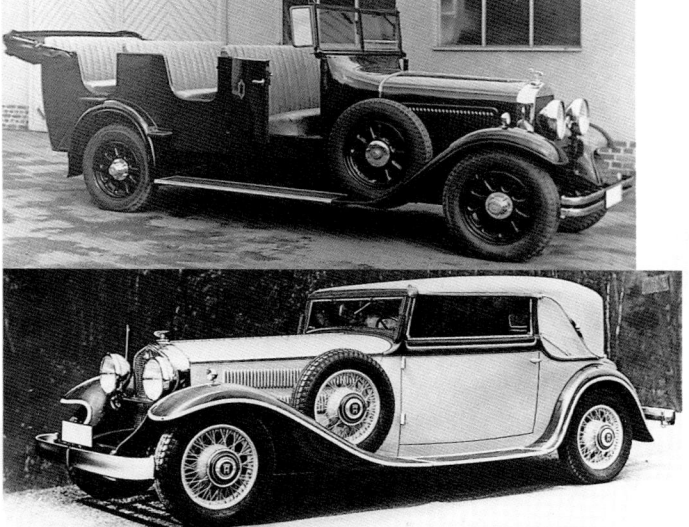

480 Sportcabriolet (1929)

375 Pullman-Cabriolet (1930)

670 Sportcabriolet (1932)

Audi im Überblick

C 14/35 PS Phaeton
(1921)

E 22/55 PS Phaeton
(1922)

K 14/50 PS Phaeton
(1924)

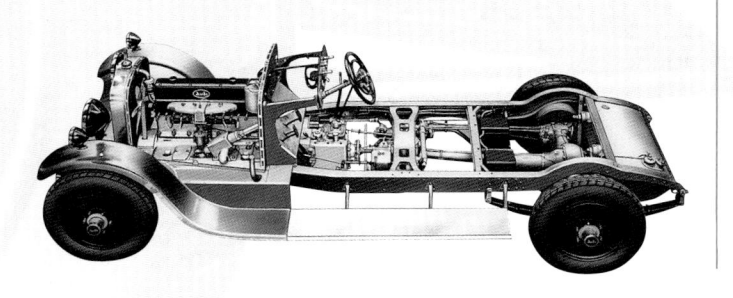

M 18/70 PS Fahr-
gestell (1924)

1919–1932

*R 19/100 PS
Sportcabriolet (1927)*

*Zwickau 100 PS
(1929)*

*Zwickau 100 PS
Cabriolet (1930)*

*Dresden 75 PS
Cabriolet (1932)*

*P 5/30 PS
Limousine (1931)*

Wanderer im Überblick

Wanderer Vierzylinder W10/IV als offener Tourenwagen (1930–31)

Wanderer Sechszylinder W11 (1931)

Zweisitziges Sportcabriolet Wanderer W11 (1931)

Wanderer W11 Pullman-Limousine und Wanderer W10/IV Cabriolet (1931)

Das repräsentative Wanderer W11 Sedan-Cabriolet mit vier Türen (1931)

1919–1932

Der schwarzweiße Streifen kennzeichnet diesen Wanderer W10/IV als Kraftdroschke (1930–31)

Wanderer W11 in unterschiedlichen Cabriolet-Ausführungen (1929–30)

Der Wanderer W11 als geräumige Sechsfenster-Limousine

Wanderer W17 Cabriolet mit einem von F. Porsche entwickelten Zweiliter-Sechszylindermotor (1932)

DKW im Überblick

DKW Sportwagen waren bei Rennen in den kleinen Klassen recht erfolgreich (1929)

Ein serienmäßiger DKW P 15 als Teilnehmer bei der Rallye Monte Carlo (1929)

DKW 4 = 8 800-ccm Vierzylinder-Zweitaktmotor mit 22 PS (1930)

Der DKW Front (F 1) half vielen Deutschen beim ersten Schritt ins automobile Leben (1931)

Vorstellung des DKW Front auf der IAA Berlin im Februar 1931

1919–1932

DKW Fahrradhilfsmotor (1919–23)

Der kleine DKW Motor wurde auch von anderen Zweiradherstellern gerne als Konfektionsmotor verwendet (1920)

DKW E 206, das Erfolgsmodell aus Zschopau (1925–28)

DKW Golem mit liegendem Einzylinder-Zweitaktmotor (1921)

Das DKW Lomos-Sesselrad war ein Vorläufer des Motorrollers (1922)

DKW Luxus 200: Im Volksmund wurde dieses beliebte Motorrad wegen des rot lackierten Tanks als „Blutblase" bezeichnet (1929)

Im Zeichen der vier Ringe

Die 20er Jahre hatten sich in der technischen Entwicklung als Zeit des Wachstums an Wissen, der Experimentierfreudigkeit und wieder üppig ins Kraut schießender technischer Neuerungen präsentiert. Das folgende Jahrzehnt der 30er Jahre bot hierfür die quantitative, industrielle Umsetzung. Besonders bekannt wurde dies von den Neuerungen bei Funk und Fernsehen, in der Flug- und der Fahrzeugtechnik.

Die rasch wachsende Wirtschaft hatte einen ebenso stark ansteigenden und vor allem sich immer mehr diversifizierenden Kommunikationsbedarf zur Folge, wofür zunächst einmal die geeigneten und vor allem erprobten technischen Mittel gefunden werden mussten. Es erscheint immer wieder bewundernswert, wie weit voraus damals gedacht wurde, als man technische Lösungen wie Flug- und Kraftfahrzeuge in einer Zeit schuf, in der sie noch gar nicht gebraucht wurden. Als man dann ohne sie nicht mehr auskam, waren sie bereits ausgereift vorhanden. Diese Zeit des technischen Vorlaufs war beim Kraftfahrzeug mit den 20er Jahren zu Ende gegangen. Die Porsche-Drehstabfederung (1930) wird allgemein als die letzte Grundsatzerfindung im Automobilbau angesehen. Gleichzeitig waren in der Kraftfahrzeugindustrie durch Einführung der Fließbandfertigung sowie durch umfassende Normung die Voraussetzungen dafür geschaffen worden, dieses aus Tausenden Einzelteilen bestehende Produkt auch in großer und sehr großer Stückzahl mit gleich bleibender Qualität herzustellen. Die Fahrzeugindustrie war damals das Musterbeispiel einer rationellen Produktion schlechthin! Und schließlich wuchs, latent zunächst und in bescheidenem Umfang, die Nachfrage nach allem, was der Mobilität nutzte. Hier war es vor allem die völlig individuellen Gesichtspunkten folgende Einsatzmöglichkeit in Zeit und Raum, die diese „Mobile" mit fast magischem Glanz umgab. Die Amerikaner hatten der

1932–1945

Welt vorgeführt, was damit möglich war – sie hatten ihr riesiges Land mit dem Automobil erschlossen. Als die Nationale Automobilkammer der USA 40.000 Farmersfrauen nach den für ihre Lebensqualität wichtigsten Gebrauchs- und Einrichtungsgegenständen befragte, nannten fast alle von ihnen das Auto an erster Stelle. Erst danach folgten fließendes Wasser in der Küche, Telefon, Radio!

Deutschland radelt

In Deutschland blieb auch in den 30er Jahren das bedeutendste, weil billigste individuelle Verkehrsmittel das Fahrrad. 1939 gab es davon über 20 Mio., womit höhere Beförderungsleistungen pro Jahr erstrampelt worden sind, als die Deutsche Reichsbahn sie vorweisen konnte. 1937 ergaben beispielsweise Zählungen für den Berufsverkehr im Raum Halle-Merseburg, dass zwar 29 Prozent den Arbeitsplatz per Eisenbahn, über 54 Prozent aber per Rad erreichten. Übrigens, motorisierte Verkehrsmittel wurden unter dem Begriff „sonstige" subsummiert, die wenig mehr als 3 Prozent erreichten.

Dennoch – die Zahl der Kraftfahrzeuge wuchs weltweit und rasch. Zu über 80 Prozent dienten sie der Personenbeförderung, d. h. der individuellen Mobilität. In Deutschland behielt das Motorrad seine überragende Bedeutung dafür bei. Es konnte im Bedarfsfall durch einen Seitenwagen zu einem dreirädrigen Gefährt gewandelt werden. Die absoluten Kosten für die Anschaffung und den Unterhalt des Fahrzeugs waren hier am niedrigsten. Das Motorrad bildete die unterste Stufe der Motorisierung, die alles aufnahm, was auf höheren Ebenen, also mithilfe von Kraftwagen, infolge zu hohen finanziellen Aufwands nicht realisiert werden konnte. So tauchten Motorräder immer häufiger in Handel und Gewerbe auf; man sah sie im Dienste der Post und sogar auch als Kraftdroschken. Dort, wo die Motorisierung also am billigsten war, erlebte sie ihren ersten Aufschwung. Zweifellos war dies Ausdruck dafür, dass sich so erste Anfänge einer „Massenmotorisierung" abzeichneten, wenn eine halbe Mil-

Ein typisches Bild vom Straßenverkehr in der Stadt um die Mitte der 30er Jahre: Der Kleinwagen dominiert bereits

lion Motorräder bei einer Bevölkerung von über 60 Mio. diesen Terminus überhaupt rechtfertigen.

Daneben florierte auch der Kleinwagenabsatz beträchtlich, und schließlich sind Wachstumsimpulse auch in der Mittel- und Oberklasse unübersehbar.

Zweifellos hat in Deutschland die Nazipropaganda für die Motorisierung diesen Prozess belebt. Sie begann mit Hitlers programmatischer Rede zur Eröffnung der Berliner Automobilausstellung 1933, aus der sich vor allem die künftige Steuerbefreiung aller neuen Kraftfahrzeuge und der sofortige Beginn des Autobahnbaus ableiten ließen. Wie sehr Hitler hier demagogische Sprüche geklopft hatte, und wie wenig diese Motorisierungseuphorie von den Nazis selbst zu verkraften war, zeigten die umgehend spürbar werdenden Rohstoffengpässe. Ab 1936/37 wurden die wichtigsten Rohstoffe – Gummi und Eisen – kontingentiert den Unternehmen zugeteilt, und zwar in erheblich geringerem Maße, als den Aufträgen nach hätte verarbeitet werden können. Die Folge waren seit 1937 auftretende bis zu mehr als einem Jahr reichende Lieferfristen – auch dank signifikanter Minderauslastung der Fertigungsanlagen.

Davon ausgenommen blieben die Wehrmachtsaufträge, die mit hoher Dringlichkeit verbunden waren. Die wichtigste Aufgabe der deutschen Kraftfahrzeugindustrie bestand trotz gegenteiliger NS-Demagogie damals eben nicht in der Motorisierung des Volks, sondern in jener der Wehrmacht. Es gehört zur Tragik der deutschen Automobilgeschichte, dass die Produkte großer und ruhmreicher Marken, deren guter Ruf als Ergebnis harter, zielstrebiger und fruchtbarer Arbeit ganzer Generationen von Arbeitern, Technikern und Kaufleuten zustande gekommen war, zu Instrumenten des Krieges, der Vernichtung und des Sterbens

Die erste nur für Kraftwagen bestimmte Überlandstraße in Deutschland führte von Köln nach Bonn (1932)

Stoßverkehr am Pariser Platz in Berlin

1932–1945

verkamen. Für einige dieser Marken wurde der Krieg selbst zum Ende, nach dem es keine Auferstehung mehr gab.

Die Auto Union AG, Chemnitz

Das Unternehmen entstand auf Initiative der Sächsischen Staatsbank, die von Anfang an die Aktienmehrheit (zuletzt 97 Prozent) besaß. Am 29. Juni 1932 schlossen sich die Audi Werke, die Horchwerke und die Zschopauer Motorenwerke J.S. Rasmussen zur Auto Union zusammen. Gleichzeitig wurde mit den Wanderer Werken ein Kauf- und Pachtvertrag zur Übernahme ihrer Automobilabteilung abgeschlossen. Dem Vorstand gehörten an: Dr. Richard Bruhn, Jörgen Skafte Rasmussen und Klaus-Detlof von Oertzen. Dr. Carl Hahn wurde stellvertretendes Vorstandsmitglied.

Aufstieg zur Nummer zwei

Die Gründungsunternehmen blieben als Markenbezeichnungen erhalten. Die Auto Union AG, Chemnitz war bald nach ihrer Gründung der zweitgrößte Kraftfahrzeugkonzern in Deutschland. Das Markensignet zeigte die vier ineinander verschlungenen Ringe und symbolisierte damit vor allem die unauflösliche Einheit der vier Gründerfirmen. Etwa drei Jahre hat es gedauert, bis aus dem Nebeneinander der herkömmlichen Typenpolitik ein den Konzentrationseffekt nutzendes Auto Union Profil entstand. Dies ist im Typenprogramm insofern ablesbar, als etwa seit 1935 stärker als bisher eine Vereinheitlichung der Karosserieformgebung und die gemeinsame Verwendung verschiedener konstruktiver Elemente wie der Hinterachsen immer mehr sichtbar wurde. Damit war die dezentral betriebene Typenpolitik am Ende. Die Technikpolitik der Auto Union orientierte sich ganz gewiss an ihrer eigenen Tradition, machte jedoch nicht vor grundlegenden Erneuerungen halt. Wichtigster Gesichtspunkt der technischen Entwicklung war die Kostensenkung. Dem diente vor allem die Standardisierung der Fahrgestelle, der Vier-, Sechs- und Achtzylindermotoren sowie der Getriebe. Einen weiteren Entwicklungsschwerpunkt bildete die höhere Wirtschaftlichkeit der Fahrzeuge. In diesem Zusammenhang galt besondere Aufmerksamkeit einer strömungsgünstigeren Formgebung der Karosserie, wofür vor allem die Patente von Paul Jaray und umfangreiche Windkanalversuche genutzt worden sind. Beim DKW F 9 und beim Horch 930 S war man damit bis zur Serienreife gekommen. Seit 1935 oblag die gesamte technische Entwicklung dem neu gegründeten

Die Auto Union Wagen im Korso zur Eröffnung der Reichsautobahn Frankfurt–Darmstadt (1935)

Zentralen Konstruktionsbüro (ZKB) und der Zentralen Versuchsabteilung (ZVA) in Chemnitz. Hier entstanden der Audi 920, der DKW F 9, die Wanderer Typen W23 und W24 sowie der Horch 930 S. Auch die Zweitaktmotorenforschung wurde hier mit großem Eifer betrieben, wobei man insbesondere mit Spülluftgebläsen, Einspritzpumpen und Einspritzdüsen experimentierte. Darüber hinaus wurde untersucht, ob es eine noch bessere Lösung als die Schnürle-Spülung für Zweitaktmo-toren gab. 1939 standen dafür Zweiventilmotoren sowie Rohrschieber- und Drehschiebermotoren auf dem Versuchsprogramm.

Der Auto Union Stand auf der IAA in Berlin (1935)

1932–1945

Beispielhafte Leistungen

Die Auto Union AG, Chemnitz bestand sechzehn Jahre. Davon herrschte während sechs Jahren Krieg, drei Jahre dauerte die Liquidation und nur sieben Jahre, also nicht einmal die Hälfte ihrer Lebensdauer, standen ihr für Innovation und Wachstum zur Verfügung. Was während dieser Jahre geleistet wurde, war

Der Horch 930 S als IAA-Neuheit (1939) (rechts im Bild)

erstaunlich. Es war jene Zeit, in der sich in Deutschland die Motorisierung sprunghaft zu beleben begann. Die explodierende Nachfrage erzwang statt des Automobilbaus auf Zuruf sorgfältige Produktionsvorbereitungen auf ungewohnt lange Zeit. Daraus ergaben sich neue Entwicklungs- und Versuchsmethoden. So wurde der DKW F 8 eben nicht von ungefähr zu einem der ersten deutschen Automobile, von dem es nicht nur eine Nullserie im heutigen Sinn, sondern sogar bereits eine Pilotproduktion gab.

Gezieltes Vorgehen

Im Jahr 1936 hatte das Zentrale Entwicklungs- und Konstruktionsbüro unter Oskar Siebler und Werner Strobel mit der Entwicklung des DKW F 9 begonnen – nicht nur als nächstem Fronttyp schlechthin, sondern auch als Antwort der

Auto Union auf die Herausforderung durch den kommenden Volkswagen. Damit war der sächsische Konzern der erste und einzige in Deutschland, der darauf schnell und konzeptionell gesichert reagierte. 1940 sollte der F 9 zum Verkauf stehen – mit 30-PS-Dreizylinder-Zweitaktmotor, Frontantrieb, im Windkanal entwickelter Karosserie. Ein neues Motorenwerk entstand an der Chemnitzer Kauffahrtei, und der Preis für den Wagen sollte innerhalb von fünf Jahren auf 1.200 Reichsmark sinken.

Die ersten Crashtests

Die ebenfalls 1936 gebildete Zentrale Versuchsabteilung (ZVA) war in drei Bereiche gegliedert: die technische, die technisch-wissenschaftliche und die fahrtechnische Abteilung. Bemerkenswert erscheint, dass im Zusammenhang mit Entwicklung und Versuch bei den letzten DKW Typen, insbesondere bei denen mit der Kunststoffkarosserie, in dieser Zentralen Versuchsabteilung in Chemnitz von der Auto Union als erstem deutschen Automobilhersteller 1937 ein fundiertes und empirisch geprägtes Crashprogramm entwickelt worden ist, das sehr modernen Kriterien entsprach: Frontal- und Seitenaufprall sowie seitlicher Überschlag wurden dabei simuliert. Die Innovationsfreudigkeit der sächsischen Automobilbauer, in über 3.000 Patenten im In- und Ausland dokumentiert, trug ihre Früchte. Jeder vierte Pkw, der 1938 in Deutschland neu zugelassen wurde, stammte von der Auto Union – jeder fünfte allein aus Zwickau. Jedes dritte in Deutschland neu zugelassene Motorrad war eine DKW.

Ausflugs- und Freizeitgestaltung waren von Anfang an wichtige Motive für die Motorisierung

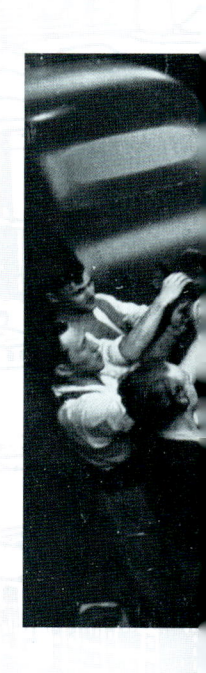

Unternehmensgeschichtliche Daten:
Auto Union AG, Chemnitz

1932	Rückwirkend zum 1. November 1931 entstand die Auto Union AG, Chemnitz durch Fusion der Zschopauer Motorenwerke J. S. Rasmussen AG (DKW), der Horchwerke AG, Zwickau, der Audiwerke AG, Zwickau, sowie durch Pacht/Ankauf der Automobilabteilung der Wanderer Werke, Siegmar bei Chemnitz Aktienkapital: 14,5 Mio. Reichsmark
1943	Aktienkapital 31. Mai: 20,3 Mio. Reichsmark
1943	Aktienkapital 31. Oktober: 30 Mio. Reichsmark

Die Auto Union wurde auf Anhieb zweitgrößter Kraftfahrzeughersteller in Deutschland. In den folgenden sechs Jahren expandierte sie auf über das Vierfache. Der Konzernumsatz stieg von 65 auf 276 Mio. Reichsmark; die Beschäftigten nahmen von 8.000 auf über 23.000 zu – die Zahl der produzierten Fahrzeuge stieg bei Motorrädern von knapp 12.000 auf über 59.000, die der Automobile von über 17.000 auf über 67.000 im Jahr.

Im Verhältnis zum Gründungsjahr der Auto Union steigerte sich der Ausstoß an Automobilen 1938 bei Horch Modellen auf über das Doppelte, bei Wanderer auf über das Fünffache und bei den DKW Wagen auf über das Zehnfache.

In Deutschland erreichte 1938 der Zulassungsanteil der Auto Union bei Motorrädern etwa 35 Prozent, bei Automobilen 23,4 Prozent. Am deutschen Kraftfahrzeugexport hatte die Auto Union einen Anteil von 27 Prozent.

Die Auto Union war einer der bedeutendsten Fahrzeuglieferanten für Behörden und Wehrmacht. 1937/38 übertraf der Umfang dieses Markts den der zivilen Marken Audi, Horch und Wanderer zusammengenommen!

Auf der Grundlage der Befehle 124 und 126 vom 30. und 31. Oktober 1945 der Sowjetischen Militäradministration in Deutschland (SMAD) wurde die Auto Union AG, Chemnitz durch die Besatzungsmacht enteignet und 1948 im Handelsregister gelöscht.

Acht Arbeiter wurden benötigt, um die DKW Holzkarosserie per Hand mit Kunstleder zu beziehen

Fließbandfertigung im Werk Audi, wo seit 1931 die DKW Frontantriebswagen gefertigt wurden

Richard Bruhn

1886	Geboren am 25. Juni 1886 in Cismar/Ostholstein. Besuch der dortigen Volksschule und anschließende Elektrikerlehre. Danach Wechsel in den Kaufmannsberuf.
1907	Kaufmännischer Angestellter im Ingenieurbüro der AEG zu Bremen
1910	Kaufmännischer Leiter des AEG Büros in London
1914–1918	Kriegsdienst
1918	Studium der Nationalökonomie in Kiel, Abschluß mit Promotion zum Dr.rev.pol.
1921–1926	Kaufmännischer Direktor bei Neufeldt & Kuhnke in Kiel
1927–1929	Mitglied des Direktoriums der Junkerswerke in Dessau
1929–1930	Vorstandsmitglied der Pöge-Elektrizitätswerke in Chemnitz
1930	Im Dienst der Sächsischen Staatsbank und als deren Beauftragter Vorstandsmitglied bei den Zschopauer Motorenwerken J. S. Rasmussen AG; Vorbereitung und
1932	Abschluß der Gründung der Auto Union AG, deren Vorstand er wurde
1945	Am 7. Mai verließ Dr. Bruhn Chemnitz
1945–1947	Internierung in Lagern der britischen Besatzungsmacht
1949	Erster Geschäftsführer der wieder gegründeten Auto Union GmbH in Ingolstadt
1952	Ehrendoktorwürde (Dr. Ing. eh.) der RWTH Aachen für seine Verdienste um die deutsche Kraftfahrzeugindustrie.
1956	Am 6. November aus der Geschäftsführung der Auto Union ausgeschieden und für zwei weitere Jahre dort tätig als Aufsichtsratsvorsitzender
1964	Am 8. Juli 1964 in Düsseldorf gestorben

Dr. Richard Bruhn 1886–1964

1932–1945

Dr. William Werner 1893–1970

William Werner

1893	Geboren am 7. November 1893 in New York
1907	Rückkehr mit seinen aus Oederan/Sachsen stammenden Eltern nach Deutschland
1912	Nach der Lehre als Mechaniker Eintritt als Monteur in die mechanische Werkstatt der Niederlassung der amerikanischen Multigraph GmbH, Berlin.
1914–1918	Nach der Abendschule Ablegung der Ingenieurprüfung für Maschinenbau. Als amerikanischer Staatsbürger vom Kriegsdienst befreit
1920–1924	Tätigkeit als Fertigungsingenieur bei den führenden Werkzeugherstellern Deutschlands, so bei Bergmann-Borsig, Berliner AG vorm. Freund sowie Schuchardt & Schütte
1924	Betriebsdirektor bei der Werkzeugmaschinenfabrik Ludwig Loewe
1925	Technischer Direktor bei der Schiess AG in Düsseldorf
1926	Studienreise durch die Automobilindustrie der USA, Arbeit bei der Chrysler Corporation in Detroit
1926	Eintritt bei den Horchwerken AG, Zwickau/Berlin
1927	Technischer Direktor der Horchwerke AG
1929	Ab 24. Mai ordentliches Vorstandsmitglied der Horchwerke AG
1934	Vorstandsmitglied für Technik der Auto Union AG, Chemnitz
1942	Ehrendoktorwürde der TH Dresden für seine Verdienste um die Modernisierung und Rationalisierung der Fertigung in der deutschen Kraftfahrzeugindustrie
1945	Flucht nach Bad Homburg
1948	In Rotterdam für die Firma Plivier Einrichtung und Leitung einer Zweiradfabrik für die Fertigung von Motorrädern und Mopeds
1956	Eintritt in die Geschäftsführung der Auto Union GmbH mit Verantwortung für den Bereich Technik; Arbeitsort ist Düsseldorf, ab 1961 Ingolstadt
1962	Ausscheiden aus der Auto Union, Eintritt in den Ruhestand
1970	Am 20. Juni 1970 in dem Schweizer Ort Sempach gestorben

Die neue Dynamik von Audi

Noch vor Gründung des neuen Konzerns hatte im Audi Konstruktionsbüro ein neuer Wagen Gestalt angenommen. Er sollte Frontantrieb und einen Sechszylindermotor besitzen. Dafür eignete sich am besten der neue, von Ferdinand Porsche konstruierte Wanderer Motor mit 40 PS – auch dank seiner niedrigen Masse von 130 kg.

Um das Fahrzeug möglichst leicht zu gestalten, entschloss man sich zu einem Zentralkastenrahmen, dessen Vorzüge dann wieder die achslose Radaufhängung vorn und hinten nahe legten.

Diesen Audi Front brachte die Auto Union AG zur Internationalen Automobil- und Motorradausstellung in Berlin 1933 heraus. Gemeinsam mit Stoewer und Brennabor legte diese Marke damit den Grundstein für die Etablierung des Frontantriebs in der Mittelklasse.

Die damalige Audi Kundschaft hatte vor allem Bequemlichkeit, Komfort und großzügiges Raumangebot auch zu Lasten der Leistung gefordert. Darin zeichnete sich nun um die Mitte der 30er Jahre ein Wandel ab, der in den entsprechenden Vorstandsbeschlüssen zum künftigen Audi Profil seinen Niederschlag fand. Dynamik und Sportlichkeit waren gefragt. Man wollte einen starken, aber keinen großen Wagen! Programmatisch sollte der neue Audi wieder mit extrem progressiven Konstruktionselementen ausgestattet werden. Gedacht war an Jaray-Stromlinienform und automatisches Pulsgetriebe. Nach wie vor sollte der Wagen sich an einen ganz speziellen Kundenkreis wenden, der erstens mehr Sachverstand von der Kraftfahrzeugtechnik besaß, der zweitens die technischen Vorzüge seiner Wagen in sportlich ambitionierter Fahrweise täglich in Anspruch nahm und der drittens finanziell betucht genug war, sich das leisten zu können.

Die wichtigsten Audi Typen 1932–1939

Typ	Zylinderzahl/Anordnung	Bohrung x Hub in mm	Hubraum in cm³	PS	Bauzeit	Bemerkung
Front UW	6 R	70 x 85	1.949	40	1933–1934	Frontantrieb
Front 225	6 R	71 x 95	2.255	50 (55)	1934–1938	Frontantrieb
920	6 R	87 x 92	3.281	75	1939–1940	

Seit eh und je gehörte Audi zu den Pionieren der Stromlinienkarosserie; hier ein Versuchswagen nach Jaray-Patenten auf Audi Front

Der Audi 1933 mit Frontantrieb und Schwingachsen, hier als Sportcabriolet mit Gläser-Karosserie

Den bildschönen Audi Front Roadster (1935) gab es nur in zwei Exemplaren

Der neue Audi 920 in der Expertenkritik: die Rennfahrer Walfried Winkler und Ewald Kluge (1939)

Dies verlangte konstruktionsseitig vor allem mehr Leistung. Die mittlerweile auf 55 PS gebrachten Wanderer Motoren ließen sich nicht noch mehr steigern, und die Frontantriebsgelenke brachten es damit auf eine maximale Lebensdauer von 30.000 km. Da ein Geschwindigkeitsbereich von deutlich über 120 km/h anvisiert war, blieb nur die Rückkehr zum bewährten Hinterradantrieb.

Der neue Audi 920 war im Zentralen Entwicklungs- und Konstruktionsbüro der Auto Union in Chemnitz entworfen worden; ein eigenes Audi Konstruktionsbüro gab es seit Anfang 1934 nicht mehr. Statt mit avantgardistischen, technischen Besonderheiten, musste man sich, nicht zuletzt wegen des permanenten Rohstoffmangels und der dadurch verzögerten Entwicklungszeiten, mit modifizierten Serienkarosserien und anderen bereits bewährten konstruktiven Elementen begnügen. Der neue Sechszylinder OHC-Motor leistete 75 PS und verlieh dem Wagen eine Höchstgeschwindigkeit von über 130 km/h.

DKW – der Welt größter Motorradhersteller

Die Motorräder

Die technische Entwicklung wurde im Zeichen der vier Ringe in Zschopau vorrangig durch die Übernahme der Schnürle-Umkehrspülung geprägt. Noch 1932 erschien das erste damit ausgerüstete DKW Motorrad, die Block 350.

1934 kam die berühmte SB-Reihe in vier Hubraumvarianten zwischen 200 und 500 ccm, zum Teil mit elektrischem Anlasser (Dynastartanlage) heraus. Ende 1934 wurde das Modellangebot nach unten durch Vorstellung der RT 100 ergänzt, die für 345 Reichsmark zu haben war. Davon sind insgesamt 72.000 gebaut worden: Es war das erfolgreichste DKW Motorrad.

Im Oktober 1936 minderte man bei DKW den Ölanteil bei der Mischungsschmierung von 20 : 1 auf 25 : 1. Mit pflanzlichen Ölen hätte man noch magerer fahren können, aber eine baldige Verharzung der Triebwerke in Kauf nehmen müssen. Deshalb blieb es bei mineralischen Ölen.

1937 war DKW mit 55.470 produzierten Motorrädern, wovon 11.500 exportiert wurden, wieder zur größten Motorradfabrik der Welt geworden. 1938 wurde die NZ-Baureihe als Nachfolgerin der SB-Modelle gestartet. Sie war auf drei Typen mit 250, 350 und 500 ccm festgelegt. Letztere bekam als erstes DKW Motorrad überhaupt eine serienmäßige Hinterradfederung.

Im Jahr 1939, zwanzig Jahre nach dem Beginn des Zschopauer Motorenbaus, erschien als Höhepunkt dieser Entwicklung die RT 125, die völlig neue Maßstäbe für das Standardmotorrad setzte. Sie verkörperte die auf den einfachsten logischen und zweckgerechten Nenner gebrachte Verwirklichung der über zwei Jahrzehnte kultivierten Zschopauer Grundidee: Einfachheit, Zweckmäßigkeit, Zuverlässigkeit, Wirtschaftlichkeit, Langlebigkeit und Leistungsfähigkeit – erreicht mit vernünfti-

Die DKW RT 100 kam 1934 heraus und begründete die erfolgreichste Serientype aus Zschopau

Eine zeitgenössische Straßenszene: das DKW Motorrad als Familienkutsche

1932–1945

Beginn der Massenfertigung: Erstmals wurden 1934 in einem Kalenderjahr weit über 10.000 DKW Frontwagen gebaut

gem Aufwand und Unterhalt. Dies war das erklärte und erreichte Ziel. Als im März 1940 der millionste DKW Motor vom Band lief, da trieb er selbstverständlich eine RT 125 an.

Die Fahrradmotorisierung wollte man in Zschopau mit einem Hinterradnabenmotor, Hummel genannt, wieder beleben. Das Projekt musste jedoch, wie die meisten anderen, mit Kriegsausbruch zur Seite gelegt werden.

Die Personenwagen

Bei den Vierzylinderwagen vollzog sich die Entwicklung auf der Grundlage des bereits von Rasmussen vorgegebenen Kurses. Im Modellwechsel für 1933 wurde unter der Bezeichnung 1001 eine neue Sonderklasse vorgestellt. Wenig später ergänzte ein preiswerteres Modell unter dem Code 1002 das Angebot. Neben der Ausführung als viersitzige Cabrio-Limousine wurde erstmals auch eine viertürige Limousine ins Programm genommen.

DKW 1001 als viertürige Limousine mit Hinterradantrieb und Schwebeachse

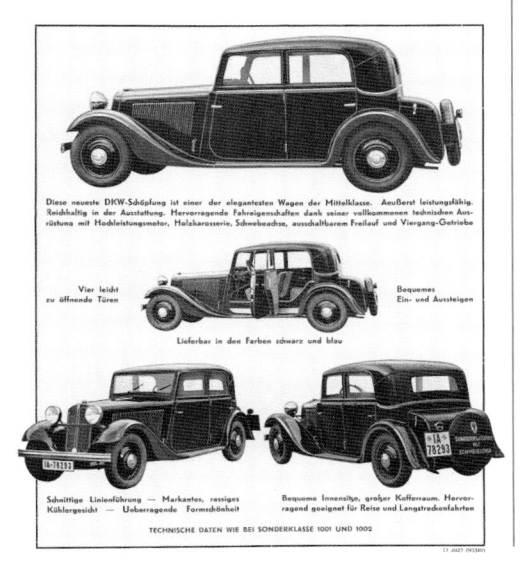

1934 folgte mit stärkerem Motor und völlig neuer Karosserie die „Schwebeklasse", nach der neuartigen Aufhängung des Wagenkastens in seiner Schwerpunktachse benannt, wodurch Pendelbewegungen und Querneigungen bei Kurvenfahrt stark gemindert werden konnten. Diese Aufhängung setzte eine Starrachse mit hoch liegender Querfeder voraus. Dafür ließ sich die Auto Union den Begriff „Schwebeachse" schützen.

Der neue Motor zeigte sehr große Mängel, die vor allem in zu hohem Benzin- und Ölverbrauch sowie in der Neigung zu Kolbenklemmern bestanden. Die Konzeption des Motors war zwar auf den ersten Blick bestechend. Er erwies sich jedoch in der Serienherstellung und in der Hand des Nutzers als mit großen Problemen belastet, die vorher nicht erkannt worden waren und nun auf Kosten des Markenimages abgebaut werden mussten.

Grobe Fehler im Management, angefangen von der Entscheidung zur Produktionseinführung über die Bewältigung der Integration des Modells in das DKW

115

Programm bis hin zur Überwindung der Händlerwiderstände haben diese negativen Auswirkungen der konstruktiven Schwäche nicht gemildert, sondern verschlimmert. Im Laufe der nächsten beiden Jahre sind die Mängel an dem Wagen durch sehr aufwendige Kundendienstaktionen weitestgehend eliminiert worden. Danach folgte als „Sonderklasse 37" eine Neukonstruktion. Der Wagen war nun nicht mehr selbsttragend, sondern besaß ein regelrechtes Fahrgestell. Abgesehen von der erforderlichen Festigkeit bot dieses Konzept den Vorzug größerer Karosserievielfalt. Statt der vorderen Starrachse verwendete man nun eine unten liegende Querfeder kombiniert mit oberen Dreieckslenkern, in deren Drehpunkt die Stoßdämpfer angeordnet wurden. Hinten blieb man bei der bisherigen Schwebeachse, die sich zweifellos glänzend bewährt hatte. Das Vierganggetriebe blieb ebenso erhalten wie der für DKW typische Freilauf, der übrigens hier hinter dem Getriebe angeordnet war, bei dessen Antriebswelle sich bei Vor- und Rückwärtsfahrt die Drehrichtung änderte. Deshalb wirkte der Freilauf nur bei Vorwärtsfahrt. Als Antrieb diente der gleiche Motor wie bisher, der allerdings nun konstruktiv völlig überarbeitet worden war. Die Karosserie war nicht mehr, wie bisher bei DKW üblich, aus mit Kunstleder überzogenem Sperrholz, sondern aus Stahlblech – und äußerlich am Vorbild des Wanderer W24 orientiert. Erhalten blieb nach wie vor die große Kompliziertheit in der Herstellung und Bearbeitung des Ladepumpenmotors; dies war ein wesentlicher Impuls zur Verwirklichung des bereits im Herbst 1935 von Carl Hahn angeregten DKW Dreizylindermotors, der diese Schwächen nicht haben würde.

Eines der schönsten DKW Modelle war der F 5 Sport-Roadster (1935–1938)

Von Reichsklasse und Meisterklasse

Die Frontantriebswagen sind in den folgenden Jahren bis zum F 9 vervollkommnet worden. Nach Einführung der Umkehrspülung (Lizenz Schnürle) zum Jahresende 1932 stieg die Motorleistung von 15 auf 18 PS. Ab dem Frühjahr 1933 wurde zwischen „Reichsklasse" (600 ccm, 18 PS) und „Meisterklasse" (700 ccm, 20 PS) unterschieden. Mit der spezifischen Leistung von 30 PS pro

Liter Hubraum nahm der kleine DKW jedenfalls eine Spitzenposition unter den deutschen Autos ein. 1935, mit dem Modell F 5, erhielten diese Wagen einen Zentralkastenrahmen mit der so genannten Schwebeachse hinten, jener geschützten Konstruktion, die ihre Vorteile bereits bei den Vierzylinderwagen bewiesen hatte.

Mit geringfügigen Änderungen, z. B. der Einführung einer völlig neuen Rahmenbauweise mit dem Typ F 8, ist diese Grundkonstruktion bis zum Ende beibehalten worden. Als Besonderheit gab es bei den Typen F 7 und F 8 einige Wagen mit viertüriger Limousinenkarosserie, die ausschließlich für den Export bestimmt waren. Für fernöstliche Regenländer gab es auch den DKW Front mit Stahlblechkarosserie.

Neue Farbe kommt ins Spiel

Mit der I. G. Farben unternahm man Versuche zur Entwicklung einer Kunstharzkarosserie, die auf der Verwendung von Phenolharzen mit Papiereinlagen beruhten, die unter hohem Druck verarbeitet wurden. Wegen zu hoher Kosten dieses Verfahrens entschied man sich beim F 9 dann von vornherein für eine Stahlblechkarosserie. Diese wurde im Windkanal auf der Grundlage von Jaray-Patenten berechnet und entwickelt. Dafür war auch der völlig neue Dreizylindermotor vorgesehen. Das Auto sollte 1940 seinen Serienanlauf erleben.

Die auch mithilfe von Windkanalversuchen entwickelte F 9-Karosserie trug die Handschrift der Zukunft. Wie in alten Zeiten steckte jedoch der Schalthebel noch immer in der Armaturentafel

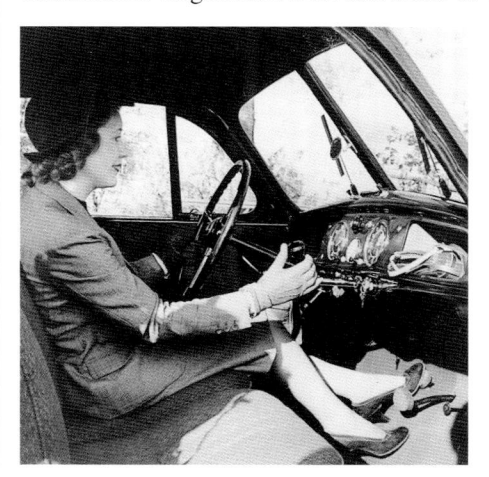

Die DKW Frontwagen zählten nicht nur zu den damals meistgebauten Kleinwagen der Welt, sondern auch zu den profilierten Wegbereitern des Frontantriebs im Automobilbau.

Die wichtigsten DKW Motorrad-Typen 1932–1939

Typ	Zylinderzahl	Bohrung x Hub in mm	Hubraum in cm³	PS	Bauzeit
SB 200	1	60 x 68	190	7	1933–1938
SB 350	1	76 x 76	345	11	1934–1938
SB 500	2	68 x 68	494	15	1934–1939
RT 100	1	50 x 50	98	2,5/3	1934–1940
KM 200	1	63 x 64	198	6	1934–1936
KS 200	1	63 x 64	198	7	1936–1940
NZ 250	1	68 x 68	245	9	1938–1941
NZ 350	1	72 x 85	343	11,5	1938–1945
NZ 500	2	64 x 76	489	18	1939–1942
RT 125	1	52 x 58	123	4,75	1939–1944

1934 entstand die SB-Reihe, die bis 1939 den DKW Standard weitestgehend prägte. Die SB-Modelle waren in einer Luxusausführung auch mit elektrischem Anlasser lieferbar

Die Sportmaschine, die man im Laden kaufen konnte! Zwischen 1934 und 1939 sind von dieser 250er Ladepumpenmaschine etwa 200 Stück gebaut worden

Das auf Messen und Ausstellungen gezeigte Schnittmodell der neuen NZ-Baureihe

Das Motorrad als Schlüssel zu scheinbar unbegrenztem Freizeitvergnügen – ein Zeitphänomen nicht nur in den 30er Jahren

1932–1945

Im September 1938 wurde diese DKW SB 500 an den König des Irak ausgeliefert – als Sonderanfertigung mit vergoldetem Tank versteht sich!

Die großen DKW Motorräder waren allesamt seitenwagenfest

Markengeschichtliche Daten

Deutschland vereinigte 1938 etwa 2/3 der Welt-Motorradproduktion auf sich. Von diesen 200.000 Stück waren etwa ein Drittel DKW Motorräder. Insgesamt sind in Zschopau bis 1945 etwa 660.000 Motorräder hergestellt worden. 1937 war DKW mit fast 60.000 Stück Jahresproduktion wieder die größte Motorradfabrik der Welt. Der Zulassungsanteil in Deutschland lag bei 35 Prozent.

Erst Ende 1939 kam die 500er NZ mit Zweizylinderdoppelportaggregat und, erstmals bei DKW, mit verstellbarer Hinterradfederung heraus. Im Bild die für die Reichspost gelieferte Ausführung mit Gepäckseitenwagen

Die wichtigsten DKW Automobil-Typen 1932 – 1939

Typ	Zylinderzahl/ Anordnung	Bohrung x Hub in mm	Hubraum in cm³	PS	Bauzeit	Bemerkung
Hinterradantrieb						
Sonderklasse inkl. 1001/1002	4 V	68 x 68,5	1.000	26	1932–1935	
Schwebeklasse	4 V	70 x 68,5	1.100	32	1934–1937	
Sonderklasse 37	4 V	70 x 68,5	1.100	32	1937–1940	

Zwischen 1932 und der Produktionseinstellung 1940 sind rund 25.000 dieser Wagen gebaut worden. Die Montage erfolgte in Spandau.

Typ	Zylinderzahl/ Anordnung	Bohrung x Hub in mm	Hubraum in cm³	PS	Bauzeit	Bemerkung
Frontantrieb						
F 2	2 R	74 x 68	584	18	1932–1935	
F 4	2 R	76 x 76	690	20	1934–1935	
F 5	2 R	74 x 68	584	18	1935–1936	Reichsklasse
	2 R	76 x 76	690	20	1935–1936	Meisterklasse
F 7	2 R	76 x 76	690	20	1937–1939	wie F 5
F 8	2 R	76 x 76	690	20	1939–1942	wie F 5
F 9	3 R	70 x 78	900	30	1939	Prototyp

Insgesamt wurden im Zwickauer Audi Werk ca. 270.000 DKW Frontwagen hergestellt. Die Zahl der Mitarbeiter hierfür betrug im Durchschnitt 1.350.

Der DKW Anteil an allen Neuzulassungen erreichte 1938 rund 19 Prozent. Praktisch war jeder fünfte neue Wagen in Deutschland ein DKW. Der billigste DKW war der Zweisitzer mit 18-PS-Motor für 1.650 Reichsmark (1936). Für das Front-Luxus-Viersitzer-Cabriolet mit Stahlblechkarosserie waren 3.400 Reichsmark zu zahlen.

Die viertürige Karosserie des F 7 Meisterklasse wurde ebenfalls nur für Exportzwecke gefertigt

Auch als Expeditionsfahrzeuge bewährten sich die DKW Front-Typen bestens

zweisitzige
upé-Limousine des
W F 7 gab es nur
den Export nach
dafrika

DKW Front-
gen gehörten zu
bedeutendsten
ortschlagern
deutschen
tomobilindustrie

DKW Werbesprüche

– *Jeder ist mit Recht begeistert, wie DKW die Straße meistert.*

– *Im DKW blitzschneller Start – im DKW stets sichere Fahrt.*

– *Straßenlage ist sehr wichtig – DKW liegt immer richtig.*

– *DKW erfüllt das Ziel – verbraucht sehr wenig, leistet viel.*

– *Ermüdungsfrei trotz langer Fahrt, weil DKW an Platz nicht spart.*

– *DKW ist – alle sagens – das Ideal des kleinen Wagens.*

– *Motorradfahren, welche Lust, es stählt das Herz, macht frei die Brust.
    Und Lebensfreude sprüht empor, fährst du mit DKW Motor.*

– *Früher oder später fährt DKW ein jeder.*

– *DKW, das kleine Wunder, fährt Berge rauf wie andere runter.*

Horch – tonangebend in der Luxusklasse

Unmittelbar vor Gründung der Auto Union hatte Chefkonstrukteur Fiedler einen Zwölfzylinderwagen fertiggestellt – das neue Horch Flaggschiff. Die zwölf Zylinder waren V-förmig im 60-Grad-Winkel angeordnet und besaßen sechs Liter Hubraum, woraus 120 PS Leistung gewonnen wurden. Die Kurbelwelle war siebenfach gelagert, besaß 12 Ausgleichsgewichte und war mit einem Schwingungsdämpfer versehen. Die einzige Nockenwelle wurde über eine Dreifachkette angetrieben. Der hydraulische Ventilspielausgleich sorgte ebenso für extreme Laufruhe wie der besondere Ansauggeräuschdämpfer für den Doppelfallstromvergaser und das bereits vom zweiten Gang an synchronisierte ZF-Aphongetriebe. Von diesem elitären Horch sind insgesamt 80 Stück gebaut worden. Am Gründungstag der Auto Union sorgte ein Zwölfzylinder-Cabriolet vom Typ 670 für die Horch Morgengabe: Sieg beim Grand Prix d'Honneur in Lausanne, einem der international bedeutendsten Schönheitswettbewerbe.

Als erste Horch Neuerung nach der Auto Union Gründung stellte sich der V8-Motor mit 3 Liter Hubraum vor, der ab 1933 den künftig „kleinen" Horch bewegte. Die Typenbezeichnung lautete 830 – nach Zylinderzahl und Hubraum. Analog hierzu wirkte im „großen" Horch der Reihenachtzylinder mit 5 Liter Hubraum. Typencode: 850.

Schönheiten auf Achse

Eine der schönsten Serien Horchs wurde auf der Automobilausstellung in Berlin 1935 gezeigt: ein zweitüriges, zweifenstriges und vier- bis fünfsitziges Sportcabriolet mit monumentaler, aber rassiger Linienführung. Der Wagen war mit ausgefahrener Kofferbrücke knapp 6 m lang und einschließlich der weit ausschwingenden Trittbretter ca. 1,80 m breit. Unter dem hinreißend schön gestalteten

Der „kleine" Horch mit der typischen Wellblechriffelung auf der Kofferklappe (1934)

Fernostinteresse an den Horch Automobilen auf der internationalen Automobil- und Motorradausstellung 1937 in Berlin

Blech war ein völlig neues Fahrgestell entworfen worden: Vorn fand sich eine aus zwei Querfedern und Querlenkern bestehende so genannte Schwingachse, und hinten verlieh eine Doppelgelenkachse nach dem De-Dion-Prinzip – starre Achse mit schwingenden Gelenkwellen – dem Wagen die entsprechende Straßenlage. Bereits vorher hatten auch die kleinen Horchs schon die vordere Einzelradfederung bekommen. Wenig später folgte bei ihnen auch die neue Hinterachse.

Außer an den Fahrwerksverbesserungen arbeitete man in Zwickau vor allem an der Steigerung der Motorleistung. Die mit beträchtlichem Komfort groß und schwer ausgestatteten Karosserien verlangten nach stärkeren Motoren, die aber noch auf sich warten ließen. Die herkömmlichen Triebwerke waren noch lange nicht am Ende ihrer Leistung. So brachte es der 5-Liter-Motor dank einer schärferen Nockenwelle und höherer Verdichtung bis auf 120 PS. Noch ertragreicher waren die Anstrengungen beim kleineren V-Motor: Er schaffte den Leistungssprung von anfangs 62 auf 70 und 82 PS im Jahr 1937. 1938/39 waren gar 92 PS erreicht. Das entsprach bei gleicher Grundkonstruktion einer um knapp 50 Prozent zunehmenden Leistungsausbeute. Damit waren nun allerdings höchst beachtliche Fahrleistungen möglich. Die Testmannschaft der Allgemeinen Automobil Zeitung, einer der renommiertesten Fachzeitschriften Deutschlands, erreichte mit einem Horch 930 V, dessen 3,8-Liter-Motor 92 PS leistete, am 25. November 1938 für die exakt 529,9 km lange Autobahnstrecke von München nach Berlin eine Gesamtfahrzeit von 3 Stunden und 53 Minuten, was einem Reisedurchschnitt von 136 km/h entsprach! Der Wagen war im Übrigen, wie alle Horch Wagen seit 1938, mit dem drehzahlreduzierenden „Autobahngetriebe" ausgerüstet. Es handelte sich dabei um ein zusätzliches, am Hauptgetriebe angeblocktes Synchron-Planetengetriebe mit einem direkten Gang sowie einer Übersetzung als Autobahngang. Dies ergab die gleiche Wirkung, wie sie in späteren Jahren dem Overdrive oder den Spar- und Schongängen zugeschrieben worden ist.

Auch für die Horch Wagen gab es eine Fülle weitreichender Ideen und Vorstellungen für grundlegende Neuerungen und innovative Sprünge. Als Beispiel sei verwiesen auf die besonders strömungsgünstige Karosserie, wie sie für den 930 S im Windkanal auf der Grundlage der Patente von Paul Jaray entwickelt worden war und auf der Automobilausstellung 1939 gezeigt wurde. Der Wagen besaß keine B-Säule sowie erstmals statt der vorderen Einzelsitze eine durchgehende Sitzbank; die Karosserie hatte den Luftwiderstandsbeiwert $c_w = 0,43$. Damit schlug er alle Konkurrenten um Längen! Gleichzeitig bewies die Auto Union mit solchen Entwicklungen, dass sie besser und klarer als andere die künftigen Trends der Automobiltechnik erkannt hatte.

Die Nachfrage nach Horch Wagen war inzwischen rasch gestiegen, und im Sommer 1939 betrugen die Lieferfristen ein drei viertel Jahr.

Schon in der Frühzeit hatte August Horch die Markenphilosophie seiner Unternehmen durch das Motto geprägt, dass er unter allen Umständen nur große, starke und gute Wagen bauen wolle. Daran hat sich auch später nichts geändert. In den 20er und 30er Jahren war die Marke Horch Heimstätte für Konstrukteure aus der ersten Reihe. Zoller, Daimler und Fiedler waren die Schöpfer und Begründer der Horch Motorenkultur, deren Glanz bis in die Gegenwart strahlt. Bei Horch sind, sieht man von den Zwölfzylindertypen ab, seit 1927 nur Achtzylindermotoren gebaut worden – bis zur Produktionseinstellung fast 70.000! Das ist eine Zahl, die keiner der deutschen Konkurrenten je erreicht hat. Der Horch 8 war damals schon zu einem Qualitätsbegriff geworden, der ein Spitzenerzeugnis der deutschen Automobilindustrie symbolisierte. Die besondere Laufruhe und die hohe Verarbeitungsqualität prägten den Ruf dieser Wagen, und die Zwickauer Automobilbauer hatten dabei eine in Deutschland einmalige Konzentration an Fähigkeiten und Kenntnissen bei der Fertigung so großer Triebwerke erworben. Die Wagen mit dem gekrönten H als Zeichen prägten damals die Vorstellung vom elegant-distinguierten Auto. Horch war Inbegriff höchster Fertigungsqualität und stand für ein unaufdringlich solides, gleichzeitig aber elegantes Erscheinungsbild mit außerordentlich hoher Fahrkultur.

1932–1945

Gemessen an den Zulassungszahlen beherrschte Horch die Luxusklasse in Deutschland (über 4 Liter Hubraum) mit den Jahren immer überlegener. 1938 trugen rund 55 Prozent aller in Deutschland zugelassenen Nobelautos dieser Klasse das H mit der Krone auf dem Kühler. Auch in der darunter angesiedelten Zulassungsklasse von 3 bis 4 Liter Hubraum war die Horch Position äußerst beachtlich.

Produktionszahlen

Von der Gründung der Auto Union AG an bis zur Einstellung der Friedensfertigung im Frühjahr 1940 sind rund 15.000 Horch 8 gebaut worden, die für zivile Zwecke bestimmt waren. Im Juli 1937 lief in Zwickau allerdings bereits der 25.000ste Horch 8 vom Band. Außerdem sind von 1934/35 bis 1942 etwa 45.000 militärische Spezialfahrzeuge produziert worden. An Mitarbeitern verfügte das Werk Horch über 3.000 Arbeiter und Angestellte.

Bei den Neuzulassungen entfielen 1938 in Deutschland 21,7 Prozent in der Klasse 3–4 Liter Hubraum sowie 55 Prozent in der Klasse über 4 Liter Hubraum auf die Marke Horch.

DKW F 4 und Horch 853 am Londoner Hyde Park (1935)

Letzte Horch Innovation war die 1939 vorgestellte Stromlinienkarosserie (c_W = 0,43, auf V8-Fahrgestell)

Die wichtigsten Horch Typen 1932 – 1939

Bezeichnung	Zylinderzahl/ Anordnung	Bohrung x Hub in mm	Zylinder- inhalt in cm³	PS	Bauzeit	Bemerkung
830	8 V	75 x 85	3.004	62	1933–1934	
830 B/BK	8 V	78 x 85	3.250	70/75	1934–1936	
830 BL	8 V	78 x 92	3.517	75	1935–1940	ab 1937: 82 PS ab 1938: 92 PS
850	8 R	87 x 104	4.944	100	1935–1938	ab 1937: 120 PS
853	8 R	87 x 104	4.944	100	1935–1939	ab 1937: 120 PS
855	8 R	87 x 104	4.944	120	1938–1939	Spezial- roadster
930 V	8 V	78 x 100	3.823	92	1937–1940	
951	8 R	87 x104	4.944	120	1937–1940	

Der „kleine" V8 Horch kostete als Limousine 8.500 Reichsmark, als Cabriolet 9.700 Reichsmark. Der „große" R8 Horch kostete als Pullman-Limousine 17.500 Reichsmark, als Sportcabriolet vom Typ 853 15.250 Reichsmark, und der offene Sechssitzer vom Typ 951 war mit 23.550 Reichsmark der teuerste „Serien"-Horch, den es zu kaufen gab.

... eine einzige unerhörte Schikane!

„Die deutsche Auto Union feiert in Paris Premiere. Horch, unmittelbar am Eingang des Salons, zeigt nur drei Wagen, drei Kabinettstücke mit eigenen Aufbauten: ein kurzes, hellgrünes Sportkabriolett mit 4,5-Liter-Motor, ein Silberfisch-Kabriolett (5 Liter) und eine tiefbraune Zwölfzylinder-Limousine mit Doppel-Fallstromvergaser, Ansauggeräuschdämpfer, Schnellgang-Synchrongetriebe, pneumatisch-hydraulischer Servobremse, Frischluftheizung, beleuchtetem Kartentisch, Vierrad Wagenheber, Diebstahlsicherung u.s.w. – eine einzige unerhörte Schikane. Das etwas umfangreich aussehende Fabrikationsprogramm von Horch ist übrigens ein schlagender Beweis dafür, mit wie wenigen, aber wirtschaftlich geschickt angewandten Mitteln eine Vielzahl von Modellen zu erreichen ist."

Bericht über den 26. Automobilsalon in Paris. In: Automobiltechnische Zeitschrift, (ATZ), 1932, Heft 20.

Pullman-Wag[en] besaßen immer e[ine] Trennwand zwisch[en] Fahrgast und Fah[rer]

Üppig Platz für sechs Personen auf schwellenden Polstern bot das Pullman-Cabriolet Horch 951 (1938)

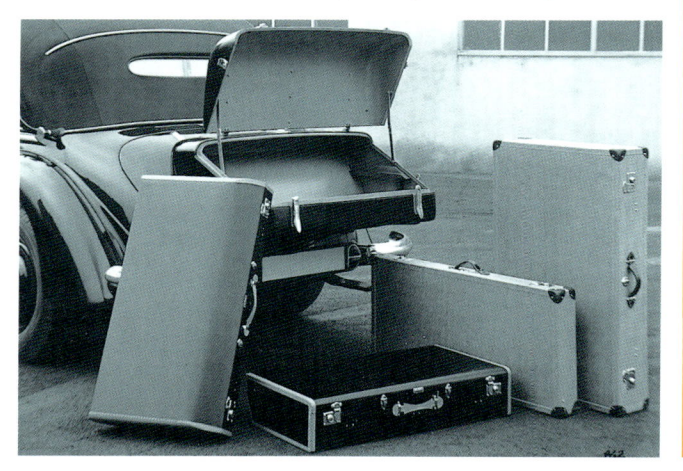

Gehörte ins Horch Zubehörprogramm: Spezialkoffersatz für den Horch 930 V

1932–1945

1932–1945

Wanderer in neuer Form

Wanderer Automobile hatten ihren wichtigsten Erneuerungsschub noch vor der Auto Union Ära erhalten: den von Ferdinand Porsche konstruierten Sechszylinder-OHV-Motor mit 1,7 bzw. 2,0 Liter Hubraum. Darum herum kamen nun nach und nach neue Fahrwerke mit zunächst hinteren Pendelachsen, später auch vorderer Einzelradfederung. Schließlich wurde das äußere Erscheinungsbild dieser Autos durch modern gestaltete Karosserien so verwandelt, dass sowohl den bisherigen, die hausbackene Langzeitqualität liebenden Stammkunden, als auch den weniger konservativen Aufsteigern Attraktivität geboten werden konnte. Diese Erneuerungen vollzogen sich recht zügig und bildeten die Grundlage der Wanderer Modellpalette für rund fünf Jahre. Schon 1936 erschien auf der Berliner Automobilausstellung eine neue Wanderer Karosserie unter der Typenbezeichnung W51, die zugleich eine über den Rahmen dieser Marke hinausgehende, grundsätzliche Bedeutung für den gesamten Unternehmensverband besaß. Hier wurde zuerst die für alle in der oberen Mittelklasse angesiedelten Pkws der Auto Union verbindliche Karosseriekonzeption vorgestellt, womit sich dieses sächsische Unternehmen nicht mehr in vier Marken vereinzelt, sondern als potente Gesamtgröße präsentieren wollte. Im Jahr darauf gab es in konsequenter Fortsetzung und weiterer Ausprägung dieses Selbstverständnisses eine vollständig neue Wanderer Typenreihe mit neuem Motor, neuem Fahrgestell und neuer Karosserie. Hier waren nun erstmals

Das Cockpit des Wanderer W25 K Kompressor-Sportwagens

1932–1945

Das neue Erscheinungsbild der Auto Union wurde erstmals auf der Berliner Automobilausstellung 1936 mit dem Wanderer W51 Spezial präsentiert

Mit Porsche-Motor, hinterer Schwingachse und modernem Outfit präsentierte sich der Wanderer W22 (im Bild die Pullman-Limousine von 1934)

Gesichtspunkte der Standardisierung und Vereinheitlichung sowie der rationellen Fertigung so wirksam geworden, dass sich daraus ein bisher bei Wanderer noch nie beobachteter Verkaufserfolg ergab.

In Fortführung der Wanderer Nomenklatur waren nun die Bezeichnungen W23 für den Sechszylinder und W24 für den Vierzylinder gewählt worden. Und hinter der Codierung W25 K verbarg sich ein Kompressor-Sportwagen, der noch von dem durch Porsche konstruierten Sechszylindermotor angetrieben wurde, aber bereits das Schwebeachsenfahrgestell besaß. W26 schließlich war die Kennzeichnung der Pullman-Limousine mit dem neuen seitengesteuerten 2,7-Liter-Sechszylindermotor, aber noch auf dem bis dahin üblichen Vollschwingachsfahrgestell – d. h. mit hinterer Pendelachse und vorderer Einzelradfederung. Damit waren die Wanderer Typenziffern am Ende. Ursprünglich war noch eine Pullman-Limousine mit hinterer Doppelgelenkachse vorgesehen, die W28 heißen sollte. Daraus wurde nichts, weil sie dann den Horch Pullmans zu ähnlich geworden wäre. Die ab 1940 geplanten Wanderer Wagen sollten nur noch die Typenbezeichnung W4 und W6 erhalten. Aber auch dies wurde wegen des Kriegs nie Wirklichkeit.

Produktionszahlen

Zwischen 1932 und 1939 sind insgesamt 67.000 Wanderer Wagen gebaut worden. Ihr Marktanteil betrug ca. 5 Prozent der Gesamtzulassungen, in der Klasse 2–3 Liter Hubraum waren es jedoch über 40 Prozent (1937)! Dafür standen in Siegmar-Schönau im Durchschnitt 3.220 Arbeitskräfte zur Verfügung. Die Preise für Wanderer Automobile lagen zwischen 4.490 Reichsmark und 6.950 Reichsmark (1936).

Die wichtigsten Wanderer Typen 1932 – 1939

Bezeichnung	Zylinderzahl/ Anordnung	Bohrung x Hub in mm	Zylinder- inhalt in cm³	PS	Bauzeit	Bemerkung
W 15	6 R	65 x 85	1.680	35	1932–1933	
W 17	6 R	70 x 85	1.950	40	1932–1933	
W 21	6 R	65 x 85	1.680	35	1933–1935	
W 22	6 R	70 x 85	1.950	40	1933–1935	
W 240	6 R	70 x 85	1.950	40	1935–1936	
W 250	6 R	71 x 95	2.250	50	1935–1936	
W 40	6 R	70 x 85	1.950	40	1936–1938	
W 50	6 R	71 x 95	2.255	50	1936–1938	
W 51	6 R	71 x 95	2.255	55	1936	
W 52	6 R	75 x 100	2.632	62	1937–1938	
W 23	6 R	75 x 100	2.632	62	1937–1940	
W 24	4 R	75 x 100	1.755	42	1937–1940	
W 25 K	6 R	70 x 85	1.950	85	1936–1938	mit Kompressor
W 26	6 R	75 x 100	2.632	62	1937–1940	

Automatisch geschaltet ...

„Das Getriebe soll dergestalt entwickelt werden, daß bei einer normalen dreifachen Synchronisierung der 4. Gang als automatischer Schnellgang sich selbst einschaltet, und zwar bei einer noch zu bestimmenden Geschwindigkeit. Bei

1932–1945

Der Wanderer W24 wurde in Sonderausführung als Taxi auch nach Budapest geliefert

Der kurzfristig entwickelte Wanderer Lkw (1941/42) ging nicht in Serie, wirkte aber mit seiner Frontlenkerbauweise Epoche machend

Das Wanderer W24 Cabriolet verheißt automobiles Freizeitvergnügen

einem Fahrzeug mit ca.120 km/h Endgeschwindigkeit wird zweckmäßigerweise dieser Schnellgang sich bei 80 km/h einschalten. Um jedoch eine Überholungsmöglichkeit zu gestatten, wird beim völligen Durchtreten des Gaspedals beispielsweise bei 90 km/h der 3. Gang wieder eingeschaltet, und bei 100 km/h schaltet sich automatisch dann wieder der Schnellgang ein, so daß eine Überdrehung des Motors unter allen Umständen vermieden wird und eine nicht unwesentliche Betriebsersparnis bei über 80 km/h gewährleistet wird."

William Werner im Bericht zur technischen Entwicklung der Auto Union an den Aufsichtsrat am 3. Mai 1939 über das neue, in Entwicklung befindliche Auto Union Getriebe für die Wanderer Wagen.

131

Der Motorsport

Die sportlichen Traditionen bei den vier Marken der Auto Union waren unterschiedlich ausgeprägt. Audi hatte seine größte Zeit vor dem Ersten Weltkrieg bei den Internationalen Österreichischen Alpenfahrten erlebt, die 1912, 1913 und 1914 stattfanden und immer von der Audi Mannschaft gewonnen worden sind. Insgesamt errang sie bei diesen drei Fahrten elf erste Preise sowie den Wanderpokal. Als nächste Mannschaften folgten dann Benz mit fünf sowie Mercedes und NAG mit je zwei ersten Preisen! Dieser Erfolg bei der schwierigsten Zuverlässigkeitsfahrt der damaligen Zeit ist durchaus mit der Rallye-Weltmeisterschaft von heute gleichzusetzen.

DKW ist mit seinen Motorrädern zweifellos die sportlich erfolgreichste Marke gewesen. Seit 1927 gab es unter Leitung von August Prüssing eine eigene Rennabteilung in Zschopau. Zwei Jahre später konnte die Werbung mit 1.000 Rennsiegen in dieser Zeit operieren! Die Namen der großen Könner in diesem Metier waren mit der Marke DKW verbunden – so z. B. Walfried Winkler, Arthur Geiß und Ewald Kluge.

Hans Stuck auf dem Auto Union Typ A (16 Zylinder, 4,3 Liter Hubraum, 295 PS) beim Großen Preis von Deutschland 1934 auf dem Nürburgring

Horch hatte seine größten Sporterfolge wie Audi vor dem Ersten Weltkrieg erkämpft – 1906 den Gesamtsieg in der Herkomer-Fahrt sowie zahlreiche Triumphe bei Zuverlässigkeitsfahrten in Skandinavien und Russland in den folgenden Jahren. Nach mäßigen Erfolgen auf der Avus 1922 und 1923 wurde es sportlich ruhig um die Zwickauer Automobile. 1929 allerdings sorgte der Fürst zu Schaumburg-Lippe für einen Paukenschlag, als er mit seiner fast serienmäßigen 350er-Pullman-Limousine an der Rallye Monte Carlo teilnahm und als einziger deutscher Teilnehmer im Zeitlimit ans Ziel gelangte. Im Gesamtklassement belegte er immerhin

1932–1945

Willi Walb, Hans Stuck und Ferdinand Porsche am Auto Union Typ A vor dem Großen Preis von Brünn (1934)

August Momberger auf dem Auto Union Typ A mit langem Heck beim Avus-Rennen 1934

Zum Avus-Rennen 1935 wurde die so genannte Rennlimousine des Auto Union Rennwagens Typ B u. a. von Bernd Rosemeyer gefahren

Platz 19! Schon bald darauf machten Horch Wagen wieder durch Seriensiege von sich reden – es handelte sich nun aber um die in Mode gekommenen Turniere und Schönheitswettbewerbe, wo Horch Wagen in Scharen auftraten und gewannen. Wanderer betrat die sportliche Arena zur Targa Florio 1922. Allerdings blieb dieser Griff nach den Sternen ein Einzelereignis. Erst Ende des gleichen Jahrzehnts hörte man wieder von den Wagen mit dem Flügel W, als sie bei großen und sehr schweren Langstreckenfahrten erste Preise gewannen – so z. B. die Alpenfahrt und die 10.000-km-Fahrt 1931. Diese sportlich so unscheinbare Marke erwarb sich aber ein bedeutendes Verdienst um den sportlichen Ruhm der späteren Auto Union: von Wanderer kam im Herbst 1931 der auf dem Pariser Salon durch Generaldirektor Klee an Porsche ausdrücklich erteilte Auftrag zur Konstruktion eines Rennwagens.

Weltrekord zur Premiere

Nach Gründung der Auto Union entstand in Zwickau die Abteilung zum Bau der Rennwagen, womit am 7. März 1933 begonnen worden ist. In Zschopau blieb die bisherige Rennabteilung für Motorräder bestehen, und 1934 wurde neu in Chemnitz unter Leitung von August Momberger eine Werksportabteilung gegründet, die den Gelände-, Zuverlässigkeits- und Langstreckeneinsatz der Marken des gesamten Konzerns koordinierte.

Für das größte Aufsehen sorgten natürlich die neuen Rennwagen im Zeichen der Vier Ringe. Ihre Sechzehnzylindermotoren waren erstmals hinter dem Fahrer angeordnet, leisteten anfangs 295 PS und traten genau 365 Tage nach Arbeitsbeginn ins Licht der Weltöffentlichkeit, als Hans Stuck am 6. März 1934 mit dem brandneuen Auto auf der Avus auf Anhieb Weltrekord fuhr. Im folgenden Sportjahr gewann Stuck den Großen Preis von Deutschland, den der Schweiz und den der Tschechoslowakei. Er entschied die bedeutendsten Bergrennen für sich, belegte den zweiten Platz beim Großen Preis von Italien und beim Eifelrennen. Er errang mit diesem Rennwagen den Titel eines Deutschen Straßenmeisters und des Deutschen Bergmeisters. An seiner Seite stritten in der Auto Union

Rennmannschaft anfangs Prinz Leiningen und August Momberger, im Jahr darauf der italienische Spitzenfahrer Achille Varzi mit. Ab 1935 begann der Stern Bernd Rosemeyers im Team in starkem Glanze aufzugehen. Ernst von Delius, Rudolf Hasse und H. P. Müller ergänzten schließlich die Truppe, und 1937 sah man auch den italienischen Starfahrer Luigi Fagioli einen Sechzehnzylinder Auto Union pilotieren. Bis zum Jahresende 1937 hat die Auto Union an 54 Rennen teilgenommen und 32 davon gewonnen. In der gleichen Zeit stellten die Wagen 15 Welt- und 23 Klassenrekorde auf.

Erfolg von A bis D

Die Rennwagenkonstruktion ist in diesen Jahren ständig verbessert worden. Die einzelnen Entwicklungsstufen wurden mit den Großbuchstaben des Alphabets A (1934), B (1935) und C (1936 und 1937) bezeichnet. Das Zylindervolumen des Motors wuchs in dieser Zeit von 4,3 auf über 6 Liter, die damit mögliche Höchstleistung auf 520 PS, bei Rekordfahrzeugen sogar auf 560 PS! Interessanterweise stieg in dieser Zeit der 750-Kilo-Formel die Drehzahl des Motors von 4.500 auf 5.000 Umdrehungen pro Minute, das Drehmoment jedoch von 54 mkg bei 2.700 Umdrehungen pro Minute auf 87 mkg bei 2.500 Umdrehungen pro Minute. Das Masse-Leistungs-Verhältnis sank von 2,8 auf 1,5 kg/PS, also auf nahezu die Hälfte! Mit dem Übergang zur neuen Dreiliterformel kam 1938 der Auto Union Typ D heraus, nach der Trennung von Porsche entwickelt vom Versuchsingenieur Eberan-Eberhorst: Zwölfzylinder in V-Anordnung, Aufladung durch Kompressor und 420 PS als Anfangsleistung – so lautete der Steckbrief des Neulings. Ende 1939 war man bei gleich gebliebenem Hubraum (3 Liter) bei fast 500 PS angelangt – also bei etwa gleicher Leistung wie in früheren Jahren bei doppelt so großem Hubraum.

Nach dem Tod Bernd Rosemeyers bei einem Rekordversuch am 28. Januar

1932–1945

Der DKW Rennstall stützte sich vor allem auf die 250er Klasse: Edwald Kluge, Arthur Geiß und Hans Winkler (von links) beherrschten die Rennen klar

Kahrmann/Eder auf der 700er DKW in der Seitenwagenklasse meistern mit vollem Einsatz und Bravour jede Kurve

1938 trat der Italiener Tazio Nuvolari als Spitzenfahrer der Auto Union an dessen Stelle. Ihm zur Seite standen Hans Stuck, Rudolf Hasse, H. P. Müller und für eine Saison der Schweizer Christian Kautz. 1939 ergänzte der bereits als Motorradrennfahrer zu legendärem Ruhm gelangte Schorsch Meier die Equipe. Wenn man auch nicht mehr so reiche Siege heimfuhr wie zur Zeit der 750-Kilo-Formel, so säumten doch bedeutende Triumphe nach wie vor den Weg der Zwickauer Rennmannschaft.

Der finanzielle Gesamtaufwand der Auto Union für den Grand-Prix-Sport betrug insgesamt 14,2 Mio. Reichsmark. Seit 1935 gehörte zur Rennabteilung ein großes Lager der einzelnen Baugruppen, wie Motoren, Kupplungen, Kompressoren und Rahmen, aus denen dann zu den einzelnen Rennen die Boliden montiert wurden; übrigens niemals in gleicher Zusammensetzung für zwei verschiedene Rennen. Insgesamt wurden an Rennwagen montiert: 1934: 5, 1935: 7, 1936: 12, 1937: 12, 1938: 16 und 1939: 15.

Nach Kriegsende sind von der sowjetischen Besatzungsmacht insgesamt 12 Rennwagen der Auto Union als Reparationsgut in die Sowjetunion gebracht worden. Dort wurden sie zu Versuchszwecken an die Autoindustrie gegeben.

Im Straßenrennsport der Motorräder beherrschte DKW das Geschehen. Die Anfang der 30er Jahre entwickelte Doppelkolbenbauart in Verbindung mit der Ladepumpe erlaubte beträchtliche Leistungssteigerungen. Die damit ausgerüsteten DKW Rennmaschinen URE 250 erreichten 1933 rund 22 PS/4.200 Umdrehungen pro Minute. In der letzten Entwicklungsstufe 1937 waren es dann schon 25 PS/4.700 Umdrehungen pro Minute. Die mögliche Höchstgeschwindigkeit lag bei 160 km/h.

1937 kam die ULD heraus, die Höhepunkt und Abschluss in der Entwicklung der mit großem Erfolg eingesetzten Doppelkolbenrennmotoren war. Der hier neu eingesetzte Drehschieber erlaubte eine 15-prozentige Leistungssteigerung. Die Motorleistung der 250er lag anfangs bei 28,5 PS und 6.000 Umdrehungen pro Minute, in der letzten Ausführung wurden 30 PS bei 6.500 Umdrehungen pro Minute gemessen. Bei Rekordfahrten sind 1937 exakt 183 km/h erreicht worden.

Ende 1934 wurde der zu dieser Zeit in Zschopau tätige Ingenieur Küchen beauftragt, eine käufliche DKW Straßenrennmaschine zu entwickeln. Sie sollte 1.550 Reichsmark kosten. Küchen legte Wert auf geringsten Aufwand und schaffte es, die einfachste Form des wassergekühlten DKW Doppelkolbenmotors mit nach vorne gerichteter, direkt in das Kurbelgehäuse arbeitender Ladepumpe auf die Räder zu stellen. Die beiden Amal-Vergaser mündeten in durch die Kolbenkante gesteuerte Einlaßkanäle. Der im Verhältnis 15 : 1 gemischgeschmierte Motor wurde in der Leistung im Laufe der Jahre kaum stärker und kam mit 20 PS bei 5.000 Umdrehungen pro Minute 1935 genauso wie 1939 aus. Die Höchstgeschwindigkeit betrug 150 km/h. Diese Maschine war das einzige damals im Laden käuflich zu erwerbende Rennsportmotorrad.

In der 250er-Klasse waren die DKW Motorräder auf Sieg und Meisterschaft in jedem Jahr bis zum Kriegsausbruch abonniert. 1936 stellte DKW die Meister in vier von sechs Klassen: 250 ccm (Kluge), 500 ccm (H. P. Müller) und beide Seitenwagenklassen (Braun/Badsching und Kahrmann/Eder). Im Jahr darauf gewann Ewald Kluge als erster Deutscher die seit 1907 ausgetragene Tourist Trophy auf der Isle of Man mit der neuen ULD. Ab 1938 wurden keine Seitenwagenrennen mehr ausgetragen, und DKW konzentrierte sich auf die Solomaschinen. Mit Erfolg: In der 350er- (Fleischmann) und der 250er-Klasse (Kluge) kam DKW zu Deutschen und zu Europameisterschaftsehren.

Die Werksportabteilung beschickte vorrangig die Gelände- und Zuverlässigkeitsveranstaltungen. Darunter ragte vor allem die jährliche Alpenfahrt heraus sowie die internationale Langstreckenprüfung Lüttich–Rom–Lüttich. Hierfür sind von der Auto Union teilweise völlig neue Fahrzeuge entwickelt worden, die mit unterschiedlichem Erfolg an den Veranstaltungen teilnahmen. 1938 kam ein für den Geländesport neu entwickelter Wagen heraus, der ein Spezialfahrwerk, das bisher für DKW Geländewagen verwendet worden war, mit einem auf 1,5 Liter Hubraum verkürzten Wanderer Motor vereinte. Dieser Wagen erwies sich als allen anderen Konkurrenten hoch überlegen.

Die im Windkanal entwickelte Stromlinienkarosserie wurde zum Avus-Rennen 1937 sowie zu Rekordfahrten im Oktober des gleichen Jahres auf dem Fahrgestell Typ C eingesetzt

1932–1945

*Prof. Robert Eberan-Eberhorst
1902–1982*

Der Sprung ins Aus: Nach seinem Sieg beim Belgrader Stadtparkrennen am 3. September 1939 springt Tazio Nuvolari aus seinem Auto Union Wagen. Nie wieder sollten diese Wagen an den Start gehen

Robert Eberan-Eberhorst

1902	Geboren am 4. April 1902 in Wien
	Nach Schule und Studium Volontärstätigkeit
1922	Bei Puch in Graz
1924	Bei Elite in Brand-Erbisdorf/Sachsen
1927/28	Selbständiger Fahrlehrer in Wien
1928–1933	Assistent am Institut für Kraftfahrwesen der TH Dresden. Seine Aufgaben waren dort Untersuchungen des Massenausgleichs und der Auswuchtung von rotierenden Körpern, von Schwingungserscheinungen an Fahrgestell und Aufbau der Kraftwagen sowie von Vergasern und Bremsen
1933	Ab 1. Juni Versuchsingenieur der Auto Union AG, Chemnitz
1937	Ab 1. Juli Leiter der Versuchsabteilung der Auto Union Rennabteilung in Zwickau. Konstrukteur des 3-Liter-Zwölfzylinder-Rennmotors/-Rennwagens Typ D der Auto Union
1940	Promotion über die Füllung des Ladermotors, abgeleitet aus einem Auto Union Versuchsbericht „Gaswechselvorgänge in hochtourigen Rennmotoren"
1941	Ab 1. September Ordentlicher Professor an der TH Dresden am Lehrstuhl für Kraftfahrwesen und Leichtmotorenkunde; zugleich Leiter des Instituts für Kraftfahrwesen der TH
1947	Mitarbeiter von Porsche in Gmünd/Österreich und dort beteiligt an der Entwicklung des Cisitalia-Rennwagens
1949	Chefingenieur bei ERA in England
1950	Chefingenieur bei Aston-Martin in England
1953–1956	Geschäftsführer bei der Auto Union GmbH für den Bereich der technischen Entwicklung
1956	Berufung zum Leiter der Maschinenbauabteilung des Batelle-Instituts als Nachfolger von Prof. Wunibald Kamm nach Frankfurt/Main
1960	Berufung an die Technische Universität Wien zur Leitung des Instituts für Verbrennungskraftmaschinen und Kraftfahrwesen
1965	Emeritierung
1982	Am 14. März 1982 in Wien gestorben

137

Audi im Überblick

Audi Front Typ UW (1933)

Audi Front 2-Liter (1934)

Audi Front-Fahrgestell mit Jaray-Stromlinienkarosserie

Audi Front Roadster (1935)

1932–1945

*Audi Front
Spezial Coupé für
2.000-km-Fahrt
(1933)*

Audi Front 225

*Audi Front 225
Spezial Cabriolet
(1937)*

*Audi 920 Cabriolet
(1939)*

DKW im Überblick

DKW Sonderklasse 1001 (1934)

DKW Schwebeklasse (1935)

DKW Sonderklasse mit Stahlblechkarosserie (1938)

DKW F 4 in Sonderausführung (1934)

DKW Front Luxus Zweisitzer (1936)

1932–1945

DKW F 5 Lieferwagen (1935)

DKW F 7 Meisterklasse in viertüriger Sonderausführung (1938)

DKW F 7 Front Luxus viersitziges Cabriolet (1938)

DKW F 8 Lieferwagen (1939)

DKW F 9 (1939)

141

Horch im Überblick

Horch 500 B Pullman-Cabriolet (1933)

Horch 853 Sport Cabriolet mit 5-Liter-Reihenachtzylindermotor (1936)

Horch 780 Sport-Cabriolet (1933)

Horch 830 BL mit Krankenwagenaufbau (1937)

Spezial-Coupé auf Horch 830 Fahrgestell für 2.000-km Fahrt (1933)

1932–1945

Horch 855 Spezial Roadster (1938)

Horch 930 V Schiebedach - Limousine (1937)

Horch 951 Limousine (1937)

Horch 951 A Limousine (1939)

Horch 930 S (1939)

Horch 951 A Pullman-Cabriolet (1939)

Wanderer im Überblick

Wanderer W22 Cabriolet (1933)

Wanderer W25 K Roadster (1936)

Wanderer W22 offener Tourenwagen (1934)

Wanderer W22 Kombinationslimousine (1934)

1932–1945

Wanderer W50 Cabriolet (1936)

Wanderer W26 Pullman-Limousine (1938)

Wanderer W23 Sechszylinder Cabriolet (1937)

Wanderer W24 Vierzylinder Cabriolet (1937)

Wanderer W24 zweitürige Limousine (1939)

Motorsport im Überblick

Auto Union Rennwagen Typ B (1935)

Auto Union Rennwagen Typ C (1936/37) ohne und mit Stromlinienkarosserie (1937)

Auto Union Rennwagen Typ D (1938)

Auto Union Rennwagen Typ D mit Stromlinienkarosserie (1938)

Auto Union Rennwagen Typ D Bergrennwagen (mit Sechzehnzylindermotor) (1939)

1932–1945

DKW Rennmaschine mit Wasserkühlung und Ladepumpe (1935)

DKW Rennmaschine ULD 250 und URE 250 (1937)

DKW Rennmaschine URE 250 (1935)

DKW Rennmaschine 600 mit Seitenwagen (1937)

147

Von Trümmerbergen zum Wirtschaftswunder

„Gebt mir zehn Jahre Zeit, und ihr werdet Deutschland nicht wiedererkennen." Diese Prophezeiung Hitlers hatte sich 1945 in grausiger Weise erfüllt. Am Ende des furchtbaren Krieges beklagte die Welt über 50 Millionen Tote. Deutschland war ein Trümmerhaufen, seine Städte waren zerschlagen, seine Industrie unter Schutt begraben und seine Menschen verzweifelt. Sechs Millionen von ihnen haben das Ende des Völkermordes nicht mehr erlebt. Der Krieg hat sich Gerechte und Ungerechte genommen – auch Frauen und Kinder. Von den Männern im Alter von 25 bis 30 Jahren kehrte nur einer von vieren aus dem Krieg zurück.

Die Menschen waren gestorben an der Front, im Bombenhagel – und unter dem Terrorregime der Nazis. Im Deutschland des Jahres 1933 lebten etwa eine halbe Million Juden. 1945 waren es weniger als 15.000.

Millionen deutscher Flüchtlinge irrten durch das Land, vertrieben aus dem Land ihrer Väter, das Deutschland in seinem mörderischen Vabanquespiel an die Sieger verloren hatte.

Nachdem sich Pulverdampf und Trümmerstaub verzogen hatten und die Verzweiflung in den Köpfen, durch Hunger betäubt, der Überlegung gewichen war, wie am besten zu überleben sei, begann sich das Leben wieder zu regen. Maschinen wurden aus den Trümmern gebuddelt, auf Straßen und Schienen begannen sich wieder die Räder zu drehen, und hier und da rauchten auch wieder die Schornsteine. Produziert wurde, was die Menschen brauchten – gleichgültig, was draußen über dem Werktor stand: Schrotmühlen und Handwagen, Kartoffelhacken und Kochtöpfe. Auch die Automobilindustrie machte da keine Ausnahme. Allerdings gehörte hier zum Nächstliegenden die Reparatur von Fahrzeugen aller Art. Im großen Stil geschah dies im Auftrag der jeweiligen Besatzungsmacht, im kleinen Rahmen half man der sich formierenden Verwaltung auf die

Parkplatz zum Solitude-Rennen am 18. September 1949; Vorkriegstypen beherrschen das Bild

1945–1964

vier Räder, sammelte Autowracks ein und hatte auch schon Privatkunden. An zwei Orten in Deutschland entstanden bereits 1945 wieder Neufahrzeuge: bei VW in Wolfsburg und bei BMW in Eisenach. In den Jahren darauf folgten Mercedes, Opel und Ford.

Allerdings – einen großen Teil dieser Industrie gab es nicht mehr. Er war demontiert und abtransportiert. Bei Opel in Rüsselsheim traf dies das Kadett-Band, bei BMW in München die Triebwerkfertigung. Im Osten aber, in der Sowjetischen Besatzungszone, da galt es ganzen Fabriken: Horch und DKW, Audi und Vomag, Phänomen und Framo – ausgeräumt bis zum letzten Lichtschalter, bis zur Tür und zum Fensterflügel. Leere Hallen gähnten dort, wo einst die Bänder rollten. 28.000 Werkzeugmaschinen sind allein aus der sächsischen Automobilindustrie auf Reparationskonto fortgeschafft worden.

Auch die Auto Union war davon ins Mark getroffen. Als dann die Besatzungsmacht noch ihre Enteignung verfügte, der schließlich 1948 die Löschung im Handelsregister folgte – da schien das Aus gekommen. Der einst zweitgrößte deutsche Kraftfahrzeugkonzern existierte nicht mehr.

Freilich: Zu dieser Zeit saßen seine ehemaligen Spitzenmanager bereits im Süden Deutschlands, verhandelten mit Banken über Kredite und mit Kommunen über Standorte. Ein Jahr später war es so weit: Die Auto Union feierte 1949 ihre Auferstehung in Ingolstadt. Und noch im gleichen Jahr liefen die ersten Fahrzeuge vom Band. Hier wurden Verlauf und Ergebnis eines in der Automobilindustrie ganz einmaligen Prozesses sichtbar: Ein Großunternehmen verlagerte seinen Sitz nicht nur um einige hundert Kilometer schlechthin, sondern über

Der Stachus in München (1950): Das Fahrrad garantierte mehr als jedes andere Verkehrsmittel die Mobilität des Einzelnen

Wenige Jahre später dominierte im Stadtverkehr bereits das Auto

eine Grenze hinweg, die allgemein und sehr treffend als Eiserner Vorhang bezeichnet worden ist. Dabei ging dies keinesfalls nur auf Vorstands- und Handelsregisterebene vor sich. Die Arbeiter und Angestellten folgten den vier Ringen in Scharen von Sachsen nach Bayern. Die Ost-West-Flucht ist in Deutschland zu dieser Zeit von rund 5.000 Unternehmen angetreten worden. Es ist keinesfalls allen gelungen, wieder Fuß zu fassen. Viele zerbrachen an den Mühen des Anfangs in neuer Umgebung, andere schafften es. In der Automobilindustrie war die Auto Union das einzige Unternehmen, dem die Wiedergeburt gelang.

Gleichwohl: An ihrem „Stammplatz" in Chemnitz, oder nunmehr Karl-Marx-Stadt, in Zwickau und Zschopau schwelte ihre Existenz weiter. Das Entwicklungspotential des IFA Forschungs- und Entwicklungswerks rekrutierte sich zu 90 Prozent aus alten Auto Union Mitarbeitern. Hier wurde die gesamte technisch konstruktive Grundlinie der Automobilindustrie der DDR formuliert, konstruiert und auf die Räder gestellt. Hier ist das erste Kunststoffauto entwickelt und der letzte Horch geschaffen worden. Auch die in den 30er Jahren an gleicher Stelle entwickelten Konzepte des Dreizylinder-Zweitaktmotors und des Kleinwagens mit quer gestelltem Zweizylinder-Zweitaktmotor hatten wahrlich ein zähes Leben. Die Nachkriegszeit war bald vorüber. Vieles vernarbte allmählich, manches war verwunden und verdrängt. Geblieben war als – so hoffte man zunächst – vorübergehendes, mit den Jahren aber immer dauerhafter werdendes Übel die Zerrissenheit Deutschlands in zwei Teile, die sich auseinander lebten. Da wie dort blieb Mobilität ein Lebensideal. In engen Grenzen auf der einen, schier grenzenlos auf der anderen Seite. Realen Ausdruck fand dies westlich der Elbe in unglaublich rasch zunehmenden Kraftfahrzeugbestandszahlen; östlich war es in schließlich nach zweistelligen Jahreszahlen rechnenden Lieferfristen für Automobile spürbar. Dem Zweitaktmotor und der Mangelwirtschaft verhaftet, blieb

Die Reisewelle in der Wirtschaftswunderzeit war Ausdruck des riesigen Nachholbedarfs auf diesem Gebiet

In beengten Verhältnissen und mit sehr einfachen Methoden entstanden die Autos

Münchner Straßenverkehr (1953)

man auf dieser Seite im automobilistischen Mittelalter hängen. Vom Motorrad über den Roller, die Kabinenrutscher, Klein- und Kleinstwagen wurde westlicherseits nichts, aber auch gar nichts ausgelassen, um der Sehnsucht nach Ortsungebundenheit Erfüllung zu verschaffen – und damit Geld zu verdienen. So wähnte man sich hier bald im siebten Automobilistenhimmel. Die Branche boomte, und wo viele und immer mehr Autos noch Wünsche offen ließen, da sah man nur einen Ausweg: noch mehr Autos.

Ende und Neubeginn – die vier Ringe in Bayern

Am 6. Mai 1945 tagte der Vorstand der Auto Union mit den engsten Mitarbeitern zum letzten Mal in Chemnitz. Einen Tag später verließen Dr. Bruhn, Dr. Hahn und Dr. Werner die bisherige Wirkungsstätte in Richtung Westen, nachdem sie in Absprache mit dem in den letzten Tagen entstandenen Betriebsrat die künftigen Vorstandsvertreter, darunter Dr. Hanns Schüler, benannt hatten.

Mit Wirkung vom 12. Juli 1945 war Deutschland in vier Besatzungszonen geteilt, die Einreise nach Chemnitz war genehmigungspflichtig und wegen Gefahr an Leib und Leben für die nach dem Westen entkommenen Auto Union Chefs nicht ratsam. Angesichts der nach der Demontage aller Auto Union Werke in Zwickau und Zschopau äußerst ungewissen Zukunft berieten Bruhn und Hahn in der Filiale München mit einigen ihrer ehemaligen Mitarbeiter die nächsten Schritte, um die Auto Union wieder auf die Räder zu bekommen. Dabei waren Karl Schittenhelm als ehemaliger Kundendienstleiter, Erhard Burghalter als früherer Direktor der Filiale Stettin und Oswald Heckel als Generalvertreter der Auto Union in Sofia.

Das nahe gelegene Ingolstadt bot sehr günstige Standortvoraussetzungen für eine große Lagerhaltung und eine neu aufzuziehende Fertigung. Die Bayerische Staatsbank war zu einem persönlichen Vertrauenskredit an Dr. Hahn und

Dr. Bruhn bereit. Am 19. Dezember 1945 wurde der Vertrag über die Firmengründung „Zentraldepot für Auto Union Ersatzteile Ingolstadt GmbH" abgeschlossen. Domizil der Neugründung war die Schrannenstraße 3 in Ingolstadt.

1946 verstärkte sich die Fluktuation aus dem Osten, besonders nachdem Ende 1945 Audi Betriebsdirektor Heinrich Schuh und sein DKW Kollege Arlt von den Russen verschleppt – und später ermordet – worden waren. So gelangten Horch Betriebsdirektor Zerbst, Versuchsleiter Werner Geite und andere mehr nach Ingolstadt. Am Ende des Jahres 1946 war das Ingolstädter Depot das größte Ersatzteillager in Deutschland, und sein Umsatz überstieg die 3-Millionen-Grenze. Zur Verwaltung der auch im Westen noch recht beträchtlichen Grundstücke, vor allem auch zum Eintreiben der Außenstände der alten Auto Union sowie zur Begleichung der Forderungen von Zulieferern reichte dies jedoch nicht aus. Daher entstand am 25. März 1947 als Tochter der Auto Union AG, Chemnitz, die Auto Union GmbH in Ingolstadt.

Nach der Währungsreform im Juni 1948 und der im August des gleichen Jahres erfolgten Liquidation des Chemnitzer Stammunternehmens mussten im Interesse der kommerziellen Seriosität, vor allem den Banken gegenüber, die Rechts- und Eigentumsverhältnisse geklärt werden. Ein von den vorherigen Bindungen unabhängiges Unternehmen sollte den Fortbestand endgültig sichern. Unter Voraussetzung der Klärung dieser Verhältnisse hatte die Bayerische Staatsbank einen Millionenkredit zugesagt.

Somit entstand am 3. September 1949, wieder in der Ingolstädter Schrannenstraße 3, die „neue" Auto Union GmbH mit einem Stammkapital von 3 Mio. DM. Dr. Bruhn wurde Geschäftsführer, Dr. Carl Hahn sein Stellvertreter.

Auch Paul Günther, der ehemalige Kaufmännische Direktor des Werks Horch, Dr. Schüler und Fritz Zerbst ergänzten die Führungsmannschaft. Ein Mandat des Aufsichtsrats, dessen Vorsitzender Baron Friedrich Karl von Oppenheim war, ist als Geste der Verbundenheit an August Horch, den Pionieringenieur, vergeben worden. Damit war die Transplantation der Auto Union zunächst geglückt – das war der Neubeginn im Westen.

Im Herbst 1949 begann die Fertigung des Schnelllieferlastwagens F 89 L in Ingolstadt, hier in der Ausführung als Kleinbus; links im Bild der DKW F 10

Die neue Motorradfabrik der Auto Union in Ingolstadt

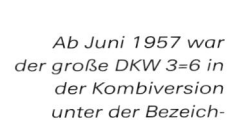

Ab Juni 1957 war der große DKW 3=6 in der Kombiversion unter der Bezeichnung „Universal" im Angebot

Der erste Erfolg – und seine Garanten

Die Entwicklung des ersten Nachkriegsprodukts der Auto Union hatte unter Zerbst schon beim Zentraldepot begonnen. Es handelte sich um einen kleinen Lieferwagen. Man war davon ausgegangen, dass ein Fahrzeug dieser Art den Transportraumproblemen der Nachkriegszeit am besten gerecht werden würde. Wie wahr! Zur Frühjahrsmesse in Hannover 1949 konnte man der Öffentlichkeit erstmals den neuen DKW Schnelltransporter mit Frontantrieb und Zweitaktmotor präsentieren. Er war als Frontlenker konzipiert und damit der erste in seiner Art. Die Händler waren begeistert, bestellten – und zahlten sofort an.

Wichtigstes Anfangskapital der Auto Union gewissermaßen im immateriellen Bereich waren

- das Zusammengehörigkeitsgefühl der alten Mitarbeiter, die auch bereit waren, durch ein geringeres Gehalt die Anfangszeit überwinden zu helfen;
- die Händler;

  Dr. Hahn sagte dazu später: „Da waren unsere treuen Händler im ganzen Bundesgebiet [...] über 90 Prozent unserer alten DKW Händler haben auf uns gewartet, unter großen wirtschaftlichen Opfern."

- die Kundschaft.

  Dazu nochmals Hahn: „[...] unsere Kundschaft, die DKW Zweitaktgemeinde, die all das, was wir machten, DKW gläubig, zweitaktüberzeugt aufnahmen, das war ja unser großer Rückhalt."

Die Markentradition und das einfach strukturierte Produkt führten von vornherein dazu, dass die neue Auto Union vorrangig mit der alten DKW Marke identifiziert wurde. Noch im Jahr 1949 wurde die Produktion in Ingolstadt angefahren, und bis zum 31. Dezember verließen 504 Schnelllaster F 89 L und 500 Motorräder vom Typ DKW RT 125 W das Werk; das W stand für West – zur deutlichen Unterscheidung der Ingolstädter von den in Zschopau gebauten Motorrädern gleichen Typs.

Selbstverständlich wollte die Auto Union auch wieder Personenkraftwagen bauen. Der Gedanke an die Fertigungsaufnahme des F 9, der vor dem Krieg bereits serienreif gewesen war, lag in der Luft. Zeichnungen wurden „besorgt", Fehlendes wurde nachgearbeitet. In Düsseldorf-Derendorf konnte ein ehemals der Rheinmetall gehörendes Areal günstig gemietet werden, hier sollte die Produktion beginnen. Im April 1950 stellte man die ersten Arbeiter für die Nullserie ein, und im Juli begann tatsächlich die Fertigung. Im ersten Jahr sind 1.538 Wagen hergestellt worden.

Obwohl die Auto Union in reichem Maße ERP- und Sonderkredite nutzen konnte, blieb Kapitalmangel bei ihr chronisch. Da nahte Hilfe von unvermuteter Seite. Bereits seit den 30er Jahren hatte man enge Beziehungen zu dem Schweizer Großkaufmann Ernst Göhner in Zürich unterhalten. Dieser hatte zunächst DKW und Audi Wagen importiert und später die Zweitakter mit den Holzkarosserien selbst hergestellt. Die von Göhner gegründete Holzkarosserie AG, abgekürzt Holka AG, war damit beschäftigt, zwischen 1935 und 1945 insgesamt 1.674 dieser Fahrzeuge fertigzustellen.

Mittlerweile war Ernst Göhner in der Nachkriegszeit zu einem äußerst wohlhabenden Unternehmer geworden, der in zahlreichen Branchen engagiert war. In Erinnerung an alte Bindungen und an die wirksame Hilfestellung, die ihm seinerzeit von der Auto Union AG in Chemnitz gewährt worden war, schoss Göhner 2,5 Mio. DM zum Gesellschaftskapital der Auto Union zu. Damit war er neben dem Bankhaus Oppenheim einer der beiden Hauptgesellschafter des Unternehmens mit den vier Ringen.

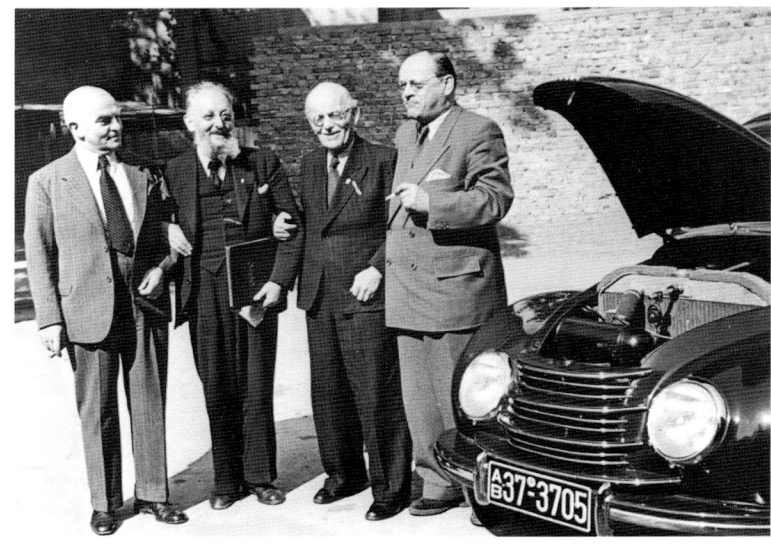

Der erste DKW Personenwagen der Nachkriegszeit, der von der Auto Union gefertigt wurde, lief in Düsseldorf vom Band. Bei der Präsentation (1950) dabei: Dr. R. Bruhn, W. Ostwald, Dr. A. Horch und Dr. C. Hahn (von links)

DKW F 89 Meisterklasse Limousine

DKW F 89 Meisterklasse Fahrzeugübergabe im Werk Düsseldorf

Unter einem neuen Stern

Bereits 1954 stieg Friedrich Flick in den Ingolstädter und Düsseldorfer Automobilbau ein, nachdem er sich einem internationalen Richterspruch zufolge von seinen traditionellen Montanzweigen hatte abwenden müssen. Der Einstieg geschah zunächst verdeckt, über Anteilskäufe durch Firmen aus dem riesigen Flick-Imperium. Im Zuge mehrerer Kapitalerhöhungen stieg Flicks Anteil an der Auto Union auf diese Weise beträchtlich. Für ihn saß ab November 1956 Dr. Odilo Burkart, der Chef der Flick gehörenden Maximilianshütte, im Aufsichtsrat. Im Dezember 1957 verkauften unter mehr oder weniger Druck die Männer der ersten Stunde wie Bruhn, Zerbst, Hensel, Schmolla, Ferber und wenig später auch Dr. Hahn ihre Anteile. Göhner und die Flick-Gruppe waren nun mit je ca. 41 Prozent die beiden verbliebenen Hauptanteilsinhaber. Im April 1958 bot Odilo Burkart auf Geheiß von Flick dem Vorstand der Daimler-Benz AG sein Aktienpaket zum Kauf an. Am gleichen Tag erwarb der Stuttgarter Konzern auch den Anteil von Göhner; der den Rest besitzende Oppenheimer folgte auf dem Fuße.

Von der ersten Stunde des Neubeginns an hatten bei der Auto Union die Führungskräfte und Mitarbeiter aus Chemnitz-Zwickau-Zschopauer Zeiten das Sagen. Sie kannten sich alle – und beherrschten noch aus gemeinsamer schwerer Zeit die Kunst des Improvisierens. Nach den Anfangsjahren jedoch waren, ins ruhigere Fahrwasser gelangt, nun klare und weitreichende Zukunftsentscheidungen notwendig. Dr. Bruhn, nach wie vor Geschäftsführer, hatte sich als Meister im Umgang mit dem so knappen Geld erwiesen. Äußerst korrekt und von penibler Genauigkeit, im Umgang mit seinen Mitarbeitern von anständigem Charakter und regelrecht arbeitswütig, so wird er von Zeitgenossen beschrieben. Freilich fehlten ihm die unternehmerische Vision und die Risikobereitschaft, weshalb wichtige Entscheidungen immer wieder hinausgeschoben wurden oder gar, einmal gefällt, wieder rückgängig gemacht wurden. Mit dem zunehmenden Engagement Flicks war also eine strukturelle und personelle Reorganisation der Auto Union das erklärte Ziel. Letzten Endes bedeutete dies die Ablösung der alten Mannschaft.

Am 15. Oktober 1956 trat Dr. Werner Henze an die Stelle von Dr. Richard Bruhn. Henze war bei den Famo Fahrzeug- und Motorenwerken, Breslau, vor dem Krieg zur Kfz-Branche gestoßen und hatte danach bei Kolbenschmidt in Neckarsulm und später im Zentralbüro des Verbands der Deutschen Motorradindustrie in Frankfurt am Main gearbeitet.

Ihm gelang es zwar bald, die rückläufige Entwicklung der Auto Union zu bremsen, dennoch erwies sich nach wie vor die Kapitaldecke als zu dünn. Immer wieder war das der „wunde Punkt", dessen Beseitigung von Flick Grundsatzentscheidungen verlangte. Diese mussten nicht nur bedeutende Neuzuführungen an Kapital zur Folge haben, sondern auch dem Gedanken der Konzentration gerecht werden. Ende 1957 zeigte Ford Interesse an der Übernahme der Auto Union, und es fanden in diesem Zusammenhang auch wichtige Gespräche statt.

Flick, der gleichzeitig Großaktionär bei Daimler-Benz (38 Prozent) war, bot vor dem möglichen Ford Deal dem Stuttgarter Konzern über den Deutsche-Bank-Sprecher H. J. Abs die Auto Union zum Kauf an. Nach einer kurzen Phase der Überlegung beschloss der Daimler-Benz Vorstand am 6. März 1958, diesem Angebot zu entsprechen, und am 26. April 1958 wurde der Kauf perfekt: 88 Prozent des Gesellschaftskapitals der Auto Union konzentrierte sich nun in Stuttgart. Der Daimler Vorstandssprecher, Dr. Könecke, kommentierte die Vereinigung: „Wir haben ein nettes Mädchen aus alter, guter Familie geheiratet." Dabei verdient allerdings festgehalten zu werden, dass die Auto Union nach Volkswagen, Opel, Daimler-Benz und Ford das an den Produktionszahlen gemessen fünftgrößte deutsche Automobilunternehmen war – weit etwa vor Lloyd, Borgward, NSU und BMW.

Das DKW 3=6 Coupé mit hervorragenden Sichtverhältnissen war eines der schönsten Fahrzeuge seiner Zeit (F 93 ab 1955)

Bis Mitte 1962 liefen die großen DKW, nun Auto Union 1000 genannt, in Düsseldorf vom Band

Auch ein Zeichen von Luxus: schwellende Daunen im 1000er Auto Union Coupé

Dieses rassige Cabriolet bot zwei Personen und sehr viel Gepäck Platz (1954)

Die Produkte

Das erste DKW Automobil der Nachkriegszeit kam – sieht man von den Zwickauer IFAs ab – aus Stuttgart. Die schon früher eng mit der Auto Union zusammenarbeitende Karosseriebaufirma Baur hatte zwei Stahlblechkarosserien, Limousine und Cabriolet, für den F 8 entwickelt und bot sie als Ersatz für die verwitternden Holzkarosserien an. Ab Januar 1950 lieferte die neu gegründete Auto Union F 8-Fahrgestelle – im Unterschied zum Vorkriegstyp mit hydraulischer Bremse und vorderen Teleskopstoßdämpfern – nach Stuttgart, ließ dort die neue Karosserie aufsetzen und verkaufte diesen Wagen als DKW F 10 in geringer Stückzahl. Es war dies eine aus der Not geborene Übergangslösung, um die Händler und die Kunden bis zum Anlauf einer eigenen Pkw-Produktion bei der Stange zu halten.

In Ingolstadt begann 1949 die Produktion des Schnelllastwagens F 89 L. Er hatte Frontantrieb und wurde durch einen Zweizylinder-Zweitaktmotor angetrieben. Es war der erste deutsche Nachkriegslieferwagen in – von den Auto Union Technikern schon anfangs der 40er Jahre als am günstigsten erkannter – Frontlenkerbauweise. Sie hat sofort Schule gemacht und war bald darauf bei allen Transportern anzutreffen.

1950 lief im neuen Werk Düsseldorf der erste Pkw vom Band, der F 89 P. Er wurde wie in alten Zeiten als „Meisterklasse" angeboten. Die Typenbezeichnung drückte die Mischung aus Vorkriegsentwicklung von Fahrwerk und inzwischen auf 23 PS gebrachtem Zweitaktmotor (F 8) und Karosserie (F 9) aus. Den Wagen gab es als Limousine, viersitziges Cabriolet (Karmann), zweisitziges Cabriolet und Coupé (Hebmüller). Auch ein Kombi war erhältlich – unter der Bezeichnung „Universal", zunächst mit Holz-Stahl-, später mit Ganzstahlaufbau.

1953 bekam der DKW den ursprünglich vorgesehenen Dreizylinder-Zweitaktmotor mit 34 PS Leistung (3=6). Dieser Typ F 91 wurde unter der aus Vorkriegszeiten bekannten Bezeichnung „Sonderklasse" verkauft. Zwei Jahre später folgte darauf der „Große DKW" mit längerem Fahrgestell; sein Motor leistete nun 38 PS, und die Karosserie war 10 cm breiter geworden. Die Typenbezeichnung F 93 galt für alle zweitürigen, F 94 für die viertürigen Aufbauten und den „Universal". 1957 wurde die Leistung auf 40 PS angehoben. Dieser bis 1959 im Programm gebliebene Wagen war bis dahin mit rund 157.000 Stück der erfolgreichste Nachkriegs DKW. Bis 1956 lieferte die Firma Karmann, Osnabrück, die Cabriolet-Karosserien des DKW 3=6.

1954 gewann die Auto Union gegen Porsche und Borgward den Zuschlag in der Bundeswehrausschreibung für ein geländegängiges Mehrzweckfahrzeug. Es ist ab 1956 gebaut worden und blieb bis zum Auslauf des Bundeswehrauftrags 1968 im Programm. Seine Bezeichnung lautete ab 1962 „Mehrzweck-Universal-Geländefahrzeug mit Allradantrieb (Munga)."

Trotz der offensichtlich nur schwer auflösbaren Verflechtung mit dem DKW Vorkriegskonzept Dreizylinder-Zweitaktmotor und Schwebeachsenfahrgestell mit aerodynamisch gestalteter Karosserie war den Ingolstädter Ingenieuren die Innovationsfreudigkeit nicht abhanden gekommen. Zur Automobilausstellung 1957 ist der DKW 3=6 als erster deutscher Serien-Pkw mit vollautomatischer Kupplung gezeigt worden. Es handelte sich um den von Fichtel & Sachs sowie der Auto Union gemeinsam entwickelten Saxomat. Er war für einen Aufpreis von 275 DM erhältlich.

Bei einem Besuch der britischen Rheinarmee passieren Queen Elizabeth und Prinz Philip im DKW Munga das Ehrenspalier

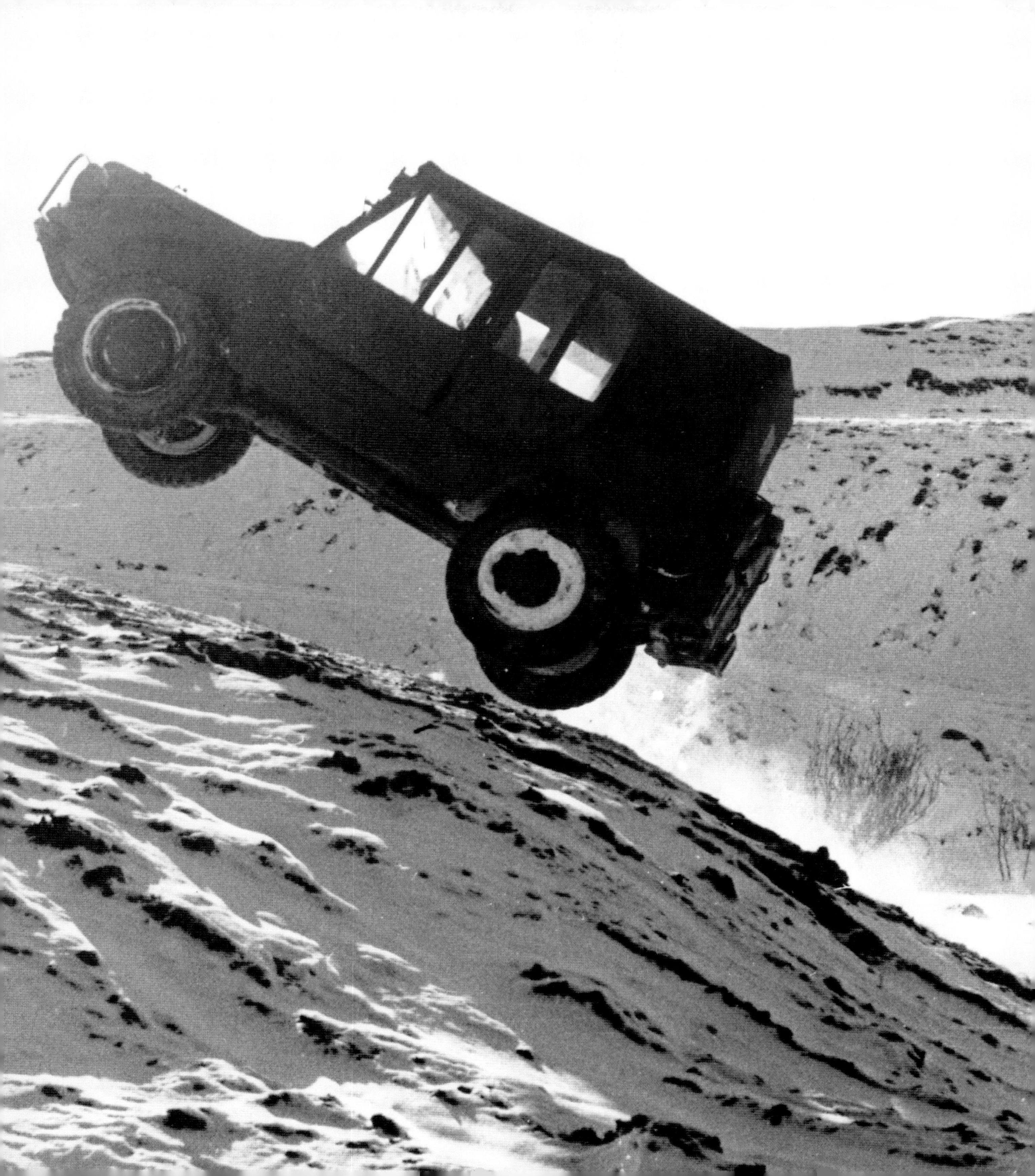

Das Motorrad rollt wieder

Neben dem Schnelllaster entstand noch 1949 in Ingolstadt das erste Nachkriegs DKW Motorrad, eine RT 125 W (W = West). Mit diesem einfachen, leichten, robusten und sehr wirtschaftlichen Fahrzeug entsprach man genau den Käufermöglichkeiten und -absichten in den Nachkriegsjahren. Hier in Bayern wurde die einst von Hermann Weber in den 30er Jahren in Zschopau entwickelte Maschine von Nikolaus Dörner, einem ehemaligen Mitarbeiter der Zentralen Versuchsabteilung der Auto Union in Chemnitz, Franz Ischinger, einst Leiter der DKW Geländesportabteilung in Zschopau und Herbert Kirchberg, ebenfalls einem alten DKW Kämpen, in die Produktion übernommen. Innerhalb von zwei Jahren sind von der RT 125 W über 30.000 Stück gebaut, und verkauft worden. Ende 1950 erhielt die RT 125 eine Telegabel, und 1952 folgte die RT 125/2 mit einem stärkeren Motor. 1954 bekam das Motorrad eine Hinterradfederung.

1951 wurde das Programm ergänzt durch die RT 200 mit 8,5 PS, die 1954 durch die 200/2 abgelöst wurde. Deren Kurzhubmotor und Vierganggetriebe fand sich bei den nachfolgenden DKW Modellen der 50er Jahre immer wieder. Ergänzt durch RT 175, RT 250 und RT 350 (Zweizylinder), bot man ein komplettes Motorradprogramm an, worunter vor allem die RT 175 als besonders erfolgreiches Modell hervorstach. Gemeinsam waren den DKW Motorrädern die vordere Telegabel sowie die Schwinggabel-Hinterradfederung. Der Stachelrippenzylinder

Schutzkleidung und Sturzhelm blieben Fremdworte, auch als modernere Motorräder mit Vollnabenbremse, Telegabel und Hinterradfederung das DKW Programm prägten

1945–1964

Die erste DKW RT 125 W (1949) wurde am Vorderrad durch Gummibänder abgefedert, während das Hinterrad ohne Federung auskommen mußte

Eine DKW RT 200 als Fahrschulmaschine mit doppeltem Lenker, Bremse und Gaszug

erlaubte eine höhere thermische Belastung des Motors. Die vollständig gekapselte Kette gehörte ab 1954 zum DKW Erscheinungsbild, ebenso die bei allen Maschinen, außer der RT 125, vollständig verkleideten Vergaser. Im Oktober 1956 folgten für alle Typen – außer der 350er – im DKW Programm die VS-(=Vollschwingen) Modelle, bei denen die Telegabel durch eine Langschwinge ersetzt worden war. Damit hatte man das modernste und vollkommenste Federungssystem für Motorräder zur Verfügung, das es gab.

Die Versuche, einen leistungsstarken Motorroller (bis zu 200 ccm) zu entwickeln, führten vor allem zur Erkenntnis, dass das Fahrzeug zu teuer werden würde. So besann man sich darauf, dass im unteren Teil der Leistungsskala eine erhebliche Nachfrage zu befriedigen wäre, wenn man dafür nur attraktive Fahrzeuge anböte. So ist in Ingolstadt ein zweisitziger Motorroller mit 75-ccm-Motor und 3 PS Leistung entwickelt worden, dessen besonderer Pfiff darin bestand, dass er als erster Roller überhaupt ein automatisches Getriebe besaß. Er wurde unter der Modellbezeichnung Hobby am 1. Oktober 1954 der Presse vorgestellt und avancierte sofort zum Frauenliebling. Bis zur Fertigungseinstellung 1957 sind davon 45.303 Exemplare gebaut worden.

Das DKW Moped Hummel kam 1956 auf den Markt. Es war das erste Moped mit Dreiganggetriebe! Mit Vollschwingrahmen und gummibandgedämpften Federbeinen bot es wesentlich mehr Komfort als die meisten seiner Konkurrenten. Bis 1958 wurden davon 117.617 Stück produziert.

Auch wenn die Auto Union auf recht erfreuliche Markennachfrage gestoßen war und entsprechend zahlreiche Automobile und Motorräder verkaufen konnte, täuschte man sich in Ingolstadt und Düsseldorf nicht darüber hinweg, dass die Marke von der Entwicklungsleistung der Vorkriegzeit lebte. Bereits 1949 waren sich die Techniker über die Notwendigkeit eines Nachfolgemodells im Klaren und sahen ihn in einem kleinen und einfachen Wagen. Der bereits am F 89 maßgeblich beteiligte Konstrukteur Kurt Schwenk hatte eine entsprechende Studie für einen Nachfolgetyp erarbeitet, der den Code-Namen FX erhielt. Für ihn waren zwar wieder Frontantrieb und Zweitaktmotor vorgesehen, aber in der Kleinwageneuphorie jener Jahre verfiel man dem Irrglauben, dafür einen geringeren Hubraum vorsehen zu können. Hinzu kamen bereits zu diesem Zeitpunkt einsetzende rivalisierende Überlegungen innerhalb der Auto Union, ob nach wie vor der Zweitakt- oder besser der Viertaktmotor favorisiert werden sollte. Verschärft wurde die Situation durch den chronischen Kapitalmangel und die Entschlusslosigkeit des Vorstands. Zu allem Überfluss richtete man ein zweites Konstruktionsbüro unter Leitung des Konstrukteurs Jenschke ein, der seine Idee von einem Vierradroller, also von einem noch kleineren Auto, verwirklichen wollte. Eine unnötige Konkurrenzsituation war die Folge. Beide, der FX und der Roller, sind nie in Serie gegangen, haben aber sehr viel Zeit und Geld gekostet.

Mit der DKW Hummel stieg die Auto Union 1956 in das lukrative Moped-Geschäft ein

Der Motor beim Hobby wurde per Hand und Seilzug gestartet

In dieser Lage holte Dr. Bruhn 1953 den ehemaligen Versuchsleiter der Auto Union Rennabteilung, Prof. Eberan-Eberhorst, nach Ingolstadt, in der Hoffnung, dass dessen Autorität und großes Können die unbefriedigende Sucherei beenden würde. Eberans Auftrag bestand darin, für einen 200- bis 300-ccm-Kleinstwagen eine entsprechende Kunststoffkarosserie zu entwickeln. Dieses Ziel ist technisch in Gestalt eines glasfaserverstärkten Polyesteraufbaus erreicht worden. Mehrere Prototypen dieses Kunststoffkleinwagens mit der internen Bezeichnung „STM" wurden sowohl als Dreisitzer mit zentral angeordnetem Lenkrad wie auch als Viersitzer in langen Testzeiten erprobt und fast bis zur Serienreife entwickelt. Fertigungstechnisch aber war es illusorisch, denn allein für die sehr großen Pressen wären 35 Mio. DM nötig gewesen, die einfach nicht aufzutreiben waren.
Und wieder sollte Hilfe von außen kommen: Bruhn holte William Werner, seinen

1945–1964

ehemaligen Vorstandskollegen für Technik aus den Chemnitzer Auto Union Tagen im Mai 1956 als Technischen Geschäftsführer nach Bayern. Werner brachte Oskar Siebler mit, den einstigen Motorentwicklungschef der Chemnitzer Auto Union. Gemeinsam mit dem Kaufmännischen Geschäftsführer Dr. Henze hat Werner zunächst das Kunststoffauto gestoppt, woraufhin Prof. Eberan-Eberhorst die Auto Union verließ. Die Frage nach der technischen Zukunft der Auto Union blieb damit jedoch leider unbeantwortet.

Die VS-Modelle mit Vollschwingfahrwerk waren die letzte Motorradentwicklung aus Ingolstadt; im Bild die DKW RT 250 VS von 1957

Der britische Rennfahrer John Surtees führt auf der Insel die RT 350 mit Zweizylindermotor neugierigen Soldaten vor

Die Liaison mit dem Stern (1958 – 1964)

Das Unternehmen

Die zentrale Überlebensfrage für die Auto Union blieb auch nach der Daimler-Benz Übernahme die der Modellnachfolge. Zugespitzt wurde sie durch den Einbruch und die Aufgabe des Motorradgeschäfts. Immerhin hatte dieses die Wiedergeburt und den Aufstieg der Auto Union maßgeblich und in erster Linie getragen. An den Zweirädern hatten die Ingolstädter seit 1949 das Vielfache dessen verdient, was für die Automobile herausgesprungen war. Aber: Seit 1953 hatte die Käuferwendung hin zum „Dach über dem Kopf" zu einer radikalen Marktschrumpfung geführt, von 1955 auf 1956 allein um 35 Prozent. Die Entscheidung fiel: Per 1. Oktober 1958 wurde die gesamte Motorradfertigung an die Victoria AG in Nürnberg verkauft.

Am 28. April 1958 beschloss die Gesellschafterversammlung sowohl die Produktionsaufnahme eines neuen Kleinwagens als auch den Kauf eines 350.000 qm großen Geländes in Ingolstadt, wo eine vollständig neue Fabrik zu errichten war, die arbeitstäglich zunächst 250 Autos produzieren sollte. Die Bayerische Staatsbank begleitete diese Entscheidung mit einem Investitionskredit in Höhe von 25 Mio. DM. Im Juli 1958 erfolgte der erste Spatenstich, und ein reichliches Jahr später rollte der erste DKW Junior vom Band. In Düsseldorf wurden weiterhin die seit 1957 zum Auto Union 1000 aufgewerteten bisherigen DKW Modelle produziert. Das Geschäft blühte. Der Junior wurde, von Presse und Publikum geradezu euphorisch aufgenommen, den Händlern förmlich aus den Händen gerissen. Der Umsatz verdoppelte sich innerhalb von drei Jahren, und 1962 wurde mit einem Umsatz von reichlich 800 Mio. DM zum besten Geschäftsjahr der Auto Union seit ihrer Wiedergeburt nach dem Krieg. Der Dynamisierungseffekt durch die Daimler Übernahme war für alle Welt so

In den 50er Jahren galt der große DKW durchaus als repräsentativ. Prominente fuhren ihn gern, z. B. Romy Schneider...

... Max Schmeling

1945–1964

unübersehbar, dass Daimler Großaktionär Quandt seinen Vorstand mit der Frage überraschte, ob man nicht auch BMW – daran war Quandt ebenfalls beteiligt – übernehmen sollte. Sich daraus entwickelnde, weitreichende Pläne wurden jedoch 1959 von den BMW Kleinaktionären und deren entschiedenem Protest zunichte gemacht – sicher zum Glück für alle Beteiligten.

Am 21. Dezember 1959 erwarb Daimler-Benz die restlichen, noch nicht in ihrem Besitz befindlichen Anteile der Auto Union, die damit zur 100-prozentigen Daimler-Benz Tochter wurde.

Am 31. Mai 1961 ist der Beschluss gefasst worden, die bisherigen beiden Produktionsstandorte um den in Düsseldorf zu verringern. Künftig sollten alle Auto Union Wagen im neuen Werk in Ingolstadt gebaut werden. Das gesamte Areal in der NRW-Hauptstadt ist 1962 an Daimler-Benz verkauft worden.

Während William Werner und seine Technikerriege bei der Auto Union die Absatzerfolge als Beweis dafür sahen, mit dem DKW Junior bereits das richtige Nachfolgemodell gefunden zu haben, drängten vor allem die Stuttgarter Partner auf weitere Aktivitäten, wobei sie eindeutig einen Viertaktmotor favorisierten und dafür reichlich Entwicklungshilfe anboten. Die Zeit drängte. Der Umsatz der großen DKWs war deutlich rückläufig, und der Junior konnte trotz großer Stückzahlen als Kleinwagen nicht die benötigten Gewinne einfahren. Obwohl Werner für die fernere Zukunft dem Viertakter höhere Chancen einräumte, blieb er weiter – wie auch Dr. Henze – dem Zweitakter verpflichtet. Mit dem Nachfolgemodell ließ man sich Zeit. Entfremdung vom Stuttgarter Konzern war die Folge, wo man die zögerliche Haltung nicht akzeptierte. Zunehmende Reibereien, gegenseitige Vorwürfe und Unverständnis belasteten das Verhältnis. Die Daimler-Benz Entscheidung, künftig das Luxuswagengeschäft und die Nutzfahrzeugfertigung viel stärker zu pflegen, gaben schließlich den Ausschlag für den Entschluss, die Auto Union wieder abzustoßen.

Wieder war es Friedrich Flick, der die entscheidenden Weichen stellte. 1962 traf er sich mit Heinrich Nordhoff, dem VW Chef, und besprach mit ihm die Übernahme. Für die Wolfsburger war ausschlaggebend, dass sie durch diesen Deal mit

...oder Elly Beinhorn

einem Schlag eine Kapazität von 100.000 Autos jährlich zusätzlich erhielten und zugleich einen bisher starken Konkurrenten übernehmen konnten. Dies war ihnen den Kaufpreis von rund 300 Mio. DM wert.

Daimler behielt aus der Auto Union Liaison an materiellen Werten das IMOSA-Transporterwerk in Spanien und das 1962 käuflich erworbene Düsseldorfer Werk. Von den immateriellen Gütern gab man das Warenzeichen des einst überlegenen Luxuswagenkonkurrenten Horch nicht aus den Händen. Dafür hinterließen die Stuttgarter mit dem Technischen Geschäftsführer Ludwig Kraus, einem gebürtigen Ingolstädter, die innovative Wunderwaffe der nächsten Jahre.

Auf der IAA im Jahr 1957 wurde dieser Prototyp des DKW 660 der Öffentlichkeit gezeigt. Zwei Jahre später erschien er als DKW Junior auf dem Markt

Die Produkte

1957 war zur Internationalen Automobilausstellung der – noch unverkäufliche – DKW 660 für die Zukunft gezeigt und bestaunt worden. Daraus wurde später mit 750-ccm-Motor der Junior. Er sollte unterhalb des bisherigen 3=6 angesiedelt werden, aber mit Frontantrieb, Zweitakt- und Dreizylindermotor auf die bewährten DKW Elemente zurückgreifen. Kurt Schwenk hatte für ihn anstelle der aus den 30er Jahren stammenden Schwebeachsenkonstruktion eine neue Hinterachse mit aufgeschlitztem Achsrohr und Drehstabfederung entworfen. Zunächst aber hatte man für die gleiche Ausstellung die bisherigen DKW Modelle aufgewertet. Sie hießen nun Auto Union 1000, und man bekam sie in drei auch preislich erheblich differierenden Varianten. 1959 ist ihre Ausstattung durch eine damals in Mode gekommene Panoramascheibe ergänzt worden.

Ebenfalls 1957 war das zweisitzige Coupé Auto Union 1000 Sp entstanden. Den Wagen hatte der Chefstylist Josef Dienst in starker Anlehnung an amerikanische Stilelemente entworfen, nachdem ihn William Werner dazu aufgefordert hatte, wie er sich später erinnerte: „Eines Tages, im Herbst 1956, kam Direktor Werner zu mir und sagte in seinem amerikanischen Deutsch: ‚Machen Sie einen Entwurf für einen Sportwagen, der muss aussehen wie eine Bombe.'"

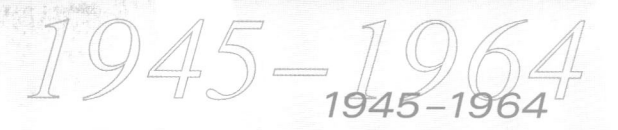

Die Karosserie kam dann von Baur; der Wagen wurde in Ingolstadt produziert. Ab Oktober 1961 gab es analog hierzu auch einen bildschönen Roadster, der ebenso uneingeschränkte Bewunderung genoss. Die Linienführung war gekonnt, pfiffig und schick. Insofern war es freilich eher ein Glanzlicht und leider kein Dauerbrenner. Prof. Nallinger von Daimler-Benz ließ deshalb unvermittelt wissen, es sei die Meinung des Vorstands von Daimler-Benz, dass in absehbarer Zeit ein Nachfolgetyp für den 3=6 gefunden werden müsse. Seiner Auffassung nach sollte dieser Typ einen Viertaktmotor haben, evtl. einen Boxermotor, aber den Frontantrieb beibehalten. Werner beschwichtigte ihn und beauftragte Siebler mit der Konstruktion des nunmehrigen F 100. Dafür bot Daimler-Benz einen Vierzylinder-1,5-l-Boxermotor mit 60 PS Leistung an, der mit allen Zeichnungen übergeben werden sollte.

Zwischenzeitlich war die laufende Junior-Serie zu verbessern und zu beleben. Das Ergebnis bekam die Bezeichnung F 12. Der Wagen war mit einem auf 900 ccm vergrößerten Motor versehen und erhielt Scheibenbremsen vorn – eine bedeutende Verbesserung auch im Verhältnis zu vielen größeren und teureren Konkurrenten, die eine derartig moderne Verzögerung nicht kannten.

Im Sommer 1963 war der Nachfolger des Auto Union 1000 S endlich serienfertig: Der in der Serieneinführung als F 102 bezeichnete Wagen war konstruktiv wesentlich moderner, ausgiebig auch bei Daimler-Benz erprobt – sogar Uhlenhaut war daran beteiligt – und gegenüber dem Vorgänger erheblich verbessert. Sein Geburtsfehler – so musste man das nun schon nennen – bestand darin, dass er immer noch mit einem Zweitaktmotor ausgestattet war. Es handelte sich um einen eigens hierfür neu konstruierten Dreizylinder mit knapp 1,2 Liter Hubraum und 60 PS – den größten aller DKW Dreizylinder, den es je gab.

Im September 1963 wurde der F 12 Roadster vorgestellt

Der Zweitaktmotor hatte inzwischen viel von seinem Ruf eingebüßt, der vor allem von einer Generation geprägt worden war, die in den 30er Jahren zur überzeugten und anhänglichen DKW Kundschaft gehört hatte. Sie ließ sich wenig von der Abgasfahne stören, die auch ältere Viertakter hinter sich herzogen. Auch das Geräusch belastete sie nicht; im Gegenteil – der nervöse Zweitakt war ihr Erkennungszeichen! Dafür boten diese Motoren Startfreudigkeit, hohes Anfahrdrehmoment und mechanische Einfachheit mit niedrigeren Wartungs- und Reparaturkosten. Das zählte. Als nach dem Krieg und in den 50er Jahren aber die Viertakter immer besser wurden, schmolzen diese Vorzüge dahin, und die jüngere Generation war durch nostalgische Erinnerungen an selige DKW Zeiten nicht mehr zu mobilisieren. Für sie war das kein Argument mehr.

Das Hauptärgernis, das den Zweitaktmotor immer mehr belastete und schließlich auch untergehen ließ, waren die sich häufenden Kurbelwellenschäden, die besonders bei häufig im Kurzstreckenbereich gefahrenen Fahrzeugen auftraten. Korrosionen der im Kurbelgehäuse befindlichen Teile führten zum Fressen der Welle. Der Gedanke an eine getrennte Schmierung hatte auch aus anderen Gründen, z. B. der spürbaren Verringerung der Abgasfahne, nahe gelegen. So wurde zusammen mit Bosch eine Frischölautomatik entwickelt, die ab 1961 in alle Auto Union Modelle eingebaut worden ist. Mag es an der Eile oder an der Kompliziertheit der Probleme gelegen haben – die Automatik hat zunächst vor allem bei Kälte sehr häufig versagt. Im Winter 1962/63 mit seinen mehrwöchigen Rekordminusgraden hatte die Auto Union ein Massensterben an Kurbelwellen zu beklagen.

Traumschön, aber nie in Serie gefertigt: der 1000 Sp mit einer Coupé-Karosserie von Fissore in Italien (1959)

1945–1964

Das Auto Union 1000 S Coupé de Luxe wurde nach dem Verkauf des Düsseldorfer Werks an Daimler-Benz bis September 1963 im Werk Ingolstadt weitergebaut

Der Absatz ging schlagartig zurück. Dennoch blieb die Auto Union Führung beim Zweitakter und ließ den vom Konstrukteur Müller in Andernach entwickelten Sechszylinder-Zweitaktmotor mit 80 PS zur Serienreife bringen. Henze bestand darauf, um alte Zweitakttreue unter den verbliebenen Kunden nicht zu enttäuschen. Klar, dass Nordhoff nach der Übernahme dazwischenging mit der Weisung, „dass nicht an solchen Spielereien wie dem Sechszylinder-Zweitakter herumgebastelt wird".

Die Kundschaft blieb zurückhaltend, auch als das Wetter wieder schöner und wärmer wurde und eine verbesserte Ölautomatik zum Einsatz kam. Dies nicht zuletzt wegen der anhaltenden Gerüchte um einen kommenden Auto Union Viertakter.

American Way of Life mit Heckflossen. Das Coupé 1000 Sp wurde zum Traumwagen für manchen Zweitaktfan

Sogar Schönheitsköniginnen – hier die deutsche von 1964 – bedienten sich dieses attraktiven 1000 Sp Roadsters

Die Auto Union im Motorsport

Kaum hatte das Werk in Ingolstadt signalisiert „DKW ist wieder da", sollte auch werkseitig unterstützter Sport dies augenfällig machen. Für Motorräder hatten die Tuner Döring und Erich Wolf in Wiesbaden einen 125er DKW Rennmotor mit Ladepumpe entwickelt, der recht viel zu versprechen schien. Beide wurden mit ihrer Konstruktion 1950 vom Werk übernommen. H. P. Müller, aus Vorkriegszeiten noch bestens bekannter Rennfahrer, beteiligte sich mit dieser Maschine am Renngeschehen, mit dem Ergebnis, dass er 1950 Deutscher Meister in dieser Klasse wurde. Die Werksmannschaft ist ergänzt worden durch Ewald Kluge (250er-Klasse) und Siegfried Wünsche (350er-Klasse). Im Grunde genommen benutzte man jedoch Maschinenmaterial, das im Wesentlichen auf Vorkriegserkenntnissen und -erfahrungen beruhte. Die DKW Mannschaft kam nicht so richtig in Schwung. 1952 blieb der so ruhmreichen Marke nach 20 Jahren zum ersten Mal – sieht man von den Kriegszeiten ab – ein Meistertitel in einer Motorradrennklasse versagt! H. P. Müller hatte sich von der Auto Union getrennt und begann als Privatfahrer italienische Mondial-Maschinen zu fahren. Gerade im Jahr 1952 jedoch zeigte sich erstmals bei einzelnen Rennen die neue „Wunderwaffe" aus Ingolstadt, die 350er Dreizylinder DKW. Mit 38 PS bei 12.500 Umdrehungen war sie schon zu fürchten, fiel jedoch wegen Kolbenringbrüchen ständig aus. Ewald Kluge und Siegfried Wünsche errangen jedoch auf der Eilenriede ihren ersten Doppelsieg auf diesem Modell, nachdem die Hauptschwächen beseitigt waren. Statt auf hohe Drehzahlen konzentrierte man sich nun stärker auf ein günstigeres Drehmoment. Immerhin stieg dabei die Leistung auf 45 PS, und die Drehzahl sank um 1.000 Umdrehungen.

Von nun an stützte man sich vor allem auf diese Erfolg versprechende Konstruk-

Auch Ewald Kluge (Startnummer 170) knüpfte wieder an siegreiche Vorkriegstraditionen an

Erster Nachkriegsmeister auf DKW 125 wurde im Jahr 1950 „Renntiger" H. P. Müller

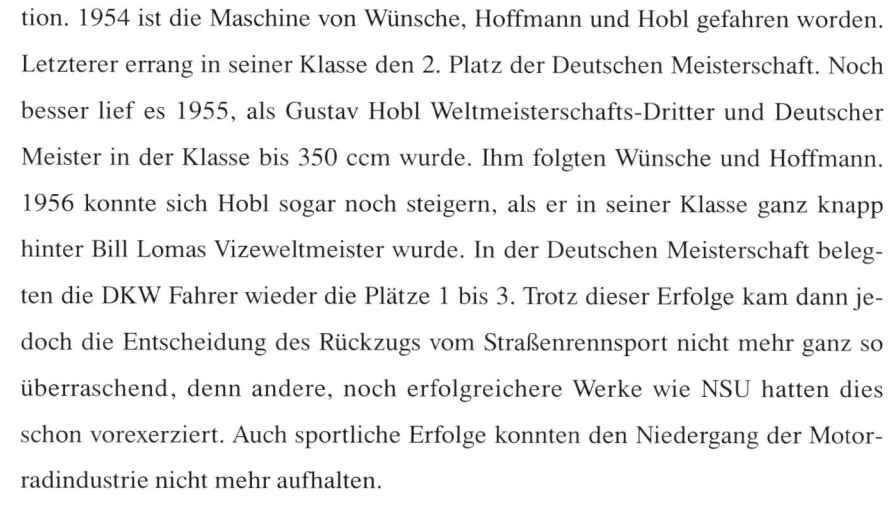

tion. 1954 ist die Maschine von Wünsche, Hoffmann und Hobl gefahren worden. Letzterer errang in seiner Klasse den 2. Platz der Deutschen Meisterschaft. Noch besser lief es 1955, als Gustav Hobl Weltmeisterschafts-Dritter und Deutscher Meister in der Klasse bis 350 ccm wurde. Ihm folgten Wünsche und Hoffmann. 1956 konnte sich Hobl sogar noch steigern, als er in seiner Klasse ganz knapp hinter Bill Lomas Vizeweltmeister wurde. In der Deutschen Meisterschaft belegten die DKW Fahrer wieder die Plätze 1 bis 3. Trotz dieser Erfolge kam dann jedoch die Entscheidung des Rückzugs vom Straßenrennsport nicht mehr ganz so überraschend, denn andere, noch erfolgreichere Werke wie NSU hatten dies schon vorexerziert. Auch sportliche Erfolge konnten den Niedergang der Motorradindustrie nicht mehr aufhalten.

Auch mit den DKW Automobilen ließen sich bereits in den ersten Nachkriegsjahren Siegeschancen bei Sportveranstaltungen ausrechnen. 1951 gingen die ersten Zweitakter dieser Marke bei Zuverlässigkeitsfahrten wieder mit an den Start. Dabei schnitt die Zweizylinder-Meisterklasse auf Anhieb gut ab. Die erste Goldmedaille gewann der Privatfahrer Heinz Meier mit dem F 89 bei der Winterprüfung in Garmisch-Partenkirchen. 1953 kam die Dreizylinder-Sonderklasse heraus und erwies sich von Anfang an in den Händen engagierter Sportfahrer als aussichtsreiches Wettbewerbsfahrzeug. Zur Werksmannschaft zählte nun außer Gustav Menz und Heinz Meier noch Hubert Brand von der Versuchsabteilung in Ingolstadt, der auch in diesem Jahr noch auf der „Meisterklasse" hervorragende Erfolge herausfuhr, darunter den Gesamtsieg bei der Internationalen Österreichischen Alpenfahrt.

Allein die werkseigenen Sonderklasse-Wagen errangen 1953 zwölf Goldmedaillen. So wurde das Auto mit einem Schlag in Sportfahrerkreisen populär.

Im Herst 1953 entstand wieder eine Werksportabteilung zur Beteiligung und Betreuung. Diese weitsichtige Entscheidung bildete die Grundlage für eine beispiellose Siegesserie in den folgenden Jahren, die den DKW Wagen eine unglaubliche Popularität eintrug. Nach Aufsehen erregenden Siegen – darunter zum Auftakt der Klassensieg in der Rallye Monte Carlo durch Meier – endete das erste Sportjahr mit einem Paukenschlag: Die DKW Sonderklasse wurde bei allen acht Läufen zur Europameisterschaft, die das Unternehmen beschickt hatte, Klassensieger und errang die Europameisterschaft für Tourenwagen 1954 durch den Fahrer Walter Schlüter, der im Vorjahr gemeinsam mit Polenski unter anderem auf Porsche siegreich gewesen war. Auch auf den weiteren Plätzen folgten DKW Fahrer! Die DKW Sonderklasse war damit zum erfolgreichsten Tourenwagen Europas geworden. Der Wagen hatte nicht nur eine hervorragende Straßenlage, sondern war auch sehr schnell. Geschicktes Tuning hatte die Motoren auf über 50 PS gebracht! Dieser an Einfachheit kaum zu überbietende Zweitaktmotor hat auch später prominente Tuner gereizt, sich an ihm zu versuchen. Dabei sind in einzelnen Versionen bis zu 100 PS erreicht worden!

Die DKW Fahrer-Asse (v. l. n. r.) Walter Schlüter, Gustav Menz und Heinz Meier, die die ersten drei Plätze der Tourenwagen-Europameisterschaft 1954 mit ihren DKW Sonderklasse-Wagen belegten

1956 sind auf der Monza-Bahn in der Klasse bis 1.100 ccm sogar Weltrekorde mit einem Sonderklasse-Wagen, der eine Kunststoffkarosserie bekommen hatte, aufgestellt worden: über die Distanzen von 4.000 Meilen, 5.000 Meilen und über 10.000 km sowie über die Zeitdistanzen von 48 und 72 Stunden. Die Fahrer hießen Ahrens, Meier, Theiler und Barbay. Die Karosserie war im Auftrag von Günther Ahrens und dem DKW Tuner A. W. Mantzel von Dannenhauer & Stauss in Stuttgart entworfen und gebaut worden. Der Wagen besaß schlauchlose Dunlop-Reifen. In ähnlicher Ausführung gab es den danach benannten DKW Monza in einer kleinen Serie von ca. 230 Stück, die der Heidelberger DKW Händler Fritz Wenk zunächst bei der Firma Massholder in Heidelberg, ab Ende 1957 bei der Firma Schenk in Stuttgart fertigen ließ.

In dem Jahrzehnt zwischen 1954 und 1964, in dem sich die Auto Union werkseitig aktiv und unterstützend am Tourenwagensport beteiligt hat, konnte sie reiche Ernte einfahren: DKW Fahrer errangen in dieser Zeit über 100 Meisterschaften, 150 Gesamtsiege und 2.500 Klassensiege.

1945–1964

August Hobl mit der Dreizylinder DKW auf dem Schottenring im Jahr 1955

Auto Union verführt Porsche Fahrer

In einer Notiz der Auto Union Versuchsabteilung heißt es im Oktober 1953 kurz und bündig:

„Der Gesamteindruck des Dreizylinder-Wagens war bei den beteiligten Sportkreisen über Erwarten gut, so gut, daß einige Porsche-Fahrer beabsichtigen, in Zukunft die Sonderklasse zu fahren oder sie als Zweitwagen anzuschaffen. Nach unserer Ansicht können wir die werbemäßige Chance, die sich uns hier bietet, nicht aus der Hand lassen […] Es wird eine Sportabteilung installiert. Sie besteht aus einem Leiter und drei Monteuren. Ihr werden sechs Serienlimousinen überstellt, deren Motoren besonders ausgesucht und von der Versuchsabteilung Düsseldorf gegebenenfalls etwas frisiert werden. Vier dieser Wagen stehen der DKW Werksmannschaft zur Verfügung, die zwei restlichen Wagen werden an Händler oder ausgesuchte Kunden ausgeliehen für bestimmte Veranstaltungen."

Im Dezember 1956 stellten die Fahrer Meier, Theiler, Barbay und Ahrens im Autodrom von Monza mit dem Kunststoff DKW Langstreckenweltrekorde auf

173

Zahlen, Fakten, Typen

Unternehmensgeschichtliche Daten:
Auto Union

1945	Gründung des Zentraldepots für Auto Union Ersatzteile Ingolstadt GmbH am 19. Dezember; Gesellschaftskapital: 50.000 RM; Umsatz: 3 Mio. RM p. a.
1947	Am 25. März Gründung der Auto Union GmbH in Ingolstadt, sog. 1. Auto Union, durch die Auto Union AG, Chemnitz, Stammkapital: 200.000 RM. Sie erwarb das gesamte Westvermögen der Auto Union AG. Zweck der GmbH: Sicherung des Ersatzteilgeschäfts und Zusammenfassung der westdeutschen Vermögenswerte
1948	Am 17. August Löschung der Auto Union AG, Chemnitz, im Handelsregister
1948	Ende des Jahres erwarb die Auto Union GmbH das Ersatzteildepot
1949	Am 3. September Gründung der 2. Auto Union GmbH in Ingolstadt. Gesellschaftskapital: 3 Mio. DM. Hauptgesellschafter war die 1. Auto Union GmbH (1,2 Mio.), die den gesamten Grundbesitz, das Ersatzteilgeschäft und eine Generallizenz auf alle Schutzrechte einbrachte. 0,9 Mio. DM brachte das Bankhaus Oppenheim, den Rest Einzelgesellschafter ein, darunter Dr. Bruhn und Dr. Hahn. Geschäftsführer wurde Dr. Bruhn, Dr. Hahn sein Stellvertreter.
1951	Im Januar Kapitalerhöhung auf 5,5 Mio. DM durch 2,5 Mio. von Ernst Göhner
1954	In den folgenden vier Jahren stufenweise Kapitalerhöhung auf 30 Mio. DM. Göhners Anteil daran: 12,3 Mio. DM = 40,5 Prozent
1958	Am 24. April erwarb die Daimler-Benz AG 87,8 Prozent des Gesellschaftskapitals
1960	Kapitalerhöhung von 30 auf 60 Mio. DM am 6. Dezember
1962	Verkauf des Düsseldorfer Werks, in dem insgesamt 483.368 DKW Wagen gebaut wurden
1963	Im März Kapitalerhöhung auf 80 Mio. DM
1964	Im Dezember Kapitalerhöhung auf 160 Mio. DM, wovon VW 50,3 Prozent übernehmen wird

Der DKW 3=6 Kombi im Dienste der renommierten USA-Fachzeitschrift „Road & Track"

Der 3=6 Schnelllaster diente auch zur Beförderung von Arbeitern beim Bau des neuen Ingolstädter Werks (1951)

1945–1964

Produktionszahlen

Der Schnelltransporter wurde bis 1957 in fast 50.000 Exemplaren hergestellt, was einem Jahresdurchschnitt von etwa 6.200 entsprach. Hinzu kamen im gleichen Zeitraum 187.000 Pkws und 6.300 Munga.

Die Preise für Pkws sanken von rund 6.000 DM (zweitürige Limousine) auf 5.700 DM (1957). Beim Transporter stiegen sie von 5.800 DM auf 6.300 DM.

Die Zahl der Beschäftigten stieg von 1.400 am Jahresende 1949 auf 9.750 per Ende 1957.

Einschließlich der Roller und Mopeds sind ab 1949 in Ingolstadt 518.735 DKW Motorräder gebaut worden. Das erfolgreichste Modell darunter war mit 133.945 Stück die RT 125.

Die RT 125 kostete 1949 als einziges DKW Motorrad der Nachkriegszeit unter 1.000 DM. 1952 waren für die RT 175 schon 1.420 DM zu zahlen, zwei Jahre später waren es für die RT 200 genau 1.575 DM. 1956 kostete die 250er mit Vollschwingfahrwerk 1.815 DM, und die RT 350 lag bei 2.250 DM. Mit Hobby und Hummel gingen die Preise zu Tal: 950 DM waren für die Solo-Ausführung des Rollers fällig, und 598 DM mussten für das Moped gezahlt werden.

Ab 1955 fertigte die spanische IMOSA in Vitoria den DKW Schnelltransporter in Lizenz. Die Eigenentwicklung F 1000 L wurde ab Juli 1963 produziert und von der Auto Union vertrieben.

Die IMOSA ging später in den Besitz von Daimler-Benz über und verblieb dort.

Die wichtigsten Auto Union DKW Typen 1949–1958

Typ	Zylinderzahl/ Anordnung	Bohrung x Hub in mm	Zylinder-inhalt in cm³	PS	Bauzeit	Bemerkung
Schnelllastwagen						
F 89 L	2 R	76 x 76	684	20	1949–1954	ab 1952 22 PS Motor quer
F 800 DKW 30	2 R	78 x 83	792	30	1954–1955	Motor längs
F 800/3, 3=6	3 R	71 x 76	896	32	1955–1962	
Personenkraftwagen						
F 89 P Meisterklasse	2 R	76 x 76	684	23	1950–1954	ab 1951 auch als Kombi Universal
F 91 3=6 Sonderklasse	3 R	71 x 76	896	34	1953–1955	
F 93/94 Großer DKW 3=6	3 R	71 x 76	896	38/40	1955–1959	
Auto Union 1000	3 R	74 x 76	980	44	1957–1962	
AU 1000 Sp	3 R	74 x 76	980	55	1958–1965	
DKW F 91/4	3 R	71 x 76	896	40	1956–1968	***

*** ab 1958 1000er-Motor, ab 1962 Bezeichnung Munga – auch als 6- bzw. 8-Sitzer F 91/6 und F 91/8

Bis 1975 wurden die dort gefertigten Transporter als Auto Union DKW verkauft.

In Ingolstadt lief Anfang 1962 der letzte Schnelltransporter vom Band. Insgesamt sind hier von 1958 bis zum Ende noch 9.339 Exemplare davon gebaut worden.

Die Preise betrugen für den F 800/3 (3=6) 6.300 DM und für den 1000 L 7.000 DM.

Zwischen 1958 und 1965 liefen in Düsseldorf und Ingolstadt 250.958 DKW vom Band. Bis zum Produktionsende kamen ab 1958 noch 40.400 Wagen hinzu.

Der letzte Zweitakt-Pkw lief in Ingolstadt am 24. März 1966 vom Band, eine viertürige F 102 Limousine. Mungas sind noch bis 1968 gebaut worden. Der Preis für die zweitürige DKW Junior-Limousine betrug anfangs 4.950 DM. Für den F 12 waren in gleicher Ausführung 5.375 DM zu zahlen, der F 102 kostete 6.850 DM. Der Anteil an den Gesamtzulassungen lag 1961 bei 7,2 Prozent; er ging bis 1964 auf 3,7 Prozent zurück.

Die wichtigsten DKW Motorrad-Typen 1949–1958

Typ	Zylinderzahl	Bohrung x Hub in mm	Zylinderinhalt in cm³	PS	Bauzeit	Bemerkung
RT 125 W	1	52 x 58	123	4,75	1949–1952	
RT 125/2 H	1	52 x 58	123	5,7	1952–1957	Hinterradfederung
RT 175	1	62 x 58	174	9,6	1954–1958	
RT 175 VS	1	62 x 58	174	9,6	1957–1958	
RT 200	1	62 x 64	191	8,5	1951–1952	
RT 200 H	1	62 x 64	191	8,5	1952–1956	
RT 200 VS	1	66 x 58	197	11	1957–1958	
RT 250/1	1	70 x 64	244	11,5	1953–1953	
RT 250/2	1	70 x 64	244	14,1	1953–1957	
RT 250 VS	1	70 x 64	244	15	1956–1957	
RT 350	2	62 x 58	348	18,5	1955–1956	
Hobby	1	45 x 47	74	3	1954–1957	stufenloses Keilriemengetriebe
Hummel	1	40 x 39	49	1,35	1956–1958	

Der DKW F 102, hier in der viertürigen Ausführung, war der letzte Zweitakter aus Ingolstadt

1945–1964

DKW F 102 Limousine (1964)

Die wichtigsten DKW Typen 1959–1964

Typ	Zylinderzahl/ Anordnung	Bohrung x Hub in mm	Zylinder- inhalt in cm³	PS	Bauzeit
AU 1000 S	3 R	74 x 76	980	50	1959–1963
DKW Junior (F 11)	3 R	68 x 68	741	34	1959–1962
DKW Junior de Luxe	3 R	70,5 x 68	796	34	1961–1963
DKW F 11/64	3 R	70,5 x 68	796	34	1963–1965
DKW F 12	3 R	74,5 x 68	889	40	1963–1965
DKW F 12 Roadster	3 R	74,5 x 68	889	45	1964
DKW F 102	3 R	81 x 76	1.175	60	1964–1966
1000 L Schnelltransporter	3 R	74 x 76	980	40	1963–1968

Der Hobby Roller war auch im härtesten Alltagsbetrieb nicht kleinzukriegen

Auto Union im Überblick

Horch als VIP-Fahrzeug des Berliner Senats: 1950 wird Bundeskanzler Adenauer in Berlin begrüßt

F 89 Meisterklasse Limousine (1950)

DKW F 10 Cabriolet (1950)

F 89 Cabriolet (1950)

F 91 viersitziges Coupé (1953)

1945–1964

Holz-Modell des FX-Prototyps (1951)

F 91 zweisitziges Coupé (1953)

F 91 zweisitziges Cabriolet (1953)

Der Auto Union 1000 Sp auf der Frankfurter Automobilausstellung (1957)

F 91 in Spezialausführung als Polizeiwagen (1954)

Auto Union im Überblick

DKW Junior (1959)

DKW Junior mit Lieferwagenaufbau (Sonderanfertigung der Fa. Rometsch/Berlin)

Auto Union 1000 S mit Panoramascheibe (1960)

DKW F 12 als zweitürige Limousine (1963)

DKW F 12 Roadster (1964)

1945–1964

DKW 3=6 Kleinbus (1958)

Ein Experiment mit geringer Stückzahl: der DKW Schnelllaster mit Elektroantrieb (1956)

DKW Schnelllaster F 1000 L (1963)

Ewald Kluge auf der DKW Rennmaschine (1950)

Vizeweltmeister August Hobl mit den beiden DKW Rennmaschinen: links 350-ccm-Dreizylinder, rechts 125-ccm-Einzylinder (1956)

NSU

Fahrräder statt Strickmaschinen (1873–1918)

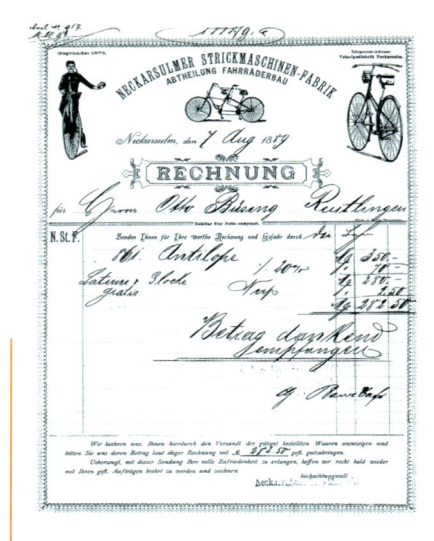

Rechnung von Direktor G. Banzhaf, persönlich quittiert (1889)

Das Unternehmen

Im Jahr 1873 hatten die Mechaniker Christian Schmidt und Heinrich Stoll in Riedlingen an der Donau eine mechanische Werkstatt zur Herstellung von Strickmaschinen gegründet, die sie 1880 nach Neckarsulm verlegten. 1884 wurde daraus die Neckarsulmer Strickmaschinenfabrik AG, und schon zwei Jahre später begann die Herstellung von Fahrrädern, zuerst unter der Markenbezeichnung „Germania" in Gestalt von Hochrädern. Bald folgten jedoch Niederräder, die sich schon größerer Beliebtheit erfreuten, denn eine Radhöhe von 1,47 m war wirklich nicht jedermanns Sache!

Ab 1892 gab es keine NSU Strickmaschinen mehr; die drei Buchstaben standen nun für Neckarsulm, und ab 1897 firmierte das Unternehmen als Neckarsulmer Fahrradwerke AG. Ab 1901 roch es im Werk auch nach Benzin, denn damals wurde die Motorradproduktion begonnen, und 1903 ist eine 300 m lange Prüf- und Vorführbahn auf dem Betriebsgelände angelegt worden. Zuerst wurden diese Zweiräder noch von einem Schweizer Zedelmotor angetrieben, aber ab 1903 gab es eigene NSU Triebwerke mit Leistungen von 2 bis 3,5 PS. Die Werbung verhieß:

„Wir haben uns entschlossen, für nervenstarke Fahrer ein starkes dreipferdiges Motorrad zu bauen, das sehr schnell ist, man kann aber auch langsam damit fahren!" Der Vertrieb der NSU Zweiräder aller Art ging über eigene Filialen in

Sicherheitszweirad Pfeil (1888)

Düsseldorf, Hamburg, Leipzig, Berlin, Königsberg, Moskau, London, Paris und Zürich vor sich. Das Geschäft blühte, und der Gedanke, nun auch noch Automobile herzustellen, lag förmlich in der Luft. 1905 war es so weit: Der erste in Neckarsulm hergestellte Wagen, ein nach belgischer Pipe-Lizenz hergestelltes Automobil, verließ das Werk. Parallel dazu bastelten die NSU Techniker an der Verwirklichung eigener Vorstellungen und bauten – nach Zyklonette-Vorbild – ein dreirädriges Gefährt, dessen Motorradmotor mit 3,5 PS Leistung über dem Vorderrad angebracht war und auf dieses auch seine Leistung mittels einer Kette übertrug. Die Typenbezeichnung lautete Sulmobil. Es wurde 1906 erstmals zum Kauf angeboten. So recht haben die großen und kleinen Autos dieser Art aber weder Produzenten noch Käufer befriedigt, und so kam noch im gleichen Jahr der erste „Original Neckarsulmer Motorwagen" heraus. Daraus abgeleitet gab es bald hubraumgrößere und stärkere Motoren. Damit ließ sich nun eine Modellpalette entwickeln. Eine gesonderte Typenbezeichnung gab es nicht mehr, man nannte alle Wagen und Motorräder „Neckarsulm" und schrieb das mit großen Buchstaben auch dran. Ab 1911 hörten die in Neckarsulm gefertigten Fahrzeuge auf die drei Buchstaben NSU.

Im Motorradprogramm kamen sowohl starke Zweizylindermaschinen als auch leichtere Tourenräder hinzu. Ab 1911 gab es bei NSU die Hinterradfederung, Kettenantrieb (nur bei 7,5-PS-Rennmaschine), Riemenantrieb, Zweiganggetriebe und eine gefederte Vordergabel. Die NSU Pony war das kleinste Leichtgewicht mit 1,5 PS und 48 kg. Dennoch lief sie bis zu 60 km/h! Ein Liter Benzin reichte für 45 km. Für die Schwergewichte mit 800er-Motor und 6,5 PS sowie 125 kg Eigenmasse gab es bald nicht mehr die bisherigen leichten Korbvorsteckwagen, sondern richtige „Beiwagen mit Phaetonkarosserie". Die Idee des Dreirads – „automäßig und motorradbillig" – war keineswegs tot, sondern erlebte gerade in der Seitenwagenbauweise ihre Verwirklichung. NSU war vor dem Ersten Weltkrieg war das exportfreudigste deutsche Motorradunternehmen. Die meisten der aus Deutschland stammenden Motorräder waren bei NSU hergestellt. Sie gingen nach Russland, in die meisten europäischen Länder, in die Türkei, nach Skandinavien, und auch die Bürgergarde von São Paulo in Brasilien wurde damit ausgestattet. Als 1914 der Krieg ausbrach, musste auch NSU sein Fertigungsprogramm den Forderungen der Heeresverwaltung anpassen. So entstand 1915 das 3,5-PS-Zweizylinder-Kriegsmotorrad. Von den Automobilen wurden vorrangig die kleinen Modelle weiter gebaut und feldgrau lackiert sowie sonstig „entfeinert" an die Truppe geliefert. Außerdem sind jedoch in Neckarsulm auch Lastwagen für 1,25 t und 2,5 t Nutzlast im Reichsauftrag hergestellt worden.

Der Motorsport

Der sportliche Ruhm der Neckarsulmer Fahrzeuge setzte im gleichen Jahr ein, als die Motorradfertigung begann: 1901. Siege bei Bahnrennen machten erstmals auf die Kraftfahrzeuge dieser Marke aufmerksam. Goldmedaillen als Lohn für bemerkenswerte Leistungen folgten. So gewann Martin Geiger mit seinem Neckarsulm Motorrad die Feldbergprüfung 1904, wobei er die knapp 10 km lange Strecke mit Steigungen von bis zu 12 Prozent mit einem Durchschnitt von

Automobilrennen in Argentinien über 270 km (1913)

Gertrud Eisemann, eine der ersten Motorradsportlerinnen, gewann 1905 auf einem NSU 2-PS-Motorrad die Fernfahrt Eisenach–Berlin–Eisenach

38 km/h zurücklegte. Für Aufsehen sorgte in diesen ersten Jahren auch Gertrud Eisemann, eine der ersten und erfolgreichsten Motorradsportlerinnen in Deutschland. Sie stellte mehrere Rekorde auf, und ihr Siegeskonto bei Langstreckenfahrten war beachtlich. Übrigens fuhr sie in diesen Jahren auch zahlreiche Wettbewerbe auf Horch Wagen mit.

Neckarsulmer Automobile sind zum ersten Mal bei den Prinz-Heinrich-Fahrten sportlich aktiv geworden. 1909 absolvierte die aus drei Wagen bestehende NSU Mannschaft die gesamte Strecke ohne Strafpunkte. Auch andere große Fernfahrten überstanden diese Wagen ruhmreich, so z. B. die Qualitätsprüfungsfahrt von Moskau nach Orel mit dem Ergebnis zweier erster Preise. Dennoch: Der sportliche Ruf der Marke NSU war in erster Linie an die Zweiräder gebunden, die sich auch auf Rennstrecken anderer Länder erfolgreich in Szene setzen konnten. Dies galt sowohl für die englische Tourist-Trophy, die 1911 von Karl Gassert auf NSU mit der goldenen Medaille siegreich beendet wurde, als auch für das Semmeringrennen in Österreich. In der Saison 1913/14 bildeten 375 erste Preise die großartige Ausbeute von NSU Motorradsportlern allein in Deutschland.

Die wichtigsten NSU Automobil-Typen 1906 – 1918

Typ	Zylinderzahl	Bohrung x Hub in mm	Hubraum in cm³	PS	Bauzeit
Sulmobil	1	64 x 70	451	3,5	1905–1906
6/10 PS	4	68 x 90	1.308	12	1906–1907
8/15 PS	4	76 x 100	1.750	15	1907–1908
10/20 PS	4	85 x 115	2.608	20	1907–1910
6/12 PS	4	70 x 100	1.540	12	1907–1908
6/18 PS	4	75 x 88	1.550	18	1908–1914
5/10 PS	4	60 x 100	1.132	10	1909–1911
10/30 PS	4	85 x 115	2.608	30	1911–1914
13/35 PS	4	97 x 115	3.397	35	1911–1914
8/24 PS	4	80 x 104	2.110	24	1912–1925
5/15 PS	4	70 x 78	1.232	15	1914–1925
2,5-Tonner	4	94 x 130	3.606	54	1914–1924

Unternehmensgeschichtliche Daten: NSU

1873	Gründung durch Christian Schmidt und Heinrich Stoll als Strickmaschinenfabrik in Riedlingen
1880	Verlagerung nach Neckarsulm
1884	Gründung der Neckarsulmer Strickmaschinenfabrik AG am 27. April; Kapital: 140.000 Mark
1886	Beginn des Fahrradbaus (Hochrad „Germania")
1892	Aufgabe der Strickmaschinenproduktion
1897	Ab 24. September Neckarsulmer Fahrradwerke AG; Kapital: 1 Mio. Mark
1900	Beginn der Freilaufbremsnaben-Fertigung
1901	Beginn des Motorradbaus
1905	Beginn des Automobilbaus
1913	Gründung der Neckarsulmer Fahrzeugwerke AG am 10. Februar; Kapital: 3,6 Mio. Mark
1914	1913 und 1914 wurden bei NSU jährlich über 12.000 Fahrräder, 2.500 Motorräder und 400 Automobile gefertigt. Dafür arbeiteten 1.200 Arbeiter und Angestellte in Neckarsulm

Siegreiche NSU Fahrer vor dem Ersten Weltkrieg

"Original Neckarsulmer Motorrad" mit Anhängekorb für Sozia in Ostindien (1904)

Die wichtigsten NSU Motorrad-Typen 1901–1918

Typ	Zylinderzahl	Bohrung x Hub in mm	Hubraum in cm³	PS	Bauzeit
Neckarsulm 1,5 PS	1			1,5	1901–1903
Neckarsulm 2,5 PS	1	75 x 75	329	2,5	1903–1905
Neckarsulm 1,25 PS	1	62 x 70	310	1,25	1907
Neckarsulm 4 PS	1	64 x 75	554	4	1909
Neckarsulm 2,5 PS	2	52 x 74	315	2,5	1909
Neckarsulm 6 PS	2	75 x 90	795	6	1909–1911
NSU 2,5 PS	1	73 x 78	326	2,5	1913
NSU 3,5 PS	2	63 x 80	495	3,5	1913–1921
NSU 6,5 PS	2	75 x 94	830	6,5	1913–1921

A. Gikeleiter, Zementbahn-Meister auf NSU in der Klasse bis 1000 ccm (1910)

Von Krisen und Siegen zwischen den Kriegen (1919–1945)

NSU – das Unternehmen

Nach Kriegsende lebte NSU wie die meisten anderen Fabriken auch von den Restbeständen. Aber schon 1920/21 kamen die ersten neu fabrizierten Fahrzeuge heraus. Gebaut wurden vor allem Fahrräder und Motorräder, hierbei besonders die bewährte Heeresmaschine. Auch auf dem Zubehörsektor begann die Nach-frage zu wachsen, und so sind hier Freilaufnaben produziert worden, alle 30 Sekunden eine.

Zur Feier des 50-jährigen Unternehmensjubiläums, die erst am 12. April 1924 stattfand, konnte man sogar und gerade für die Inflationsjahre auf eine erstaunliche Werksvergrößerung zurückblicken. Die Fabrik bekam nun noch eine eigene Telefonzentrale, Laboratorien und sogar ein eigenes Fotoatelier.

NSU 7/34 PS-Fließbandmontage im Zweigwerk Heilbronn (1928)

Außerdem begann man im gleichen Jahr mit der Errichtung eines Zweigwerks in Heilbronn, das allerdings erst 1927/28 fertiggestellt worden ist. Im Zuge der Konzentrationstendenzen im deutschen Kraftfahrzeugbau vereinigte sich NSU mit der zum Schapiro-Konzern gehörenden Schebera AG, einer in Berlin ansässigen Karosseriebaufirma.

Die neue Bezeichnung lautete ab November 1926: NSU Vereinigte Fahrzeugwerke AG, Neckarsulm. Während hier am Stammsitz des Unternehmens weiterhin produziert wurde, beteiligte sich die bisherige Schebera am Vertrieb und übernahm besonders das Taxigeschäft in Berlin. NSU Wagen waren seinerzeit auf den Straßen der Reichshauptstadt als Mietwagen sehr häufig zu sehen. Als jedoch hier infolge der Gewerbeüberbesetzung die Erträge der einzelnen Droschkenbesitzer immer schmaler wurden und sie ihre Raten an die Fabrik nicht mehr bezahlen konnten, kam NSU 1926 ins Schleudern. Notwendige Sanierungen zogen sich bis 1928 hin und hatten zur Folge, dass der italienische Automobilriese

Fiat das Heilbronner Werk für die Personenwagenproduktion kaufte. Fiat bezog von nun an für einige Zeit Fahrgestelle von NSU, worauf man eigene Karosserien baute. In Neckarsulm wurde damit der Automobilbau eingestellt. Bis 1932 baute Fiat in Heilbronn ausschließlich NSU Automobile und vertrieb sie unter der Bezeichnung NSU Fiat. Diese Markenbezeichnung blieb auch dann noch erhalten, als in Heilbronn nur noch rassereine Italiener wie der Balli-la-Sport sowie die Fiat-Typen 500, 1000 und 1100 vom Band liefen.

Am 1. Januar 1930 wurde Fritz von Falkenhayn, der Sohn des einstigen Generalstabschefs, zum Verkaufsleiter bei NSU, zwei Jahre später zum Vorstandsmitglied und sechs Jahre später zum Vorstandsvorsitzenden der Firma berufen. Er begann, eine schlagkräftige Verkaufsorganisation aufzubauen. Wie von DKW mit großem Erfolg vorgeführt, hatte nun auch NSU regelrechte Mechanikerkurse anzubieten. Eine Kundendienstzentrale wurde eingerichtet, und eine Ausstellungshalle bot immer das komplette Programm zum Anschauen.

Ausstellungshalle mit kompletter Produktpalette (1923)

Eine 1929 gegründete Verkaufsgemeinschaft mit den Wanderer Werken in Chemnitz kam allerdings kaum mehr zum Tragen, da die Sachsen kurz darauf ihren gesamten Motorradbau aufgaben. Ein neuer Anlauf in diese Richtung – Abstimmung und Vereinigung von Fertigung und Verkauf mit der Deutschen Industriewerke AG in Berlin (D-Rad) – führte (1932) vorübergehend zur Firmierung NSU D-Rad-Vereinigte Fahrzeugwerke AG Neckarsulm. 1936 übernahm NSU von Opel dessen gesamte Fahrradfertigung. Kurz darauf gab es jedoch keine D-Räder mehr, und so verschwand dieser Zusatz auch bald wieder aus dem NSU Namen (1938).

Ernst Islinger auf einer NSU 8 PS gewinnt den „Großen Motorrad-Wanderpreis von Deutschland" (1923)

Motorräder

Die erste Neukonstruktion nach dem Krieg kam 1921 heraus und war offensichtlich dem Geist der Zeit verpflichtet: Der Einzylindermotor mit 350 ccm Hubraum leistete 3 PS, die mittels Riemen auf das Hinterrad übertragen wurden – billig und nicht besonders gut.

Drei Jahre später feierte der vor dem Krieg schon bei NSU gebräuchliche Kettenantrieb seine Auferstehung. Jetzt gab es auch eine neue Vordergabel mit Parallelogrammfederung und Stoßdämpfern. Ab 1927 waren bei den NSU Motorrädern Motor- und Dreiganggetriebe zu einem Block vereint, worin außerdem die Primärübertragung, Magnetantrieb und Ölpumpe Aufnahme fanden.

Darauf konnte wahlweise, mit gleichen Anschlussmaßen, ein seitengesteuerter Tourenmodell- oder ein kopfgesteuerter Sportmodellzylinder gesetzt werden. Als 1928 Motoren bis 200 ccm steuerfrei wurden, kam ein entsprechendes Modell (NSU 201 R) hinzu, und eine 300er-Maschine (NSU 301 T) wurde noch in das Modellprogramm hineingeschoben. 1930 brachte man dann den ersten Zweitaktmotor mit 175 ccm heraus (NSU 175 Z).

Dem steigenden Motorradboom war eine nagelneue Einfahrbahn hinter der Fabrik zu verdanken, die mit 1.670 m Länge und 5 m Breite zum Modernsten gehörte, was in Deutschland auf diesem Gebiet vorhanden war. Sie wurde 1929 eröffnet.

1929 trat ein neuer Chefkonstrukteur bei NSU seinen Dienst an, der Engländer Walter William Moore. Er hatte vorher bei Norton gewirkt und dort den später

Motosulm, das erste Motorfahrrad in Großserie (1931)

zur Legende gewordenen Königswellenmotor konzipiert. Seine Handschrift trugen bei NSU außer den Sportmodellen die OSL-Typenreihe mit 200er-, 250er-, 350er-, 500er- und 600er-Motoren, die die Palette bis in die 30er Jahre hinein beherrschte. Außerdem bemühte sich Neckarsulm seit dem Ende der 20er Jahre, in den Sektor preiswerter Alltagsfahrzeuge einzudringen. Das hatte mit der NSU 201 R begonnen und setzte sich 1931 mit der Motosulm fort.

Es handelte sich dabei um ein Motorfahrrad mit 1,2-PS-Zweitaktmotor über dem Vorderrad, das immerhin 35 km/h erreichte. Anfang der 30er Jahre folgten dann die so genannten ZDB-Modelle, allesamt mit fertigungsgünstigem Zweitaktmotor ausgestattet.

1936 stand schließlich auf dem NSU Stand der Internationalen Automobil- und Motorradausstellung in Berlin ein 100-ccm-Motorrad mit Fahrradtretkurbeln in Herren- und Damenausstattung. Seine Modellbezeichnung lautete nach dem spontanen Vorschlag einer Berlinerin Quick. Es kostete 290 Reichsmark und verbrauchte knapp zwei Liter Kraftstoff auf 100 km. Das Motorfahrrad wurde ein Knüller: Über 1/4 Mio. Exemplare sind bei NSU davon gebaut worden!

Die wichtigsten NSU Motorrad-Typen 1919–1945

Typ	Zylinderzahl	Bohrung x Hub in mm	Hubraum in cm³	PS	Bauzeit
NSU 4 PS	2	63 x 80	495	4	1920–1925
NSU 8 PS	2	80 x 99	995	12	1924–1927
NSU 251 R	1	63 x 80	248	6	1924–1928
NSU 502 T	2	80 x 99	498	10	1924–1927
NSU 251 T/S	1	60 x 80	249	6	1928–1931
NSU 501 S	1	80 x 99	497	20	1928–1930
NSU 201 R/T	1	56,5 x 80	199	4,5	1928–1930
NSU 301 T	1	66 x 88	298	7	1929–1930
NSU 351 TS	1	71 x 88	346	8	1930–1932
NSU 175 Z/ZD	1	59 x 64	174	4,5	1930–1933
NSU 201 Z	1	63 x 64	198	5	1930–1932
NSU 251 Z	1	70 x 64	244	5,5	1930–1933
NSU 501 SS	1	80 x 99	494	30	1930–1935
NSU 601 SS	1	87,5 x 99	592	38	1930–1935
NSU 501 TS	1	80 x 99	494	12,5	1930–1936
NSU 601 TS	1	87,5 x 99	592	16	1930–1939
NSU Motosulm	1	45 x 40	63	1,25	1931–1935
NSU 251 OSL	1	64 x 75	242	10,5	1933–1952
NSU 201 OSL	1	58 x 75	198	8,5	1933–1939
NSU 201 ZDB Pony	1	63 x 64	198	6,5	1934–1940
NSU 351 OSL	1	71 x 88	346	18	1932–1940
NSU 501 OSL	1	80 x 99	494	22	1935–1939
NSU Quick	1	49 x 52	98	3	1936–1953
NSU 351 OT	1	75 x 75	331	12,5	1936–1939
NSU 601 OSL	1	85 x 99	562	24	1937–1940
NSU 125 ZDB	1	52 x 58	123	4,5	1941–1951

Automobile

Auf der Berliner Automobilausstellung 1921 wurde all das gezeigt, was jahrelang während des Krieges im Versteck gehalten werden musste.

Die kühnsten Gedanken hatten Niederschlag gefunden in unkonventionell gestalteten Karosserien wie dem Tropfenwagen von Edmund Rumpler. Auch konstruktives Neuland war beschritten worden, z. B. mit der Linkslenkung bei Audi. Aber die meisten Autos hatten noch ihr Vorkriegsgesicht mit dem Spitzkühler. So auch die drei NSU Modelle, die zusätzlich mit einer Elektroanlage für Licht und Anlasser ausgestattet waren und an die Vorkriegsbaumuster anschlossen: 5/15 PS, 8/24 PS und 14/40 PS. Letzterer wurde bald durch einen 5/30 PS abgelöst.

NSU 7/34 PS (1929)

Alle Wagen besaßen einen Vierzylindermotor. Außerdem zeigte man jedoch auch einen Lastkraftwagen mit 2,5 t Nutzlast, der aber bald wieder aus dem Proktionsprogramm verschwand.

Die Luxusausführung des NSU Modells 5/15 PS hieß Taube und war mit einer so genannten Aufsatzlimousinenkarosserie ausgestattet. Das heißt, man konnte das Oberteil des Aufbaus abnehmen und den Wagen damit in ein Phaeton verwandeln. Offensichtlich hat man aber in Neckarsulm zu sehr und zu lange auf das Motorrad gesetzt, denn das Nachfolgemodell für die o. g. Wagen kam erst 1928! Bis dahin glaubte man, von der Vorkriegssubstanz zehren zu können. Es handelte sich um einen 6/30-PS-Wagen mit Sechszylindermotor und Dreiganggetriebe. Damit wollte NSU auch in das Taxigeschäft einsteigen. Im gleichen Jahr kam noch eine aufgebohrte 1,8-Liter-Variante als 7/34-PS-Wagen hinzu. Freilich nützte es nichts mehr. Obwohl die Typen zunächst unverändert in Fiat-Regie weitergefertigt worden sind, war Ende 1928 für viele Jahre Schluss mit dem Bau von NSU Automobilen.

Ein Intermezzo soll dabei jedoch nicht vergessen werden: 1933 beauftragte Dr. h. c. Ferdinand Porsche NSU mit dem Bau eines Volkswagen Prototypen nach seinen Entwürfen. Daraus entstand der Porsche Typ 32, der den späteren Volkswagen schon ahnen ließ. Ende 1933 waren die ersten drei Prototypen bei NSU fertig gestellt und gingen auf Probefahrt. Bei dem Motor handelte es sich um einen 1,5-Liter-Vierzylinder-Boxermotor, der im Heck angeordnet war und 30 PS leistete. Das Fahrzeug erreichte eine Höchstgeschwindigkeit von 115 km/h.

W. Glöckler auf einem 5/15-PS-Rennwagen (1923)

Der von Ferdinand Porsche bei NSU in Auftrag gegebene Volkswagen Prototyp (1933)

NSU 5/25 PS (1928)

Wartberg-Rennen (1914)

Der Sport

Natürlich beteiligten sich zahlreiche Privatfahrer nach Kriegsende an den nun wieder ausgeschriebenen Sportveranstaltungen. Den ersten sportlichen Nachkriegsruhm für NSU sammelten indes die Automobile. Beim Avus Eröffnungsrennen 1921 siegte ein NSU 8/24 PS in seiner Klasse. Die schon vom Motorradsport her bekannten Fahrer Klöble und Kist erzielten gleichzeitig die zweitbeste Zeit des Tages. Während es sich bei dem von ihnen benutzten Zweisitzer um ein nur geringfügig modifiziertes Serienauto handelte, fuhren die NSU Leute zwei Jahre später ein schwereres Geschütz auf.

1923 kam auf der gleichen Rennstrecke ein aus dem serienmäßigen 5/15 PS abgeleiteter 1,3-Liter-Wagen (1.230 ccm, 50 PS) zum Zuge, dem durch einen Kompressor zusätzlich Leben eingehaucht wurde. Drei solcher Wagen belegten in der Kleinautokategorie Platz 1 bis 3! Der Wagen konnte als kompressorloser Sportzweisitzer mit 30 PS von jedermann käuflich erworben werden, und die Nachfrage war erstaunlich groß. Übrigens gelang es den Neckarsulmern, den Erfolg im Jahre darauf zu wiederholen. Inzwischen saß man zwischen Neckar und Sulm schon wieder am Reißbrett an einer Neuerung. Zunächst für den Sporteinsatz und erst später auch für die Serie gedacht, entwickelte man einen Sechszylinder, der für Bahnrennen einen Kompressor bekommen sollte und damit 60 PS leistete. Mit dem Prototyp ging zum überhaupt ersten „Großen Preis von Deutschland für

1919–1945

Sportwagen" 1925 ein später auf Wanderer und Auto Union Sportwagen sehr bekannt gewordener Sportler an den Start: August Momberger.

Er war damals Praktikant bei NSU und gewann das Rennen. Die Sensation war perfekt. NSU hatte die gesamte Elite mit klangvollen Namen wie Mercedes und Bugatti auf die Plätze verwiesen. Im Jahr darauf war erneut ein Vierfachsieg in der 1,5-Liter-Klasse fällig. Die Fahrer waren Georg Klöble, Josef Müller, Ernst Islinger und Jakob Scholl. Sie erreichten Spitzengeschwindigkeiten von über 175 km/h. Nachdem aus diesem Auto Jahre später ein Serienwagen geworden war, erregte es auch durch eine bemerkenswerte Dauerleistung Aufsehen. Ende 1928 legte es während einer 18 Tage langen, ununterbrochenen Tag- und Nachtfahrt auf dem Nürburgring 20.000 km pannenfrei zurück. Auf der ADAC-Langstreckenfahrt des Jahres 1930 errang das NSU Team mit dem gleichen Wagen die große goldene Medaille.

Da die Automobilproduktion eingestellt wurde, ist später von Automobilerfolgen im Motorsport leider keine Rede mehr gewesen. Werkseitig hat sich NSU bei Motorradrennen erst wieder beteiligt, nachdem der Engländer Walter William Moore einen der besten englischen Rennfahrer, Tom Bullus, mit nach Deutschland gebracht hatte. Gleichzeitig war von Moore eine neue 500er-Supersportmaschine entwickelt worden. Am 29. Juni 1930 gewann Bullus damit den Großen Preis für Motorräder auf dem Nürburgring – der Bann war gebrochen. Von nun an war NSU in dieser Klasse eine Macht, die unschlagbar schien. Bullus gewann nach seinem ersten Triumph mit der gleichen Maschine das Solitude-Rennen, das

Klöble/Kist Klassensieger auf einem 8/24-PS-Rennwagen beim Eröffnungsrennen auf der Avus (1921)

Die wichtigsten NSU Automobil-Typen 1919–1945

Typ	Zylinderzahl	Bohrung x Hub in mm	Hubraum in cm³	PS	Bauzeit
14/40 PS	4	94 x 130	3606	54	1921–1925
5/25 PS	4	68 x 90	1307	25	1924–1928
6/30 PS	6	60,8 x 99	1567	30	1928–1930
7/34 PS	6	62 x 99	1781	34	1928–1931

Eifelrennen, das Bergrennen am Klausenpass, den Großen Bergpreis von Deutschland, das Gaisbergrennen bei Salzburg und den Großen Preis der Nationen in Monza.

Er wurde damit zu einem der erfolgreichsten Rennfahrer überhaupt. Auch bei Zuverlässigkeits- und Geländefahrten bewährte sich die entsprechend modifizierte Maschine bestens. Der Königswellenmotor und die durch klug gewählte Schwerpunktsetzung hervorragende Straßenlage machten aus der SS 500 ein Siegesmotorrad, gleichgültig, wo es an den Start ging. 1937 ist die Maschine erstmals grundlegend überarbeitet worden, mit dem Erfolg, dass Heiner Fleischmann auf einer derart hergerichteten 350er NSU, die 36 PS abgab, in diesem Jahr Deutscher Meister seiner Klasse wurde. Im Folgejahr wollte man den neuen, vom nunmehrigen Chefkonstrukteur Albert Roder geschaffenen – Moore hatte das Werk im gleichen Jahr verlassen – Kompressormotor in der Gespannklasse einsetzen. Das Vorhaben zerschlug sich, weil im gleichen Jahr die Seitenwagenrennen infolge mehrerer schwerer Stürze nicht mehr ausgetragen wurden. Nun machte Roder aus seinem Ansatz eine Kompressor-Twin für die 350er-Klasse. Der 2-OHC-Motor brachte auf Anhieb 44 PS! Der Krieg hat hier dann jede weitere Entwicklungsarbeit zum Erliegen gebracht.

NSU Sechszylinder-Kompressor-Rennwagen: 1925 Gesamtsieger des ersten „Grand Prix von Deutschland"; 1926 Vierfachsieger auf der Avus in der 1.500-ccm-Klasse

1919–1945

Scholl, Islinger, Klöble, Müller (von links) 1926

Ketten-Reaktion

Die Marke NSU wurde in den Folgejahren vor allem mit dem Kettenkrad verbunden, das ab 1940 für vielseitige Zugmaschinenzwecke, vorrangig natürlich bei der Wehrmacht, in Neckarsulm gefertigt wurde. Es wurde von dem 36 PS starken 1,5-Liter-Opel-Olympiamotor angetrieben und besaß eine geradezu verblüffende Wendigkeit. Sein Wendekreis betrug 3 m! Das lag vor allem daran, dass die Gleiskettenbremse zum Dirigieren verwendet werden konnte. Die Steigfähigkeit betrug ohne Anhänger 45 Grad, die Watfähigkeit 440 mm. Auf ebener Straße war das Kettenkrad bis zu 80 km/h schnell! Da es nur 100 cm breit war, konnte es auch enge Passagen durchfahren. Knapp 8.000 Stück wurden von diesem Vielzweckgerät bei NSU produziert.

Unternehmensgeschichtliche Daten: NSU 1918–1945

1926	Im November Zusammenschluss mit der Schebera AG zur NSU Vereinigte Fahrzeugwerke AG; Kapital: 12,5 Mio. RM
1928	Aufgabe der Automobilproduktion
1932	Am 3. September Gründung der NSU D-Rad Vereinigte Fahrzeugwerke AG
1938	Am 8. Juni NSU Werke AG; Kapital: 3,6 Mio. RM. Die Stückzahlen an Fahr- und Motorrädern erreichten in der zweiten Hälfte der 20er Jahre etwa 20.000 p. a. Rund 4.000 Beschäftigte wirkten in der Zeit bei NSU
1938	Rund 3.000 Mitarbeiter fertigten 63.000 Motorräder und 136.000 Fahrräder.

Vom Zweitakt-Motorrad zum Wankel-Automobil (1945–1969)

Das Unternehmen

Die Nachkriegsjahre verliefen auch bei NSU so wie in den meisten Industrieunternehmen in Deutschland: Beseitigung von Schutt und Trümmern, Produktionsanlauf mit Vorkriegstypen in geringen Stückzahlen, nach der Währungsreform Aufschwung zur Befriedigung des angestauten Nachholbedarfs. In ganz besonderer Weise war davon alles betroffen, was der Mobilität diente und in den so knappen Anfangsjahren bezahlbar war – Fahrräder, Motorräder, Motorroller und Automobile, insbesondere Kleinwagen.

Bei NSU begann die Nachkriegsfertigung mit dem Motorfahrrad Quick, der 125 ZDB und der 251 OSL. Die Fertigungszahlen schnellten in die Höhe. Ab dem 1. Juli 1946 dirigierte Walter Niegtsch als Vorstandsvorsitzender die Geschicke des Unternehmens. Er veranlasste nicht nur einen raschen Ausbau der Motorradfertigung, sondern bestätigte auch den Drang des Chefkonstrukteurs Albert Roder zu Neukonstruktionen. Niegtsch sorgte schon sehr früh für die Wiederbelebung des Exportgeschäfts und hat alles in allem den Grundstein für das NSU Wachstum nach dem Krieg gelegt.

Nach seinem Tod 1951, trat als Nachfolger Gerd Stieler von Heydekampf an seine Stelle. Der expansive Kurs wurde beibehalten. 1954 sind in Neckarsulm 250 Fahrräder, 350 Roller und Motorräder sowie 1.000 Quicklys pro Tag gefertigt worden. Im Jahr darauf erlebte das Unternehmen mit einer Produktion von rund 50.000 Fahrrädern und 300.000 motorisierten Zweirädern seinen absoluten Höhepunkt. NSU war die größte Motorradfabrik der Welt. Deutschlands meistgekaufte Motorradmarke war NSU. Dennoch kamen auch die ruhm- und ertragreichen Neckarsulmer nicht um die Erkenntnis herum, dass der Zweiradboom zu Ende ging und daher dringend etwas unternommen werden musste, um den Umsatz nicht wegbrechen zu lassen. Nächstliegender Ausweg war die erneute

1945–1969

Produktionsaufnahme von NSU Automobilen – logisch! Allerdings hatte man Schwierigkeiten, dem Fiat Konzern die entsprechende Zustimmung zu entlocken. Seinerzeit, im Jahr 1929, hatten sich die Neckarsulmer ja vertraglich dazu verpflichtet, niemals wieder Autos unter der Marke NSU anzubieten, um die den Italienern gehörende und in Heilbronn ansässige Automobilfabrik nicht zu gefährden. Die vertrieb ihre Produkte immer noch unter den Markennamen NSU/Fiat sowie Neckar, vormals NSU Heilbronn. Erst 1966 wurden diese Markennamen nach langem Rechtsstreit von Fiat fallen gelassen. Von da an wurde nur noch der Name Neckar verwendet, ab 1968 nur noch Fiat.

Die Wiederaufnahme des NSU Automobilbaus fiel auf das Jahr 1957. Im gleichen Jahr erlebten die Neckarsulmer einen weiteren Schritt zur langfristigen Zukunftssicherung: Am 1. Februar 1957 zündete zum ersten Mal ein Drehkolbenmotor Bauart Wankel auf dem NSU Prüfstand und lief!

Seit 1953 hatte man gemeinsam mit Felix Wankel die Idee des Rotationskolbenmotors verfolgt, dessen Vervollkommnung Wankel im Jahr darauf mit einem entscheidenden Schritt gelang, als er die Dreikammerbauweise fand, die ohne Ventile betreibbar war. 1958 entwickelten NSU Ingenieure die effektivere Form des Kreiskolbenmotors. Intensität, Umfang und Kosten der Entwicklungsarbeit stiegen, und Resultate waren noch in weiter Ferne.

Ab 1960 firmierte das Unternehmen als NSU Motorenwerke AG Neckarsulm. 1963 stand auf der Internationalen Automobilausstellung der NSU/Wankel Spider. Er war das erste serienmäßige Auto mit Kreiskolbenmotor überhaupt. 1966 lief das letzte NSU Zweirad – eine Quick 50 – vom Band, nachdem von Gründung des Unternehmens an 1,75 Mio. Fahrräder und 2,3 Mio. motorisierte Zweiräder das Werk in Neckarsulm verlassen hatten. Die Motorradfertigung wurde eingestellt. Die Produktionsanlagen für die Fahrräder waren schon 1963 verkauft worden.

Werbeplakat von 1952

RO 80

Im Frühjahr 1969 schlugen in Neckarsulm die Wogen hoch. Zuerst waren es nur Gerüchte, dann eine Bildzeitungs-Schlagzeile, schließlich Gewissheit: Der Riese VW würde den Zwerg NSU schlucken. Dabei waren die NSU Nachrichten verheißungsvoller denn je: Fünfhundertneunzig Autos pro Tag reichten nicht, um den Bedarf ohne Lieferfristen zu decken. Der Umsatz war im Vergleich zum Vorjahr um 23 Prozent gestiegen, der RO 80 bestätigte Neckarsulmer Pioniergeist und verkaufte sich gut, die Wankelidee listete immer mehr Lizenznehmer auf. Freilich, die bisherigen NSU Prinz Automobile mussten durch einen größeren Mittelklassewagen, den späteren K 70, ergänzt werden, der RO 80 machte Bekanntschaft mit Negativ-Schlagzeilen und bedurfte weiterer intensiver Feinarbeit, eine Erweiterung der Typenzahl schien unumgänglich. Dafür fehlte jedoch Kapital in beträchtlicher Größenordnung. Bereits 1965 hatte der NSU Hauptaktionär, die Dresdner Bank, den Vorstandsvorsitzenden zur Suche nach einem größeren Partner angeregt. Nach Sondierungen bei Ford und Fiat bot sich VW an. Das NSU Kapital wurde durch die Wolfsburger von 87 auf 215 Mio. DM aufgestockt und gleichzeitig die Fusion mit der 100-prozentigen Tochter Auto Union GmbH in Ingolstadt beschlossen. Mit dem Zungenbrecher-Namen Audi NSU Auto Union AG etablierte sich das neue Unternehmen mit Sitz in Neckarsulm. Dort wurde man über den Gang der Dinge doch noch recht froh, als sich der RO 80-Umsatz angesichts ungelöster Probleme stark rückläufig entwickelte, Enttäuschungen über das Kreiskolbenkonzept sich international breit machten und schließlich der K 70 als VW Produkt auf den Markt gebracht wurde.

Max und Maxi (1956)

Endmontage des NSU Prima Autorollers (1957)

1945–1969

Die Produkte: Motorräder

1949 brachte NSU seine erste Nachkriegskonstruktion heraus, die NSU Fox mit kopfgesteuertem 100-ccm-Viertaktmotor, der erstaunliche 5,2 PS leistete. Zur Frankfurter Messe 1950 ist erstmals der Lambretta Roller mit NSU Motor gezeigt worden. Es handelte sich um eine italienische Lizenznahme, die in Neckarsulm noch etwas verbessert und vor allem nutzerfreundlicher gestaltet worden war. Angetrieben wurde das ab 1951 auch als Autoroller bezeichnete Zweirad durch einen 125-ccm-NSU-Zweitaktmotor mit 4,5 PS, der seine Kraft mittels Kardanwelle zum Hinterrad abgab. Es war einer der ersten Motorroller in Deutschland. Er wurde, mehrfach verbessert und weiterentwickelt, in knapp 120.000 Exemplaren bis 1956 gebaut, wo er durch das Nachfolgemodell Prima abgelöst worden ist.

1951 kam die 200er NSU Lux mit Zweitaktmotor neu heraus. Das Typen- und Modellangebot ist durch die zwei Varianten der Konsul I mit 350er- und der Konsul II mit 500er-Viertaktmotor ergänzt worden. 1952 lief mit der NSU 251 OSL die letzte Vorkriegskonstruktion vom Band. Im gleichen Jahr erschien die Max, die weit über das Unternehmen hinaus Motorradgeschichte gemacht hat. Wieder war es ein kopfgesteuerter Viertakter, aber Albert Roder hatte auf die kostspielige Königswelle verzichtet und dafür speziell eine besondere Schubstangensteuerung entwickelt. Das System wurde als Ultramax-Steuerung bekannt. Bevor sich die angesaugte Luft mit dem Benzin zum Kraftstoff-Luft-Gemisch vereinen konnte, hatte sie bei der Max einen extrem langen Weg zurückzulegen, wobei sie Wirbel abbaute.

Lambretta Motorroller auf der Frankfurter Messe (1950)

Das System der beruhigten Luft war nicht neu, aber bei Motorrädern bisher nicht üblich. NSU hat damit für die Zweiräder neue Maßstäbe im Hinblick auf die Geräuschdämpfung gesetzt. 1953 erschien schließlich als Quick-Nachfolger die kleinere Ausgabe Quickly mit 50-ccm-Motor und natürlich Tretkurbeln als steuer-, zulassungs- und führerscheinfreies Leichtgewicht von 33 kg.

„Nicht mehr laufen, Quickly kaufen" kennzeichnete als Werbeslogan das NSU Bemühen, neue Kunden vor allem unter den Fußgängern zu suchen. Mitte der 50er Jahre bekam das leistungs- und komfortgesteigerte NSU Motorradprogramm mit dem Begriff Super eine neue Bezeichnung. Es gab die Super Fox, die Super Lux und die Super Max. Ab 1954 wurden viele NSU Modelle zweifarbig angeboten. Freilich – der Rückgang des Motorradgeschäfts war unaufhaltsam. Daran änderte auch die sehr erfreuliche Tatsache nichts, dass 1959 die Millionste Quickly fertiggestellt wurde und dieses Moped in Deutschland inzwischen zur Nummer eins avanciert war. 1962 erschien die letzte Neukonstruktion von NSU auf dem Zweiradsektor, die NSU Quick 50. Es handelte sich um ein 50er-Motorrad mit 4,3-PS-Zweitaktmotor. Damit ging vier Jahre später die Motorradfertigung in Neckarsulm zu Ende.

Quickly-Exporte in die ganze Welt (1955)

Quickly – Bestandteil des Wirtschaftswunders (1953)

Die wichtigsten NSU Motorrad-Typen 1945–1969

Typ	Zylinderzahl	Bohrung x Hub in mm	Hubraum in cm³	PS	Bauzeit
NSU Fox 4 Takt	1	50 x 50	98	5,2	1949–1954
NSU Fox 2 Takt	1	52 x 58	123	5,4	1951–1954
NSU Lambretta	1	52 x 58	123	4,5	1950–1956
NSU Lux/Super Lux	1	62 x 66	198	8,6	1951–1956
NSU Konsul I	1	75 x 79	349	18	1951–1953
NSU Konsul II	1	80 x 99	498	22	1951–1954
NSU Max/Super Max	1	69 x 66	247	17	1952–1963
NSU Quickly	1	40 x 39	49	1,4	1953–1966
NSU Super Fox	1	52 x 58	123	8,8	1955–1957
NSU Prima	1	57 x 58	146	6,2	1956–1960
NSU Maxi	1	62 x 58	174	12,5	1957–1964

Automobile

Den Übergang zum „Dach über dem Kopf" ging NSU relativ spät an, erklärbar durch die gerade bei dem Neckarsulmer Unternehmen ganz besonders ausge-

Der NSU/Wankel Spider, das erste Serienauto der Welt mit Kreiskolbenmotor

NSU Prinz 4 – Transportzug nach Italien (1968)

prägte Hochkonjunktur bei motorisierten Zweirädern. Ursprünglich hatte man auch ein besonders motorradnahes Fahrzeug im Sinn; ein dreirädriger Kabinenroller mit Triebsatzschwinge sollte komfortbewussteren Motorradfahrern angeboten werden. Bald siegte jedoch die Einsicht, dass ein richtiges Auto auch auf vier Rädern stehen müsse. Angetrieben wurde es durch einen 600er-Viertaktmotor mit 20 PS im Heck, für den der neue Maxmotor mit seiner Schubstangensteuerung Pate gestanden hatte. Immerhin beschleunigte er das Leichtgewicht auf 105 km/h! Die Heckmotormode bedingte einen vorderen Kofferraum.

Der Wagen, der den Namen Prinz erhielt, war in drei Varianten mit unterschiedlichen Ausstattungen und Motoren käuflich zu erwerben. 1963 stand auf der IAA in Frankfurt am Main das erste Serienauto der Welt mit Kreiskolbenmotor, der NSU/Wankel Spider. Äußerlich sah er aus wie der seit einigen Jahren hergestellte Sport-Prinz, aber unter der Heckhaube wirkte ein 50-PS-Wankelmotor, der das Auto 150 km/h schnell machte! Bereits 1961 war der NSU Prinz 4 vorgestellt worden. Er besaß eine völlig neue Karosserie, die dem Zeitgeschmack besser als die bisherigen recht rundlichen Aufbauten entsprach. Der luftgekühlte, oben gesteuerte 30-PS-Motor war nach wie vor im Heck angeordnet. Der Wagen kam sehr gut an, 1963 waren bereits ca. 74.000 Stück davon verkauft.

Als im Folgejahr der NSU Prinz 1000 L vorgestellt wurde, zeigten sich Händler und Techniker recht optimistisch. Der Wagen sollte in seiner Spritzigkeit und Dynamik höheren Ansprüchen gerecht werden. Dies lag vor allem am neuen 43-PS-Motor, der nun im Heck quer liegend angeordnet, jedoch immer noch luftgekühlt war. 1965 zogen auf dem NSU Stand der Frankfurter Ausstellung zwei neue Typen die Blicke auf sich. Einmal handelte es sich um den NSU Typ 110 mit 1.100er-Motor und größerer Karosserie als teureres und größeres Modell. Der andere Wagen war der NSU Prinz 1000 TT mit 55 PS als sportliche Variante des Prinz 1000.

Nachfolger wurde 1967 der NSU TT mit 1.200er-Motor und 65 PS. Der letzte Neue dieser Reihe war der NSU TTS mit 1.000er-Motor und 70 PS Leistung (1967). 1967 schließlich war der NSU Stand der Magnet der gesamten Ausstellung. Der RO 80 mit Kreiskolbenmotor erregte die Gemüter nicht nur wegen des 115-PS-Wankelmotors, sondern auch wegen seiner weiteren Neuerungen, die äußerlich vor allem in der aerodynamisch günstigen Karosserieform sichtbar wurden. Der mit einem aufwendigen Fahrwerk versehene, völlig neu konstruierte Wagen besaß Frontantrieb und kennzeichnete damit auch bei NSU die Abkehr von der viel weniger günstigen Heckmotorbauweise.

1968 wurde der RO 80 mit der Auszeichnung „Auto des Jahres" gewürdigt. Tatsächlich war dies ein großer Erfolg der NSU Techniker. Sie schrieben mit diesem Wagen Automobilgeschichte, gewiss nicht zum ersten, jedoch nun zum letzten Mal.

NSU 1000 C (1967–1972)

Motorsport

Als im Sommer 1947 wieder die ersten Rennmaschinen über die traditionsreichen Pisten brummten, waren darunter natürlich auch solche der Marke NSU. Wilhelm Herz hatte sich eine 350er mit Kompressor zusammengebastelt, mit der er 1948 Deutscher Meister wurde. Ende dieses Jahres fasste die NSU Direktion schließlich den Entschluss, sich werkseitig wieder an Rennen zu beteiligen. Die Mannschaft bestand aus Wilhelm Herz in der 350er - Klasse, Heiner Fleischmann bei der 500er und Böhm/Fuchs bei den Seitenwagen bis 600 ccm. 1950 wurde die letzte Kompressorsaison- und für NSU zu

1945–1969

Der NSU RO 80 war in der Formgebung seiner Zeit voraus

Geschwindigkeitsweltrekordmaschinen Baumm II, Delphin III, mit H. P. Müller und Wilhelm Herz (1956)

einem erneuten Nachkriegstriumph. Böhm/Fuchs gewannen den Titel des Deutschen Meisters in ihrer Seitenwagenklasse, Heiner Fleischmann kam in der 350er-Klasse zu Meisterehren.

Am 12. April 1951 starteten NSU Maschinen zu ersten Rekordfahrten nach dem Krieg. Wilhelm Herz schaffte auf einer verkleideten 500er tatsächlich 290 km/h und eroberte damit für die Neckarsulmer den 14 Jahre alten Rekord von Henne, den dieser mit 279,5 km/h aufgestellt hatte. Böhm tat es ihm gleich! Insgesamt bestand die Ausbeute aus acht Weltrekorden. Animiert durch den Verkaufserfolg der Fox beschloss man, auch in dieser kleinen Klasse in Zukunft Rennen zu fahren. Der OHC-Motor drehte bis 11.000 Umdrehungen und leistete dabei 11 PS.

Den größten Anfangserfolg brachte dafür der 20. Juli 1952. Auf der Solitude wurde der erste nach dem Krieg an Deutschland vergebene Weltmeisterschaftslauf ausgetragen, und zum ersten Mal stand mit der neuen 125er NSU Rennfox Werner Haas am Start. Er fuhr der gesamten Weltelite davon und siegte nach eindrucksvoller Fahrt.

1952 kam die Rennmax heraus, die aus der Serienmaschine entwickelt worden war. Der Parallel-Zweizylindermotor hatte zwei oben liegende Nockenwellen, die durch zwei Königswellen angetrieben wurden. Auch diese Renner waren auf Anhieb ein Erfolg! Haas siegte 1952 auf dem Grenzlandring und fuhr als Doppelstarter mit der 250er NSU Rennmax sogar den Konkurrenten in der 350er-Klasse davon. Für das Jahr 1953 beschloss NSU die Beteiligung an der Weltmeisterschaft. Werner Haas schaffte es dabei sogar in beiden Klassen, der 125er und 250er, an der Spitze zu liegen und die Saison als Doppelweltmeister zu beenden. In den gleichen Klassen errang er auch den deutschen Meisterschaftstitel.

1954 stießen neue Leute zur NSU Werksmannschaft. An der Spitze zu nennen war H. P. Müller, mit Beinamen „der Renntiger" genannt, der sich in den vergangenen Jahren als DKW Werksfahrer und danach kurze Zeit als Privatfahrer betätigt hatte. Hans Baltisberger und Rupert Hollaus ergänzten das Team mit Werner Haas an der Spitze. Fox und Max hatten eine neue Verkleidung bekommen. Nach ihrem äußeren Erscheinungsbild bezeichnete man die Maschinen

205

auch gerne als „Delphine". Die Motoren leisteten nun knapp 18 PS (Rennfox) und 39 PS (Rennmax). Zum größten Erfolg dieses Jahres geriet der Sieg bei der englischen Tourist-Trophy (TT). In der 125er-Klasse gewann Hollaus vor dem Italiener Ubbiali, und bei den 250em gab es gar einen 1-2-3-4-Sieg für die Neckarsulmer mit Haas, Hollaus, Armstrong und Müller. Wiederum sichtbar äußerlich verändert kamen die NSU Maschinen im Juli 1954 auf die Pisten. Die Verkleidung war nun ohne die Delphinschnauze nach vorn stärker ausgebuchtet. Wegen der Löcher für die Bremsbelüftung glichen die Maschinen eher den Walen, und so sind sie auf den Pisten dann auch als „Blauwale von NSU" bezeichnet worden. Wieder gewann NSU die Weltmeisterschaft in der 125-ccm und der 250-ccm-Klasse, aber zum ersten Mal mussten die ruhmreichen Neckarsulmer durch den Verlust des Spitzenfahrers Rupert Hollaus einen empfindlichen Rückschlag hinnehmen. Er stürzte in Monza tödlich. Die Bilanz war dennoch einmalig: 24-mal waren die NSU Renner in diesem Jahr am Start gewesen und stellten ebenso oft den Sieger! In den beiden vorausgegangenen Jahren hatte NSU in den beiden kleinen Klassen die Weltmeister gestellt, die Markenweltmeisterschaft gewonnen und die Deutsche Meisterschaft errungen. Dennoch war für die Unternehmensleitung das Ende der Fahnenstange erreicht.

Hockenheimring 1949: Lizenzfahrer Otto Strengert auf einer 600er-Königswellen-NSU.

1945–1969

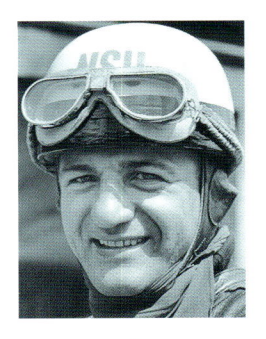

*H. P. Müller,
Weltmeister auf NSU
Sportmax (1955)*

*Schwarzwaldfahrt
mit Kolmar/Gebert
(1953)*

Erst Rücktritt, dann Rekorde

Ende 1954 verkündete das Unternehmen eine Nachricht, die in der Sportwelt wie eine Bombe einschlug: NSU würde künftig keine Rennen mehr fahren, die offizielle Fabrikmannschaft auflösen und sich nur noch darauf beschränken, aussichtsreiche Privatfahrer zu unterstützen. Dennoch war das nicht das Ende der Erfolge. Im Jahr 1955 gelang dem Renntiger H. P. Müller ein einmaliges Meisterstück, als er als erster Privatfahrer den Weltmeistertitel in der 250er-Klasse errang! Wiederum geriet NSU zur gleichen Zeit durch Aufsehen erregende Rekordfahrten in die Schlagzeilen.

Der Graphiker Gustav Adolf Baumm hatte seine Vorstellung von einem besonders strömungsgünstigen Fahrzeug verwirklicht und mit der Hilfe der NSU Techniker den „fliegenden Liegestuhl" geschaffen. Mit einem 50er-Quickly-Motor im Heck, der 3,4 PS leistete, und in einer anderen Variante mit einem 100er-Fox-Motor mit 7 PS an gleicher Stelle gelangen damit im Jahr 1954 elf Weltrekordfahrten! Nachdem 1955 der Neuseeländer Wright auf einer 1000er-Vincent den von Herz gehaltenen Weltrekord zurückerobert hatte, entwickelten die NSU Techniker zum letzten Mal eine alles überragende Rekordmaschine mit einer Vollverkleidung. Auf einem Salzsee bei Bonneville im Staate Utah (USA) sind im Juli und August 1956 mit dieser 500er-Maschine von Wilhelm Herz 339 km/h erzielt worden. H. P. Müller fuhr auf einem Baumm-Liegestuhl mit einem 50er Motor 196 km/h und mit einem 125er-Motor 242 km/h.

Damit war NSU im Besitz aller für Zweiradfahrzeuge möglichen Weltrekorde. Nach einem halben Jahrzehnt der Abstinenz beschloss man 1960 in der NSU Vorstandsetage, sich künftig im Automobilrennsport wieder stärker in den Vordergrund zu schieben. Zwar ging es nicht um die erneute Etablierung einer Werksmannschaft, aber man wollte künftig Privatfahrern im Tourenwagensport kräftiger unter die Arme greifen.

So wurde ein NSU Pokal ausgeschrieben, den der jeweils erfolgreichste NSU Sportfahrer erhielt. Ganz besondere Triumphe erzielten die kleinen Heckmotorwagen bei Bergrennen. 1962 wurde beispielsweise Karl-Heinz Panowitz Deutscher Meister aller Klassen in der Bergmeisterschaft und distanzierte dabei erheblich hubraumstärkere Konkurrenten.

Im Jahr darauf errangen Behra/Behra den Klassensieg bei der Rallye Monte Carlo. Siegfried Spieß gewann wiederum die Deutsche Tourenwagen-Bergmeisterschaft auf seinem NSU Prinz II. Übrigens ist auch in späteren Jahren mit dem Wankelmotor sportlicher Erfolg verbunden gewesen. 1966 wurde Karl-Heinz Panowitz auf NSU/Wankel Spider Deutscher Grand Tourisme-Rallyemeister. 1967 war es wiederum Siegfried Spieß, der auf dem NSU/Wankel Spider Deutscher Automobil-Bergmeister aller Hubraumklassen und Kategorien wurde.

NSU TTS im Renneinsatz (1968)

Die wichtigsten NSU Automobil-Typen 1945–1969

Typ	Zylinderzahl	Bohrung x Hub in mm	Hubraum in cm³	PS	Bauzeit
Prinz I/II/III	2	75 x 66	583	20/30	1958–1962
Sport-Prinz	2	75 x 66	583	30	1959–1967
Prinz 4	2	76 x 66	598	30	1961–1973
Wankel Spider	KKM	1 x 497	497	50	1964–1967
Prinz 1000	4	69 x 66,6	996	43	1964–1972
Prinz 1000 TT	4	72 x 66,6	1.085	55	1965–1967
Typ 110/S/SC	4	75 x 66,6	1.085	53	1965–1967
NSU TTS	4	69 x 66,6	996	70	1967–1971
NSU TT	4	75 x 66,6	1.177	65	1967–1972
NSU 1200 C	4	75 x 66,6	1.177	55	1967–1973
NSU RO 80	KKM	2 x 497	995	115	1967–1977

1945–1969

Unternehmensgeschichtliche Daten: NSU

1960	Gründung der NSU Motorenwerke AG am 5. August; Kapital: 27 Mio. DM Bis zur Produktionsaufgabe 1963 sind nach Kriegsende 1.034.277 NSU Fahrräder hergestellt worden. Die Jahresproduktion an Motorrädern überstieg 1953 die 100.000er-Grenze und erreichte 1956 mit 236.132 Stück ihren absoluten Höhepunkt. 1957 bis Ende 1968 hat NSU rund 760.000 Pkws hergestellt. Die Zahl der dafür tätigen Mitarbeiter erhöhte sich von über 5.000 in den 50er auf über 7.000 in den 60er Jahren.
1969	Gründung der Audi NSU Auto Union AG am 21. August NSU zählte 11.504 Mitarbeiter

Rohbau NSU Prinz 1000 (1965)

Georg Schwarz

1862	Geboren am 20. Dezember 1862 in Bolheim a. d. Brenz
1879	Tätig im Großkraftmaschinenbau
1901–1904	Daimler Motoren-Gesellschaft in Cannstatt und Untertürkheim; enger technischer Mitarbeiter von Wilhelm Maybach
1904–1912	Technischer Direktor der Fahrzeugwerke Eisenach
1912	Technischer Direktor der NSU Werke bis Dezember 1927
1924	Dr. Ing. h. c., ernannt von der Technischen Hochschule Stuttgart
1925	Konstrukteur des siegreichen NSU Kompressor-Rennwagens
1929	Am 5. August 1929 in Heilbronn gestorben

Georg Schwarz
1862 – 1929

Fritz von Falkenhayn

1890	Geboren am 27. September 1890 in Oldenburg
1896–1900	Schulbesuch in Tsingtau/China, Reifeprüfung am Lyzeum in Metz
1910	Berufssoldat
1914	Im Januar wurde er zum Flugzeugführer ernannt
1914–1918	Abteilungsleiter im Stab des kommandierenden Generals der Luftstreitkräfte
1919–1921	Kaufmännisch tätig in der Kfz-Industrie
1921–1923	Leiter der ersten Filiale der Daimler Motoren-Gesellschaft in New York
1923	Leiter einer amerikanischen Exportgesellschaft
1924–1925	Verkaufsleiter der Automobilhandlung Karl Klein
1926	Kaufmännischer Direktor der Mannesmann Automobil-Gesellschaft in Remscheid
1927–1928	Interessenvertreter der Gebrüder Mannesmann in Spanien und Marokko
1930	Ab Januar Verkaufschef und stellvertretendes Vorstandsmitglied bei NSU Vereinigte Fahrzeugwerke AG
1933	Ab Mai ordentliches Vorstandsmitglied
1937–1945	Vorsitzender des Vorstands
1948–1958	Geschäftsführer der Opel Großhandlung Auto-Staiger GmbH
1953–1961	Aufsichtsrat der NSU Werke AG
1959	Altersruhesitz in Ronco/Ascona
1973	Am 3. März 1973 in Italien gestorben

Fritz von Falkenhayn
1890 – 1973

1945–1969

Albert Roder

1896	Geboren am 20. Januar 1896 in Nürnberg
1910	Mechanikerlehre
1912	Eigenbau eines 25-ccm-Zweitaktmotors
1914	Erstes von über 100 Patenten und Gebrauchsmustern
1916	Kriegsteilnehmer bis 1918
1919	Konstrukteur im Apparatebau
1920	Gemeinsam mit dem Mechaniker Karl Zirkel Gründer der Ziro-Motoren GmbH in Forchheim, die fünf Motorräder pro Woche fertigte
1923	Liquidation der Firma; im gleichen Jahr mit Roder und einem weiteren Partner aus Erlangen Gründung der Erlanger Motoren AG (ERMAG). Beginn mit Zweitakt-Motorrädern
1924	ERMAG-Viertakt-Motorrad, 250-ccm-OHV-Einzylinder, 12 PS
1928	Mit Zirkel Trennung von dem Unternehmen. Zirkel eröffnete eine Fahrschule in Fürth, Roder ging zu Zündapp
1930	Richard Küchen wurde bei Zündapp Chefkonstrukteur, und Roder machte seine ideenreichen Entwürfe fabrikationsreif
1936	Wechsel zu NSU, dort Stellvertreter des Engländers Walter William Moore als Chefkonstrukteur. Roders Werk waren die Königswellen-Einzylinder ebenso wie die Zweizylinder-Kompressor-Modelle der Rennmaschinen
1939	Als Chefkonstrukteur zu Victoria
1947	NSU Chefkonstrukteur
1949	schuf Roder die FOX,
1951	die Lux und
1952	die Max und analog hierzu die Rennsportbaumuster
1958	schuf Roder den NSU Prima Roller
1961	Eintritt in den Ruhestand
1970	Am 3. September 1970 in Neckarsulm gestorben

Albert Roder
1896 – 1970

Panowitz/Strunz auf NSU/Wankel Spider: Deutscher Grand-Tourisme-Rallye-Meister (1966)

211

NSU im Überblick: Fahrräder

NSU Hochrad „Germania" (1886)

NSU Niederrad (1896)

NSU Niederrad (1893)

NSU Fahrradproduktion (1907)

NSU Pfeil (1912)

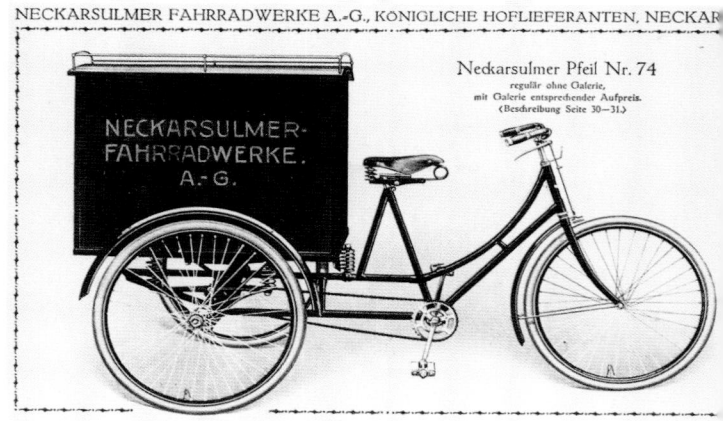

1873–1969

Hourlier, „Meisterschaftsfahrer von Frankreich", der im Jahr 1911 auf dem NSU Pfeil-Fahrrad seine größten Triumphe feierte

NSU Pfeil (1924)

NSU Sportrad (1939)

NSU Tourenrad (1956)

NSU Motorräder

NSU 1,75 PS (1903)

NSU 1,25 PS (1907)

NSU 8 PS, Zwei Zylinder (1914)

NSU Motosulm (1931)

NSU Fox, 4-Takt

NSU Super Lux

1873–1969

1873–1969

NSU Super Max

NSU Maxi

NSU Max (1954)

NSU Quickly S mit Beinschild

NSU Motorrad im Geländesport (1953)

215

NSU Automobile

Sulmobil, erstes NSU Automobil (1906)

Enesu-Mobil (1913)

10/20 PS, Neckarsulmer Motorwagen (1910)

NSU 5/15 PS (1914)

NSU 2,5-t-LKW (1921)

NSU 7/34-PS-Lieferwagen (1929)

216

1873–1969

NSU Prinz III

NSU RO 80

NSU/Wankel Spider

NSU TT

NSU 1200 C (1967)

217

Die vier Ringe mit neuem Profil

Die 60er Jahre hatten mit dem Mauerbau in Berlin begonnen – eine vordergründig lediglich für die Deutschen bedenkliche Eskalation des Kalten Krieges. Neue Strategien schienen angebracht, um das Gleichgewicht der Kräfte zu erhalten. Gleichzeitig begann im Westen das Wirtschaftswachstum zu bröckeln; der Rücktritt der Regierung von Ludwig Erhard, dem Vater des Wirtschaftswunders, setzte dafür Zeichen. Seine Appelle zum „Maßhalten" waren unbefolgt verhallt. Den Warnungen zum Hohn erlebte gerade die Automobilindustrie nach dramatischen Absatzeinbußen um 40 Prozent und mehr bis 1973/1974 Zuwachsraten wie nie zuvor.

Mit Energie gegen die Krise

Im Oktober 1973 beschlossen die OPEC-Staaten ein Ölembargo für alle mit Israel verbundenen Länder. Gleichzeitig stiegen die Rohölpreise innerhalb eines halben Jahres auf das Vierfache. Diese später gerne als Energiekrise bezeichneten Einschnitte spürte auch die Kraftfahrzeugindustrie. Wieder mussten empfindliche Rezessionen verkraftet werden. Dabei ging es nicht nur um wirtschaftliche Schwierigkeiten: Das Automobil hatte auch gegen einen Stimmungsumschwung zu kämpfen. Energieverschwendung, Umweltbelastung und Unsicherheit lauteten die Hauptvorwürfe, hinter denen sich für die Automobilindustrie sowohl wirtschaftliche Schwierigkeiten aus der Kaufzurückhaltung als auch Herausforderungen verbargen, das Auto der Zukunft in ganz bestimmte Richtungen zu verbessern. Der Mobilitätsbedarf blieb freilich ungebrochen; der Fahrradboom sprach dafür eine ebenso deutliche Sprache wie die Hoch-Zeit der Reiseanbieter.

Die Anstrengungen der Automobilhersteller konzentrierten sich nun auf die Senkung des Kraftstoffverbrauchs, die Minimierung der Schadstoffemission sowie die höhere aktive und passive Sicherheit. Dies prägte das Innovationsgeschehen

Am 4. Juli 1969 lief der letzte in Ingolstadt montierte VW Käfer vom Band

1965–1984

der kommenden Jahre. Innerhalb von knapp eineinhalb Jahrzehnten sanken die Schadstoffemissionen um zwei Drittel, erreichten Fahrstabilität und Komfort ein bisher für unerreichbar gehaltenes Niveau, sanken Fahrgeräusch und Luftwiderstandsbeiwerte in überraschende Tiefen. Hintergrund für diese unglaubliche Entwicklungsdynamik waren rückläufige Absatzbewegungen in den 70er Jahren, massive Konkurrenz vor allem japanischer Marken auf dem deutschen Markt und strengere Vorschriften des Gesetzgebers in Deutschland und in den USA.

Von VW, NSU und Wahlverwandtschaften

Der Hoheitswechsel vollzog sich ab 1965 für die Auto Union finanztechnisch allmählich, strukturell und technisch radikal. Die VW-Spitze stand sicher vor keiner leichten Aufgabe. Zum Jahreswechsel 1964/65 waren die Wolfsburger zu 50,3 Prozent Eigner der Auto Union Anteile geworden und hatten damit die industrielle Führung in Ingolstadt übernommen. Die restlichen 49,7 Prozent übernahm man im Laufe der folgenden beiden Jahre. Ende 1966 war das Vier-Ringe-Unternehmen eine 100-prozentige VW Tochter.

12.000 Beschäftigte in Ingolstadt und 1.200 Auto Union Händler erwarteten vor allem eine Kurswende zu absatzstärkeren Typen. Der Ruf des Zweitakters war ruiniert. Immerhin standen rund 30.000 davon auf Lager! Und immer noch wurden neue produziert. Fieberhaft wurde an der Fertigstellung des F 103 – des alten F 102 mit einem neuen Viertaktmitteldruckmotor – gearbeitet. Aber es wurde sofort Hilfe gebraucht. Sie kam in Gestalt des Käfers von VW, von dem von Mai 1965 bis zum 4. Juli 1969 arbeitstäglich zwischen 300 und 500 Stück, insgesamt 347.869 Exemplare, in Ingolstadt montiert worden sind. Damit wurde hier die Vollbeschäftigung gesichert.

Ebenso wie der Produktionsauslastung galt Nordhoffs Sorge der Erneuerung der gesamten Führungsmannschaft bei der Auto Union. Im Laufe der nächsten Wochen wurden alle in Pension geschickt oder anderweitig zum Verlassen ihrer Position bewegt. An die Spitze des Unternehmens berief Nordhoff seinen besten Mann, Rudolf Leiding: „Nach meiner Meinung gibt es in unserer Organisation überhaupt nur einen einzigen Mann, der für diese Aufgabe in Frage kommt. Es ist der Leiter unseres Werkes in Kassel, Herr Leiding." Der hatte nicht nur die Haldenbestände abzubauen, sondern auch eine grundlegende Neuorganisation vorzunehmen. Die Situation beschrieb er so: „Der Geist der Mannschaft war heruntergewirtschaftet [...] Das Kostendenken ist in den meisten Bereichen des Gesamtunternehmens ein beinahe unbekannter Begriff [...] bis der Begriff Sparsamkeit in allen Abteilungen des Unternehmens einmal richtig erfaßt worden ist, wird es noch harter Arbeit bedürfen." Für Nordhoff war das erklärte Ziel, Ingolstadt genauso „an der Kandare zu haben wie die Werke Hannover, Braunschweig und Kassel", und die Aufgabe Leidings bestand deshalb auch darin, in Ingolstadt die Flagge mit den vier Ringen niederzuholen.

Der neue Audi wird vorgestellt – links am Wagen Rudolf Leiding und Ludwig Kraus

Die Hochzeit

Inzwischen war der bei Daimler-Benz für die Auto Union entwickelte 1,7-l-Mitteldruckmotor serienreif geworden; er wurde in das DKW Modell F 102 eingebaut und im September 1965 als erster Viertakter aus Ingolstadt der Öffentlichkeit vorgestellt; seine Markenbezeichnung: Audi.

Im Aufwind des Publikumswohlwollens ist das Unternehmen wie alle anderen der Automobilbranche von der ersten Nachkriegsrezession getroffen worden, die einen durchschnittlichen Produktionsrückgang um rund 20 Prozent mit sich brachte. Geschickte Änderungen der Modellpalette brachten aber in Ingolstadt deutliche Verlustminimierungen.

Da starb am 12. April 1968 Heinrich Nordhoff. Sein Nachfolger wurde Kurt Lotz, der sofort und zügig den Ankauf der NSU AG in Neckarsulm betrieb. Bereits unter seinem Vorgänger waren Überlegungen zur Übernahme des schwäbischen

Der neue Audi auf dem Genfer Salon (1966)

1965–1984

Automobilherstellers angestellt worden, um dessen Programm mit dem der Auto Union zu harmonisieren. Vom Wankelmotor und seiner Zukunft hielt man in Wolfsburg auch unter Lotz überhaupt nichts. Wesentliches Argument für eine NSU Beteiligung war da schon eher die Konkurrenzabwehr. Für die Neckarsulmer war mittlerweile ganz klar, dass ihre Kapitaldecke viel zu dünn war, um erfolgreich allein weiterbestehen zu können. Als schwierig für eine Fusion erwiesen sich der spekulativ hoch gepokerte Aktienkurs von NSU und die zersplitterte Aktienlage dieses Unternehmens. Nach langen Verhandlungen waren sich beide Führungsriegen über das Procedere der Vereinigung klar, und die Aktionäre stimmten nach stundenlangen heißen Diskussionen in der Hauptversammlung zu. So ist am 10. März 1969 zwischen der Auto Union GmbH und der NSU Motorenwerke AG der Vereinigungsvertrag unterzeichnet worden. Rückwirkend zum 1. Januar 1969 war die neue Audi NSU Auto Union AG, Neckarsulm, entstanden.

Das neue Unternehmen

Die Audi NSU Auto Union AG setzte von Anfang an auf Wachstum, worunter nicht nur Milliarden für Investitionen, sondern auch eine strukturelle Neuordnung des Unternehmens zu verstehen waren. Der Volkswagen Konzern erwarb bald von den freien NSU Aktionären deren Anteile durch Kauf und wurde so schließlich nahezu 100-prozentiger Eigentümer der in Ingolstadt und Neckarsulm ansässigen Aktiengesellschaft. Zum Vorstandsvorsitzenden wurde Gerd Stieler von Heydekampf berufen, dem 1971 für kurze Zeit wieder Rudolf Leiding folgte.

Die Vorstandsvorsitzenden der folgenden Jahre – auf Leiding folgten Dr. Prinz, Dr. Werner Schmidt, Gottlieb Strobl und Dr. Wolfgang Habbel – vollendeten die Neuordnung der Betriebe, formten die mit VW gemeinsam zu bildende Vertriebs-

Audi Super 90 als Cabriolet. Nur wenige Exemplare wurden seinerzeit von den Firmen Welsch/Mayen und Deutsch/Köln zum „Open-Air"-Vergnügen umgebaut

organisation und sorgten vor allem für Neuentwicklung und Pflege der Interesse eines attraktiven Verkaufsangebots.

Das strategische Ziel bestand seitdem in der schrittweisen Erschließung des Oberklassenmarktsegments. Wichtigstes Instrument zur Aufwertung der Marke Audi war die progressive Technik dieser Autos, die zur Vorhut des technischen Fortschritts im Automobilbau zählen sollten. Als man nach der Vereinigung von NSU und Audi in einer Vorstellungsanzeige alles ins Bild brachte, was je unter dem Emblem beider Marken zum Reichtum der Kraftfahrzeugtechnik beigetragen hatte, da lag jener Slogan förmlich zum Greifen nahe, der im Januar 1971 erstmals in einer doppelseitigen Anzeige erschien und seitdem den Weg der vier Ringe begleitet hat: Vorsprung durch Technik.

Welche Bedeutung man der Forschung und Entwicklung auf dem Gebiet der Technik einräumte, wurde nicht zuletzt auch dadurch dokumentiert, dass im August 1969 in Ingolstadt mit dem Bau eines eigenen Gebäudekomplexes für die Technische Entwicklung begonnen wurde. Die Initiative zu diesem Projekt ging vom Technischen Direktor Dr. Ludwig Kraus aus, der es geschickt verstanden hatte, den Wolfsburgern die Notwendigkeit eines unabhängigen Audi Entwicklungsbereichs deutlich zu machen. Die Geschichte sollte ihm Recht geben. Vieles von dem, was in Ingolstadt auf den Reißbrettern entstand, fand in den darauffolgenden Jahren auch in so manchem VW Modell seine Umsetzung. Daraus resultierte eine engere Zusammenarbeit in Forschung, Entwicklung und Produktion. Auch im Vertriebsbereich erfolgte eine Umstrukturierung. Bis Mitte der 70er Jahre entstand so eine gemeinsame VW/Audi Händlerorganisation. Audi hatte an eigenständigem Profil gewonnen, dessen Konturen sich ab Ende der 70er Jahre immer deutlicher abzeichneten.

Die Produkte

Nachdem 1965 der Viertakt Audi den Weg ins Leben angetreten hatte, war die künftige Entwicklungsrichtung völlig klar. Der jüngste Audi Viertakter erhielt die Bezeichnung Mitteldruckmotor, womit man andeuten wollte, dass die Kom-

Die Audi NSU Produktpalette von 1971

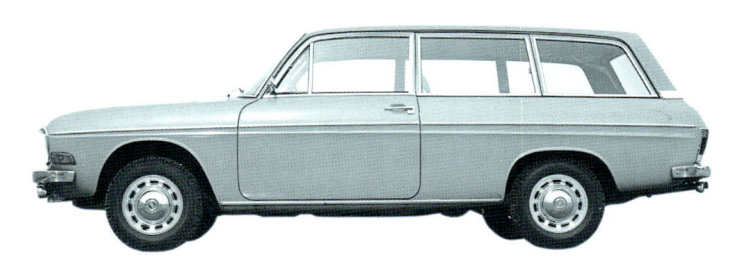

Audi 72 PS (1965) und Audi 75 Variant (1971)

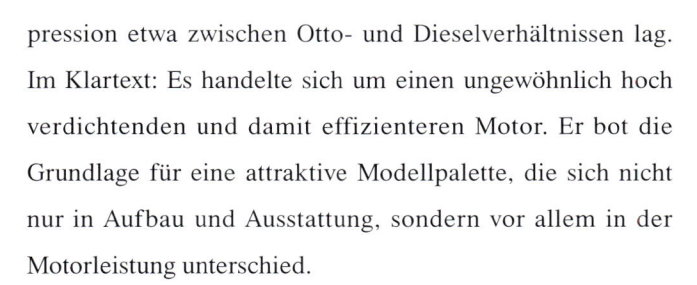

pression etwa zwischen Otto- und Dieselverhältnissen lag. Im Klartext: Es handelte sich um einen ungewöhnlich hoch verdichtenden und damit effizienteren Motor. Er bot die Grundlage für eine attraktive Modellpalette, die sich nicht nur in Aufbau und Ausstattung, sondern vor allem in der Motorleistung unterschied.

Modellversuche

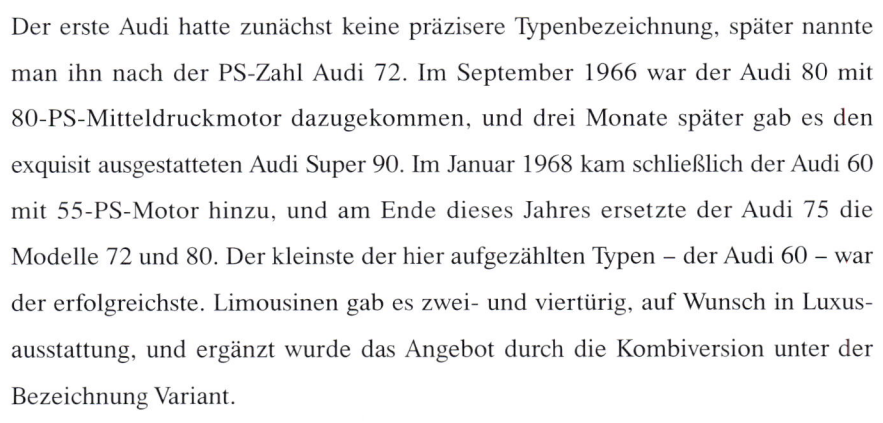

Der erste Audi hatte zunächst keine präzisere Typenbezeichnung, später nannte man ihn nach der PS-Zahl Audi 72. Im September 1966 war der Audi 80 mit 80-PS-Mitteldruckmotor dazugekommen, und drei Monate später gab es den exquisit ausgestatteten Audi Super 90. Im Januar 1968 kam schließlich der Audi 60 mit 55-PS-Motor hinzu, und am Ende dieses Jahres ersetzte der Audi 75 die Modelle 72 und 80. Der kleinste der hier aufgezählten Typen – der Audi 60 – war der erfolgreichste. Limousinen gab es zwei- und viertürig, auf Wunsch in Luxusausstattung, und ergänzt wurde das Angebot durch die Kombiversion unter der Bezeichnung Variant.

In der Entwicklungsabteilung tat sich weiterhin viel; Kraus ließ die Leute wirbeln. Für ihn war der so erfreuliche Start Anlass, jetzt einen „richtigen" Audi zu entwickeln. Er sah in dem ersten Audi eine Stilmischung zwischen alter DKW Karosserie und Mercedes Motor – einen Bastard, wie Kraus ihn selbst gern nannte. Allerdings bestand seine in der Wolfsburger Konzernzentrale formulierte Aufgabe eben nur darin, die laufende Serie zu begleiten. Neuentwicklungen seien ausschließlich Wolfsburger Angelegenheit. Dabei schwebte Kraus schon der Audi 100 vor, ein deutlich größeres Auto als bisher. Er sollte vor allem einen kräftigen, aber sparsamen Motor bekommen, leichter sein als alle Konkurrenten und damit bei gegebener Motorleistung besser beschleunigen, und er sollte schließlich eine strömungsgünstigere Karosserie bekommen.

Um diese Ziele zu erreichen, gab es vorerst für Kraus nur die Entwicklung auf geheimem Weg, ohne Wissen der Wolfsburger – der Audi 100 war eine

Schwarzentwicklung! Als Erster kam ihm Leiding auf die Schliche, der das Plastilinmodell in der Stilhalle zu Ingolstadt entdeckte – und von ihm begeistert war: „Von dem machen wir 300.000 Stück." Die Zustimmung Nordhoffs war unumgänglich, aber eben nur in einer taktischen Meisterleistung zu erreichen. Leiding ließ sich von Wolfsburg zunächst „Karosserieänderungen" als Auftrag bestätigen und bot dann dem Konzernvorstand an, sich das fertige Ergebnis selbst anzusehen. Das war so gut ausgefallen, dass ihm die Wolfsburger Chefs, allen voran Nordhoff, ihre Anerkennung zollten und die Produktion freigaben.

Audi 80 (1972)

Von null auf 100

Die Entwicklung des Audi 100 ist dann unter der Projektbezeichnung Typ 104 weitergeführt worden. Im Herbst 1968 wurde der neue große Audi der Öffentlichkeit vorgestellt. Er war in Konzept und äußerer Form als repräsentatives Fahrzeug für die obere Mittelklasse ausgelegt und wurde als zwei- und viertürige Limousine angeboten. Eine Kombivariante gab es nicht, dafür kam 1970 ein wunderschönes Coupé heraus.

Der Motor des Audi 100 war dem 1,8-Liter der früheren 90er-Typenreihe entlehnt und in drei Versionen, mit 80, 90 oder 100 PS, lieferbar. In gewisser Weise stand auch hier noch der seinerzeitige Mitteldruckmotor Pate, wegen unüberwindbarer Schwierigkeiten schon lange in der Verdichtung zurückgenommen, aber immer noch mit unüberhörbar kernig rauhem Lauf. Als 1976 die erste Generation des Audi 100 auslief, da waren davon mehr als 800.000 Stück gebaut und alle Prognosen weit übertroffen worden.

Dieses Auto besaß für Audi eine überragende Bedeutung, denn damit hatte sich die Ingolstädter Marke ihre Eigenständigkeit bewahrt. Die Käferproduktion als Notnagel wurde überflüssig, und es gelang der Schritt in die obere Mittelklasse mit dem Ziel, eine Höherpositionierung der Marke zu bewirken.

1965–1984

Im Sommer 1972 folgte der nächste völlig neue Audi. Ludwig Kraus hatte den Gedanken einer Baukastenreihe konzipiert und dafür einen Vierzylinder-OHC-Motor entwickelt, den übrigens später der Volkswagen Konzern übernahm (Passat) und der zum meistgebauten Aggregat im VW Bereich geworden ist. Aber auch beim Fahrwerk sind äußerst fortschrittliche Ideen verwirklicht worden, die neue Maßstäbe im Automobilbau setzten. Gemeint ist hierbei der so genannte negative Lenkrollradius, mit dessen Hilfe sich unbeabsichtige Kursänderungen des Wagens als Folge von Fahrbahnwidrigkeiten oder Fehlern an Reifen und Bremsen vermeiden ließen. Die Idee war in der Literatur seit längerem bekannt, aber die großserienfähige konstruktive Umsetzung ist erstmals bei Audi gelungen. Besondere Verdienste darum hat sich der Ingolstädter Ingenieur Detlef

Audi 100 S (1970)

Banholzer erworben, der „in Würdigung seiner besonderen wissenschaftlichen Leistungen auf dem Gebiet der Fahrwerksentwicklung von Kraftfahrzeugen" im Jahr 1977 den Porsche-Preis der Technischen Universität Wien verliehen bekam.

Als erster Audi war der 80er zur Korrosionsvorbeugung an einigen Stellen mit Zinkstaubfarbe versehen worden. Außerdem besaß er einen PVC-Unterbodenschutz.

Der Audi 50 wurde wegen der hohen Stückzahlen bei VW in Wolfsburg gebaut

Das Auto war auf Anhieb ein Verkaufsschlager. Innerhalb der folgenden sechs Jahre wurden von ihm über eine Million gebaut und verkauft.

Die Kraus'sche Baukastenidee ist schließlich noch durch den Audi 50 ergänzt worden. Es handelte sich dabei um den kleinsten Audi, den es je gab. Ludwig Kraus vertrat die Auffassung, dass jede Marke ein Einsteigermodell brauche. Außerdem waren in den vergangenen Wachstumsjahren die Kleinwagen gerade-

1965–1984

zu völlig vernachlässigt worden. Verfolgt vom Fahrmaschinentrauma der 50er und 60er Jahre schienen die Deutschen nur noch große und starke Wagen zu bevorzugen.

Konzepte gegen die Krise

Als sich das Blatt mit der Energiekrise wendete, hatte Kraus sein Angebot bereits fertig auf dem Tisch: Ein Vierzylinderreihenmotor mit 50 PS – daher Audi 50 – trieb den Wagen an, der zunächst nur 3,5 Meter lang war, eine sehr günstige Raumaufteilung aufwies, vorn und hinten Knautschzonen besaß und eine dritte Tür im Heck mitbekommen hatte, wodurch er für viele Käufer zum Mini-Kombi avancierte. Der Wagen fand von Anfang an großes Publikumsinteresse und trotz der Krisenzeiten nach seiner Vorstellung 1974 sehr viele Käufer. Produziert wurde er in Wolfsburg, wo wenig später eine spartanische Ausführung als VW Polo mit 40-PS-Motor das Licht der Welt erblickte, der dann dem kleinen Audi 1978 das Lebenslicht ausblasen sollte, nachdem über 180.000 Stück davon produziert worden waren.

Mitte der 70er Jahre waren mit den Modellen Audi 50, 80 und 100 die Klein- und Mittelklassewagen im Vier-Ringe-Modellprogramm gut repräsentiert. 1976 vollzog sich mit der Vorstellung der zweiten Audi 100 Generation der Schritt in die gehobene Mittelklasse. Das Topmodell der neuen Baureihe (ab April 1977) wurde von einem 2,2-Liter-Fünfzylinder-Reihenmotor mit einer Leistung von 100 kW (136 PS) angetrieben. Die ungewöhnliche Bauweise, die zuvor die technische Problemlösung des schwer beherrschbaren Massenausgleichs notwendig gemacht hatte, erwies sich für das von der Audi NSU Auto Union AG propagierte Konstruktionsprinzip – Frontantrieb mit der Anordnung des Motors vor dem Getriebe und dem Differential – als optimale Lösung. Neben den technischen Neuerungen wurde ab August 1977 auch eine neue Modellvariante mit Schrägheck als Audi 100 Avant ins Programm aufgenommen.

1973 erschien der Audi 100 mit leicht überarbeiteter Karosserie

Auf dem Weg in die Oberklasse

Im September 1979 erschien der Audi 200, der in zwei Versionen ab Frühjahr 1980 auf den Markt kam: als Audi 200 5 E mit dem 100 kW (136 PS) starkem Fünfzylindermotor und als Audi 200 5 T, der mit einem turboaufgeladenen Fünfzylindermotor 125 kW (170 PS) leistete. Dieser Motor sollte über längere Zeit, mehrfach überarbeitet, in den besonders sportlich geprägten Audi Modellen für adäquaten Vortrieb sorgen. Gleichzeitig setzte die Audi NSU Auto Union AG mit dem Audi 200 den Fuß in die automobile Oberklasse.

Das Erfolgsmodell aus Ingolstadt, der Audi 80, erschien im Herbst 1978 in völlig überarbeiteter Form und erfreute sich umgehend großer Nachfrage. Arbeitstäglich wurden bis zu 800 Einheiten dieses Modells gebaut. Ab Herbst 1981 konnte der Kunde den Audi 80 auch mit einem 85 kW (115 PS) starken Fünfzylindermotor erwerben. Dieses Modell wurde dann ab 1984 in der Nomenklatur als Audi 90 weitergeführt.

10 Jahre nach Produktionsende des DKW Munga wurde in Ingolstadt auch wieder ein Geländewagen gebaut. Im November 1978 übernahm die Bundeswehr die ersten Einheiten des allradgetriebenen VW Iltis, der bei Audi entwickelt wurde und dessen Produktion ausschließlich in Ingolstadt erfolgte.

Der Allradantrieb im sportlichen Pkw war das Audi Highlight auf dem Genfer Salon im Frühjahr 1980. Der Audi quattro setzte weltweit neue Akzente im Automobilbau. Im Herbst des gleichen Jahres erschien dann das Audi Coupé, das sich formal an der Karosserie des Audi quattro orientierte.

Der Ölpreisschock der 70er Jahre und die damit verbundene Verteuerung des Kraftstoffs ließen insbesondere den Absatz der Mittelklassewagen stocken. Als Reaktion darauf stellte die Audi NSU Auto Union AG auf der Frankfurter Automobilausstellung 1981 das Audi Forschungsauto vor, des-

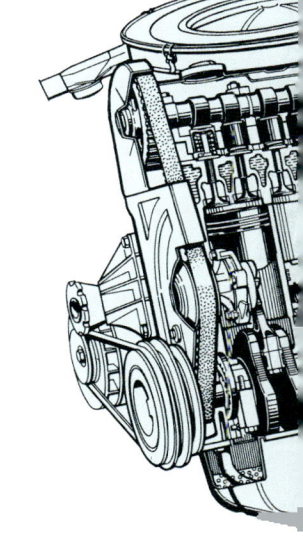

Im Herbst 1979 wurde die zweite Generation des Audi 80 vorgestellt, dessen Form deutliche Anklänge an den größeren Bruder Audi 100 zeigte

Mit dem Audi 200 erfolgte der Schritt in die automobile Oberklasse

1965–1984

Mit einem sensationellen Luftwiderstandsbeiwert von 0,30 war der Audi 100 von 1982 die seinerzeit strömungsgünstigste Serienlimousine der Welt

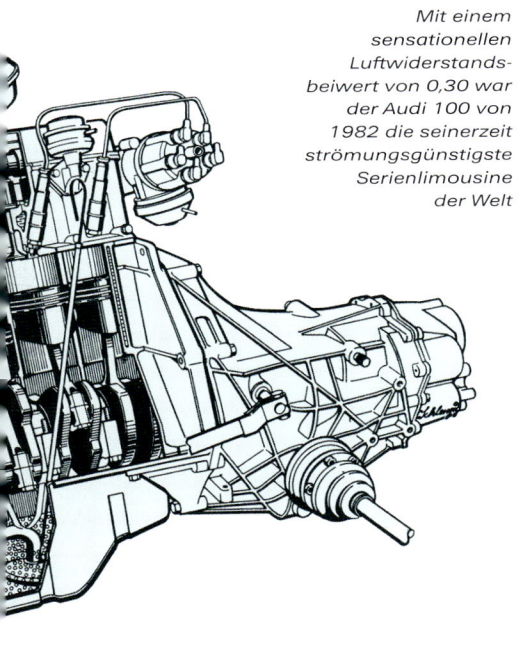

Neben dem Fünfzylinder-Einspritzmotor (100 kW/136 PS) gab es ab 1978 auch eine Vergaserversion mit 85 kW/115 PS (im Bild)

sen Entwicklung durch Mittel des Bundesforschungsministeriums unterstützt worden war. Deutliche Verbesserungen hinsichtlich Energiebedarf, Rohstoffeinsatz, Umweltfreundlichkeit, Sicherheit, Wirtschaftlichkeit und Nutzwert charakterisierten diese Automobilstudie. Die praktische Umsetzung erfolgte im Jahr darauf in Form des neuen Audi 100. Das Ergebnis war beeindruckend. Den Audi Technikern unter Leitung des Technik-Vorstands Ferdinand Piëch war es gelungen, die Summe moderner technischer Erkenntnisse in diesem Automobil zu vereinen. Mit einem Luftwiderstandsbeiwert von $c_w = 0,30$ war der neue Audi 100 seinerzeit die aerodynamisch günstigste Serienlimousine der Welt. Zahlreiche internationale Preise bewiesen, dass man bei Audi NSU die richtige Antwort auf die Herausforderungen der Zeit gefunden hatte.

Gelungene Premieren

1983 wurde der Audi 100 Limousine das neue Avant-Modell zur Seite gestellt. Eleganz gepaart mit Zweckmäßigkeit stießen beim Käufer auf große Resonanz und ließen das neue Modell zur festen Größe in der Audi Produktpalette werden. Im Herbst des gleichen Jahres erschien dann erwartungsgemäß auch der Audi 200 in der neuen Formgebung. Als 200 Turbo leistete er jetzt 134 kW (182 PS). Nachdem sich abzeichnete, daß die Bundesregierung eine generelle Katalysatorpflicht für 1986 plante, wurde in Ingolstadt konsequent gehandelt. Als erstes deutsches Automobilunternehmen erhielt Audi NSU 1983 die allgemeine Betriebserlaubnis (ABE) für Fahrzeuge mit Katalysatortechnik. Daneben wurde der permanente Allradantrieb nach und nach in allen Audi Modellen angeboten. Der Schritt zur Großserienfertigung vollzog sich 1982 mit dem Erscheinen des Audi 80 quattro. 1984 konnte der Kunde jedes Audi Modell auch mit vier angetriebenen Rädern erhalten.

Innerhalb weniger Jahre war somit ein attraktives und technisch anspruchsvolles Modellprogramm entstanden, das den unterschiedlichsten Kundenwünschen gerecht wurde.

quattro – Kraft auf allen vieren

Sucht man den Ausgangspunkt, gewissermaßen den Urknall für die Verwirklichung dieser heute jedem mit der Kraftfahrzeugtechnik Vertrauten bekannten Idee, so wird man fündig im Winter 1976 auf 1977. Der Mann, der die Idee gebar, hieß Jörg Bensinger, und war Audi Techniker. Er befand sich im hohen Norden auf einem allradgetriebenen Iltis – dem Nachfolger des Munga Geländewagens –, auf einer Skandinavien-Erprobungsfahrt. Das kurze, hochbeinige und schwach motorisierte Auto machte jedoch besonders auf Eis und Schnee eine hervorragende Figur. Wie würde sich ein vierradgetriebener Wagen mit hoher Leistung auf trockener Straße benehmen?

In Ingolstadt war diese Überlegung für den Cheftechniker Ferdinand Piëch Veranlassung, den Bau eines Probefahrzeugs anzuordnen. Er wollte ein richtiges Kraftpaket in attraktiver Verpackung, und die Techniker machten sich ans Werk.

Um Zeit zu sparen, und vor allem, weil ein derart reiches Angebot vorhanden war, griffen sie dabei auf mehrere Audi Produkte zurück. Sie nahmen den Fünfzylindermotor mit der Turboladung vom Audi 200, die Bodengruppe und Fahrwerksteile vom 80er. Die Karosserie entliehen sie vom Audi 80 Coupé.

Die Versuchsarbeiten hatten im März 1977 begonnen: mit dem Iltis Allradantrieb in einer serienmäßigen 80er-Limousine. Von Anfang an fühlte man sich der Allradkonzeption so eng verpflichtet, dass man den Gedanken daran verschmähte, ihn auch abschaltbar einzurichten. Wenn quattro, dann immer: Permanenter und für hohe Fahrleistung in allen Situationen geeigneter Antrieb aller vier Räder war das Ziel, von dem Abweichungen nicht geduldet wurden. Konstruktives Hauptproblem war das zentrale Ausgleichsgetriebe, das das üblicherweise mittig angeordnete schwere Verteilergetriebe ersetzen sollte. Besonders bemerkenswert hierbei war die leichte und einfache Hohlwellenkonstruktion, die beide Funktionen – Ausgleich und Verteilung – in sich erfüllte. Eine ingeniöse Leistung, bei

Audi quattro: Sein Erscheinen im Frühjahr 1980 revolutionierte nicht nur die internationale Rallyeszene

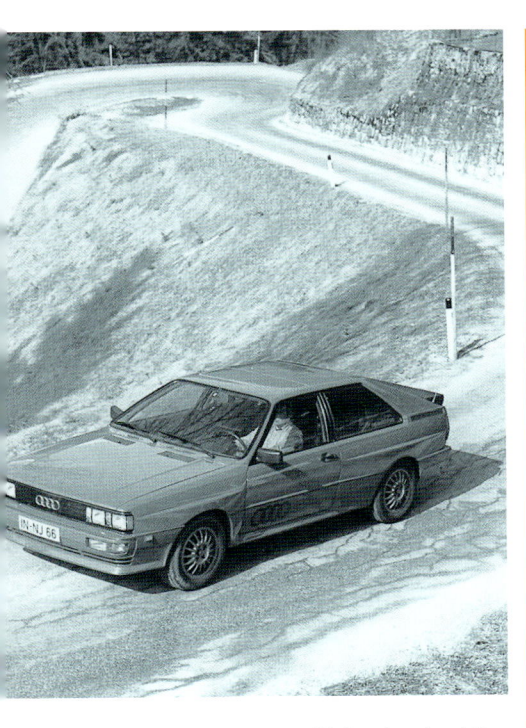

Mehr als zehn Jahre blieb der Audi quattro, technisch mehrfach überarbeitet und zuletzt allgemein als Ur-quattro bezeichnet, das sportliche Topmodell

Audi 80 quattro (1983)

der „es dem Getriebekonstrukteur so richtig warm ums Herz" wird, wie Experten meinen. Nach überaus positiven Versuchsergebnissen erhielt dieses Projekt in Ingolstadt 1977 eine Entwicklungsnummer, und im November des gleichen Jahres begann die Straßenerprobung. Als Ergebnis entschied der Vorstand, eine Straßenversion des Wagens ins Programm aufzunehmen.

Im Januar 1978 schließlich führten die Ingenieure dem VW Verkaufs-Vorstand Dr. Schmidt ihr Auto an der Turacher Höhe vor. Sie ist mit bis zu 23 Prozent Steigung Europas steilster Alpenpass, und die Demonstration war überzeugend. Mit Sommerreifen und ohne Schneeketten stürmte der Prototyp des quattro den Berg hinauf, ohne jemals Traktionsprobleme zu haben. Im April zeigte der 160 PS quattro auf dem Hockenheimring, dass er Porsche Konkurrenz nicht zu fürchten brauchte. Daraufhin gab im Mai 1978 Prof. Fiala, Entwicklungschef des VW Konzerns, grünes Licht zur Serieneinführung.

Mittlerweile war auch die Motorleistung beachtlich angewachsen, nicht zuletzt wegen des im quattro erstmals eingesetzten Ladeluftkühlers mit 13 Aluminiumrippen, der die Temperatur der vorverdichteten Ansaugluft um 50 bis 60 Grad absenkte. Der Fünfzylinder quattro erreichte damit 177 PS bei 4.500 Umdrehungen und maximal 200 PS bei 5.500 Umdrehungen.

Im März 1980 wurde der Audi quattro zum Genfer Salon der Weltöffentlichkeit vorgestellt und erregte gewaltiges Aufsehen, denn bis dahin kannte man diese Traktion nur von schwerfälligen Geländewagen. Bei Hochleistungsfahrzeugen war der Allradantrieb von Ferdinand Porsche unmittelbar nach dem Krieg am Cisitalia-Rennwagen ausgeführt worden, hatte dort aber niemals eine Bewährungsprobe liefern können. Der 1980 vorgestellte Audi quattro war nun als Hochleistungsfahrzeug ausgelegt und gab dann auch atemberaubende Vorstellungen auf den Rallyepisten der Welt. 1982 kam der Audi 80 quattro als Allradwagen für den Alltag heraus. Zwei Jahre später gesellten sich der 200 und der 100 hinzu. Audi hat mit seiner quattro-Idee eine Menge bewegt. Man spürte das daran, dass es sich von nun an kaum noch ein Hersteller mehr erlaubte, in seinem Typenprogramm keinen Allradwagen anzubieten. Die quattro-Welle rollte.

Eine neue Audi Sporttradition

Unmittelbar nachdem es die Marke Audi wieder gab, machte sie auch im Motorsport von sich reden. Privatfahrer frisierten den Audi Super 90 und später den Audi 80 GTE, der es 1980 schaffte, auf dem Rundkurs in Zolder Tourenwagen-Europameister zu werden. Das Werk hat diese Sportler in allen Jahren spürbar unterstützt. Ab 1973 wurde jährlich ein Werkspokal für Privatfahrer auf den frontgetriebenen Audis ausgeschrieben. Mit den anwachsenden Erfolgen des Audi 80 etablierte sich in Ingolstadt nun wieder eine neue Sportabteilung, die enge Verbindung zu den Fahrern hielt und ihnen weitestgehende Hilfe gewährte. Prominente Sportler ließen ihrerseits ihre reichen Kenntnisse und Erfahrungen in die Entwicklung des Rallye Audis zum erfolgreichen Wettbewerbsfahrzeug einfließen. Wichtigste Voraussetzung für die Etablierung der quattro-Technik im Rallyesport war deren Legitimation durch die FIA (Fédération Internationale de l'Automobile), die mit Wirkung vom 1. Januar 1981 auch gewährt wurde.

Zum ersten Mal atmete der quattro Rallyeluft beim Europameisterschaftslauf in Portugal im Herbst 1980, wo er als Streckenfahrzeug eingesetzt war. Der Finne Hannu Mikkola bewegte ihn dabei so forsch, dass er – außer Konkurrenz – mit fast einer halben Stunde Vorsprung vor dem Sieger im Ziel war!

Seitdem beteiligte sich Audi mit dem neuen quattro werkseitig am Rallyesport und gewann im ersten Jahr, 1981, die Skandinavien-Rallye, die Rallye San Remo und die britische RAC-Rallye. Zur Mannschaft gehörte außer dem Finnen Mikkola

Bei Rundstreckenrennen erwies sich der Audi 80 als starker Konkurrent

Hannu Mikkola und Arne Hertz im Audi quattro bei der Neuseeland-Rallye 1983

1965–1984

die Französin Michèle Mouton. Ersterer hatte Arne Hertz zum Copiloten, bei Michèle Mouton sorgte Fabrizia Pons für die Erledigung der Aufgaben auf dem Beifahrersitz.

Das Damenteam war immer für faustdicke Überraschungen gut, so zum Beispiel für den ersten Frauensieg in einem Rallye-Weltmeisterschaftslauf 1981 in San Remo! Das Jahr 1982 brachte den vier Ringen die Markenweltmeisterschaft, und Michèle Mouton wurde Vizeweltmeisterin in der Fahrerwertung. Der Triumph ließ sich im Jahr darauf mit der Fahrerweltmeisterschaft für den Finnen Hannu Mikkola und dem Vizetitel in der Markenweltmeisterschaft sogar noch steigern. In den Jahren nach 1983 errang Audi im Rallyesport 13 nationale Meisterschaften in Europa und Übersee. Das Jahr 1984 brachte den Gipfel: Audi wurde Rallye-Markenweltmeister und der neu engagierte schwedische Spitzenfahrer Stig Blomqvist wurde Weltmeister der Rallyefahrer. Die Audi Pionierarbeit in der quattro-Technik wurde durch die Verleihung des Titels „Motorsport-Automobil des Jahres 1984" gewürdigt. Absoluter Triumph in diesem Jahr war der Audi Dreifachsieg bei der Rallye Monte Carlo, die Walter Röhrl gewann.

Das Team Mikkola/Hertz während der Akropolis-Rallye (1984)

Der Audi Dreifachsieg bei der Rallye Monte Carlo (1984)

Unternehmensgeschichtliche Daten: Audi

1965	Am 1. Januar übernahm die Volkswagen AG 50,3 % der Auto Union Anteile
	Im September Produktionsbeginn des Auto Union Audi mit 72-PS-Viertakt-Mitteldruckmotor
1966	Am 11. März verließ der letzte DKW Personenwagen mit Zweitaktmotor, ein F 102, das Produktionsband
	Ende des Jahres wurde die Auto Union 100-prozentige Tochter von VW; 12.000 Beschäftigte produzierten in Ingolstadt jährlich etwa 110.000 Autos
1969	Einleitung der Fusion Auto Union GmbH – NSU AG am 10. März
1969	Ab 21. August Audi NSU Auto Union AG, Neckarsulm
1977	Der letzte NSU RO 80 lief im März vom Band; damit wurde der Name NSU als Produktbezeichnung nicht mehr weitergeführt

Ludwig Kraus

1911	Am 26. Dezember 1911 in Hettenhausen/Pfaffenhofen geboren
1931	Abitur an der Oberrealschule in Ingolstadt
1933–1937	Studium des Maschinenbaus in München, Stuttgart, Hannover
1937	Am 1. September Antritt bei der Daimler-Benz AG, Konstrukteur für Zeppelin- und Schnellbootmotoren
1939–1940	Kriegsdienst
seit 1941	wieder in der Motorenkonstruktion bei Daimler-Benz
1951	Leiter der Konstruktion Rennwagenbau
1954	Ehrentitel Oberingenieur
1956	Leiter der Konstruktion von Strömungsmaschinen
1958	Leiter der Vorentwicklung Pkw
1963	Ab 1. Oktober Direktor für Entwicklung bei der Auto Union GmbH in Ingolstadt
1965	Mitglied der Geschäftsleitung der Auto Union GmbH
1969	Ab 1. September Vorstandsmitglied der Audi NSU Auto Union AG, zuständig für Entwicklung
1973	Am 31. Dezember Eintritt in den Ruhestand
1974	Dr. Ing. ehrenhalber der TU Hannover für Leistungen auf dem Gebiet des Automobilbaus
1976–1985	Mitglied des Aufsichtsrats der Audi NSU Auto Union AG
1997	Am 19. September 1997 in München gestorben

Dr. Ludwig Kraus

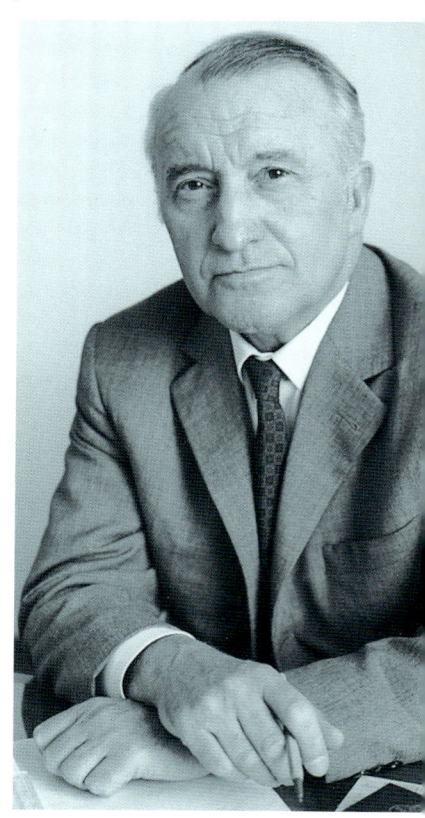

Rudolf Leiding erinnerte sich an die Geburt des ersten eigenständig entwickelten Audi der Nachkriegszeit, des Audi 100, der den Markenbestand sicherte:

„An dem Tag, als der Vorstand kam und sich diese Karosserieänderungen ansehen wollte, da stellten wir in einem Raum der Entwicklung das Fahrzeug vor. Natürlich war es mit einer Plane abgedeckt. Und da ich Nordhoff kannte, sagte ich morgens zu meiner Frau: ‚Also, wenn ich heute mittag bei Dir esse, dann bin ich rausgeschmissen worden. Wenn ich nicht komme, kannst Du davon ausgehen, daß ich weiter Chef bei der Auto Union bleibe.'

In einem Raum der Entwicklung stellten wir das Fahrzeug vor. Meinen Hut behielt ich in der Hand, meinen Mantel zog ich nicht aus. Die Herren kamen dann alle an, und ich stand immer noch in meinem Mantel da, die anderen Herren hatten alle abgelegt. Dann zogen wir die Plane vom Modell weg, und die Dreh-

scheibe setzte das Automobil in kreisende Bewegung. Nordhoff schritt dann ein paarmal herum und hatte zuerst einen ganz roten Nacken. Da ich ihn gut kannte, wußte ich, daß das Alarmstufe 1 war. Aber plötzlich begann sein Gesicht doch freundlicher zu werden. Und da habe ich meinen Mantel ausgezogen. Und als Nordhoff dann sagte: ‚Herr Leiding, grünes Licht für diesen Wagen', da war ich aus dem Schneider."

Dr. Rudolf Leiding

Rudolf Leiding

1914	Am 4. September 1914 in Busch/Altmark als Sohn eines Landmaschinenhändlers geboren
1928–1932	Nach der Schulzeit eine vierjährige Lehre als Kraftfahrzeugmechaniker
1932–1935	Besuch der Maschinenbauschule Magdeburg
1935–1945	Arbeitsdienst/Wehrdienst/Kriegsdienst
1945	Am 1. August Arbeitsbeginn im Volkswagen Werk als Betriebsingenieur
1949	Abteilungsleiter für den Kundendienst
1958	Betriebsdirektor des VW Werks Kassel
1964	Direktor der Volkswagen AG
1965	Ab 29. Juli Vorsitzender der Geschäftsführung der Auto Union GmbH in Ingolstadt
1968	Ab 1. Juli Vorsitzender des Vorstands der VW do Brasil
1971	Ab 1. April Vorsitzender des Vorstands der Audi NSU Auto Union AG
1971	Ab 1. Oktober Vorsitzender des Vorstands der Volkswagen AG
1975	Eintritt in den Ruhestand
1976	Dr. Ing. ehrenhalber der TU Berlin für Verdienste um rationellere Fertigungsmethoden in der Automobilindustrie

Ludwig Kraus bei der Verleihung des Preises „Auto des Jahres" für den Audi 80 (1972)

Wolfgang R. Habbel

1924	Am 25. März 1924 in Dillenburg geboren
1942–1946	Abitur in Koblenz; nachfolgend Wehrdienst und Kriegsgefangenschaft
1946–1950	Jurastudium in Bonn und Köln
1951–1957	Assistent der Geschäftsführung und kommissarischer Exportleiter bei der Auto Union GmbH Ingolstadt/Düsseldorf
1957	Promotion zum Doktor der Rechtswissenschaften an der Universität Köln
1957–1967	Personalleiter bei den Ford Werken in Köln
1967–1969	Europäischer Koordinator für Arbeitsrecht und Sozialfragen bei Ford Europa in Warley, England
1970–1971	Geschäftsführender Gesellschafter Personalwesen bei dem Pharmakonzern C. H. Böhringer Sohn in Ingelheim am Rhein
1971	Am 18. Oktober Berufung zum Vorstandsmitglied für das Ressort Personal- und Sozialwesen bei der Audi NSU Auto Union AG
1979–1987	Vorstandsvorsitzender der Audi NSU Auto Union AG bzw. ab 1. Januar 1985 der AUDI AG
1988	Am 1. Januar Eintritt in den Ruhestand
1988–1993	Mitglied des Aufsichtsrats der AUDI AG

Dr. Wolfgang R. Habbel

Die wichtigsten Audi Typen 1965–1984

Typ	Zylinderzahl/ Anordnung	Bohrung x Hub in mm	Hubraum in cm³	kW/PS	Bauzeit
Audi (72)	4 R	80 x 84,4	1.696	53/72	1965–1968
60	4 R	80 x 74,4	1.496	40/55	1968–1972
Super 90	4 R	81,5 x 84,4	1.770	66/90	1966–1971
100	4 R	81,5 x 84,4	1.760	74/100	1968–1971
100 Coupé S	4 R	84 x 84,4	1.871	84/115	1970–1971
80	4 R	75 x 73,5	1.297	40/55	1972–1978
80 GTE	4 R	79,5 x 80	1.588	81/110	1975–1978
50	4 R	69,5 x 72	1.093	37/50	1974–1978
100	4 R	86,5 x 84,4	1.984	85/115	1976–1978
100	5 R	79,5 x 86,4	2.144	100/136	1976–1982
80	4 R	75 x 72	1.272	40/55	1978–1981
80 GLS	4 R	79,5 x 80	1.588	63/85	1978–1981
Audi quattro	5 R	79,5 x 96,4	2.144	147/200	1980–1987
80 quattro	5 R	81 x 77,4	1.944	85/115	1983–1984
90 quattro	5 R	81 x 86,4	2.226	100/136	1984–1986
Sport quattro	5 R	79,3 x 86,4	2.133	255/306	1983–1984
200 5 T	5 R	79,5 x 86,4	2.144	125/170	1979–1982
100	4 R	81 x 86,4	1.781	55/75	1982–1986
100	5 R	81 x 77,4	1.994	85/115	1984–1990
Coupé GT	5 R	79,5 x 77,4	1.921	85/115	1980–1983

1965–1984

Audi 100 Coupé S (1971)

Gottlieb M. Strobl

Gottlieb M. Strobl

1916	Am 14. Oktober 1916 in München geboren
1936	Abitur in München
1936	Volontär bei den Mitteldeutschen Motorenwerken in Taucha bei Leipzig, einer Tochtergesellschaft der Auto Union AG
1939–1945	Kriegsdienst
1946–1948	Kaufmännischer Angestellter bei der Firma Koenen & Regel in Ratingen bei Düsseldorf
1948–1950	Kaufmännischer Angestellter (Einkauf) bei der Firma Hoffmann-Werke in Lintorf
1950	Stellvertretender Einkaufsleiter der Auto Union GmbH, Werk Düsseldorf
1961	Stellvertretender Hauptabteilungsleiter
1962	Hauptabteilungsleiter für den Bereich Materialwirtschaft der Auto Union GmbH, Ingolstadt
1971	Berufung in den Vorstand der Audi NSU Auto Union AG, zuständig für den Bereich Einkauf und Materialwirtschaft
1973	Wechsel in den Vorstand der Volkswagenwerk AG mit dem gleichen Aufgabenbereich
1975	Zum 1. August Berufung als Vorsitzender des Vorstands der Audi NSU Auto Union AG Ingolstadt unter Beibehaltung seines Vorstandssitzes bei VW in Wolfsburg für das neu geschaffene Ressort Audi NSU
1979	Am 1. Januar Eintritt in den Ruhestand
1979–1987	Mitglied des Aufsichtsrats der Audi NSU Auto Union AG

Audi im Überblick

Audi 60 L (1971)

Audi Super 90 (1969)

Audi 100 GL (1972)

Audi 80 GL (1973)

1965–1984

Audi 100 Coupé S
(1971)

Audi 80 GTE (1976)

Audi 50 (1974)

Audi im Überblick

Audi 100 GL 5E (1980)

Audi 80 CL Turbo-diesel (1983)

Audi 80 (1978)

Audi Coupé GT (1980)

Audi 100 Avant GLS (1978)

1965–1984

1965–1984

Audi 200 5T
(1979)

Audi Sport quattro
(1983)

Audi 100 CS (1983)

Audi 200 Turbo
(1985)

Audi quattro (1984)

241

Auf dem Weg zum attraktivsten Europäer auf dem Weltmarkt

Obwohl die Kraftfahrzeugtechnik im Laufe der 80er Jahre riesige Fortschritte machte – nach Expertenmeinung sogar die größten in ihrer Geschichte – blieb die zunehmende Sättigung der Märkte unverkennbar. Gegen Ende des Jahrzehnts verlor der Boom an Kraft. Doch mit dem Zusammenbruch des Ostblocks und dem Fall der Mauer konnte plötzlich auf das Potenzial eines Markts mit seit Jahrzehnten unerfüllter Nachfrage zurückgegriffen werden. Automobilindustrie und Händler sahen sich einem noch nie erlebten Kaufandrang gegenüber. Zuwachsraten von 40 Prozent und mehr pro Jahr stellten die ohnehin brüchige und altersschwache Infrastruktur in den seit dem 3. Oktober 1989 neuen Bundesländern vor schier unlösbare Probleme.

Nachdem euphorische Gefühlswallungen der Bürger und verständliche Fehleinschätzungen der Politiker nüchternen Erkenntnissen Platz gemacht hatten, formierte sich das auf deutschem Boden anspruchsvollste politische und wirtschaftliche Programm, das sich denken lässt. Integriert in das enger zusammenrückende und gleichzeitig größer werdende Europa soll „zusammenwachsen, was zusammengehört".

Abbau des Lenin-Denkmals in Berlin-Friedrichshain

1985–2000

Aufbruch in neue Dimensionen

Nachdem im März 1977 mit dem letzten NSU RO 80 die lange Tradition der Marke NSU zu Ende gegangen war, wurden Überlegungen angestellt, Marke und Unternehmen zu einem Begriff zu verschmelzen. 1985 war es so weit. Aus der Audi NSU Auto Union AG entstand die AUDI AG. Um gleichzeitig die traditionsreichen Namensbestandteile rechtlich zu schützen, wurden zwei Tochtergesellschaften gegründet, die Auto Union GmbH und die NSU GmbH. Beide Gesellschaften befassen sich seither mit der Pflege der jeweiligen Markentradition. Zeitgleich mit der Umbenennung des Unternehmens erfolgte die Verlegung des Gesellschaftssitzes von Neckarsulm nach Ingolstadt.

Um für die zunehmend stärker werdende Konkurrenz auf den Weltmärkten gerüstet zu sein, investierte man 1985 mit 943 Millionen DM die bis dahin höchste Summe in der Geschichte des Unternehmens. Der Fortschritt im Produkt bedingt den Fortschritt in der Fertigungstechnologie. Daher standen bei den Investitionen produktbezogene Maßnahmen sowie Umstrukturierungen in der Fertigung im Vordergrund. Diese dienten vor allem der Produktion des neuen Audi 80, der im Herbst 1986 erschien. Seine vollverzinkte Karosserie, auf die das Unternehmen eine Garantie von zehn Jahren gegen Durchrostung gab, setzte neue Maßstäbe in dieser Klasse. Wie bereits seit Ende 1985 bei den Audi 100/200 Modellen, bietet die Vollverzinkung einen optimalen Korrosionsschutz und damit einen unvergleichlich hohen Werterhalt dieser Automobile. Verbesserte Verfahren in der Schweiß- und Lackiertechnik sowie in der Blechverformung waren die Voraussetzung für diese technologische Innovation.

Die vollverzinkten Karosserien erfordern neue Technologien in der Schweißtechnik

Parallel zu den neuen Produktionsverfahren wurden Maßnahmen zur Umstrukturierung im Bereich der Produktionslogistik ergriffen. „Just in time" hieß das Zauberwort, mit dem die AUDI AG an ihre Zulieferbetriebe herantrat, um die Anlieferung direkt ans Band zu organisieren. Mehr und mehr Firmen ließen sich in Werksnähe nieder, um ihre Produkte auf Abruf anzuliefern. Gleichzeitig wurde die Fertigungstiefe reduziert, d. h., der Umfang der von Audi selbst hergestellten Fahrzeugkomponenten nahm stetig ab. Entsprechend wichtig ist ein reibungsloser Ablauf der Teilezulieferung. Dazu trägt das Güterverkehrszentrum (GVZ) bei, das Ende 1995 vor den Werkstoren in Ingolstadt den Betrieb aufnahm. Neben einer engeren Zusammenarbeit mit den Systemlieferanten bietet das GVZ die Möglichkeit, bis zu 80 Prozent des Güterverkehrs über die Schiene abzuwickeln und damit den Straßenverkehr zu entlasten. Ein ähnliches Projekt ist für Neckarsulm im Oktober 1996 verwirklicht worden.

Anbau und Ausbau

Neben modernen Produktionsverfahren und -abläufen wird auch dem gesteigerten Qualitätsbewusstsein Rechnung getragen. Im Dezember 1986 wurde das neue Qualitätszentrum im Werk Ingolstadt eröffnet, wo nunmehr die Fachabteilungen der Qualitätssicherung zusammengefasst sind. Im Oktober 1993 wurde der AUDI AG als erstem deutschen Automobilhersteller das Zertifikat nach der EG-Norm DIN ISO 9001 für ein ganzheitliches Qualitätsmanagementsystem verliehen. Sämtliche Arbeitsabläufe und Prozesse in allen Unternehmensbereichen erfüllen damit die anerkannt höchsten Qualitätsanforderungen dieser Norm.

Eine hohe Produktqualität lässt sich aber nur durch entsprechend qualifizierte Mitarbeiter garantieren. Daher legt Audi größten Wert auf die Aus- und Weiterbildung seiner Beschäftigten. Nachdem bereits 1987 der Erweiterungsbau des Bildungszentrums in Ingolstadt seiner Bestimmung übergeben wurde, konnte im Frühjahr 1989 das neue Bildungszentrum in Neckarsulm seinen Betrieb aufnehmen.

Das Herzstück der Technischen Entwicklung in Ingolstadt, die Halle T 22

1985–2000

Das Audi Center in Ingolstadt

Ende 1999 gab es an beiden deutschen Standorten insgesamt 1.617 Auszubildende, von denen knapp 20 Prozent weiblich waren. Ab dem Jahr 2001 wird Audi seine Ausbildungskapazität durch ein neuartiges, in Kooperation mit Arbeitnehmervertretung und Berufsschulen entwickeltes Organisationsmodell um rund 40 Prozent steigern. Zudem werden neue Berufsbilder eingeführt, die sich an den Erfordernissen moderner Produktionstechnologien orientieren.

Dem Audi Slogan „Vorsprung durch Technik" wurde mit der baulichen Erweiterung der Technischen Entwicklung (TE) in Ingolstadt ein sichtbares Zeichen gesetzt. Im Dezember 1988 konnte die Halle T 22 in moderner Stahl-Glasbauweise fertiggestellt werden. Sie ermöglicht die weitgehende Konzentration der technischen Entwicklungsbereiche in unmittelbarer Nähe zueinander. 1990 begann Audi mit dem Bau eines eigenen Prüf- und Testgeländes bei Neustadt/Donau, das bis Mitte der 90er Jahre schrittweise in Betrieb genommen werden konnte. Im Mai 1999 wurde in Ingolstadt das Entwicklungszentrum SE-Park (Simultaneous Engineering) in Betrieb genommen. Es bildet eine gemeinsame Plattform für vernetzte Entwicklungsarbeiten zwischen Audi und externen Partnern. Seit Herbst 1999 verfügt Audi im Werk Ingolstadt auch über ein eigenes Windkanalzentrum mit einer erzielbaren Windgeschwindigkeit von 300 km/h einer der leistungsstärksten und gleichzeitig der leiseste Windkanal der Welt.

Souveräner Auftritt

Anspruchsvollere Produkte bedingen auch eine Neuorientierung gegenüber den Kunden. Ein ganzes Bündel an Verbesserungen im Vertriebs- und Marketingbereich dient der Festigung und dem Ausbau der Marktposition von Audi. Bereits seit der Markteinführung des Audi V8 im Oktober 1988 bietet das Auslieferungszentrum in Neckarsulm dem Kunden die Möglichkeit, seinen neuen Audi persönlich in Empfang zu nehmen. Ein neues Kundenzentrum im Werk Neckarsulm befindet sich derzeit in der Planung und soll in den nächsten Jahren realisiert werden. Eingebunden in dieses neue Kundenzentrum wird eine ständige Ausstellung von historischen NSU Fahrzeugen sein, die einen Überblick über die mehr als 125-jährige Fahrzeugtradition des Standorts Neckarsulm bieten werden.

An ihrem Firmensitz in Ingolstadt schafft sich die AUDI AG mit einem architektonisch wie städtebaulich interessanten Empfangsbereich eine elegante Visitenkarte. Moderne Gebäude in unterschiedlicher Formensprache gruppieren sich hier um einen zentralen Platz, der einen publikumswirksamen Mittelpunkt und gleichzeitig das anspruchsvolle Entree des Unternehmenssitzes darstellt.

Ein Teil dieses Ensembles bildet das Audi Center, wo bereits seit Mai 1992 die Käufer der in Ingolstadt produzierten Modelle ihren neuen Audi im Empfang nehmen können. Täglich finden sich hier bis zu 300 Selbstabholer ein. Im benachbarten Bürogebäude „Markt und Kunde" finden Besucher wie Geschäftspartner neben den Abteilungen Vertrieb, Marketing und Öffentlichkeitsarbeit eine Vielzahl von Dienstleistungen rund um die Produkte und das Unternehmen. Ende des Jahres 2000 wird das „museum mobile" eröffnet, in dem die Geschichte und die Entwicklung der AUDI AG von ihren Anfängen bis heute zu sehen sein wird. Verschiedene Inszenierungen zeigen die Entwicklung der Mobilität, den Drang nach Freiheit und Individualismus und die Beziehung zwischen Mensch, Automobil und Technik in ihrer über 100-jährigen Tradition.

Für Besucher und Kunden wird so die Reise nach Ingolstadt oder Neckarsulm in Verbindung mit der Fahrzeugselbstabholung, einer Werksführung und einem Museumsbesuch zu einem Audi Erlebnistag, der in attraktiven Anschlussprogrammen in der reizvollen Umgebung der Standorte touristische Erweiterung finden kann.

Das neue Entree der AUDI AG in Ingolstadt

Neues Selbstbewusstsein

Um auch nach außen den Anspruch von Audi auf eine gehobene Position im Automobilmarkt zu dokumentieren und den gestiegenen Ansprüchen der Kunden gerecht zu werden, wurde 1988 mit den ersten Audi Zentren in Koblenz, Hannover und München in enger Kooperation mit den Händlern ein eigenständiger Auftritt

Die vier Ringe, die Audi verkörpern

1985–2000

Audi Zentrum im französischen Angers

der Marke Audi eingeleitet. Diesem ersten Schritt folgte in den Jahren darauf die Errichtung von weiteren Audi Zentren an ausgesuchten Plätzen im In- und Ausland.

Im Mai 1997 wurde in Ingolstadt in Zusammenarbeit mit dem ortsansässigen Audi Partner das erste Audi Zentrum der neuen Generation seiner Bestimmung übergeben. Die ungewöhnliche Architektur (Hangar-Bauweise) wird als „Corporate Design" für alle neu entstehenden Audi Zentren übernommen, um den Premiumanspruch der Marke Audi im Außenauftritt verstärkt zu kommunizieren.

Mit gleicher Zielsetzung ging man auch an eine Umstrukturierung in der Händlerorganisation. Das Ziel ist die Umsetzung einer exklusiven Vertriebsstrategie: Audi und Volkswagen Partner in Deutschland erhalten getrennte Händlerverträge. Die 1995 beschlossene Markenseparierung geht einher mit einer Reduzierung der Audi Händler im Inland. Mit den verbleibenden Partnern werden markenadäquate und kundenorientierte Audi Standards umgesetzt. Ein eigenständiges Markenauftreten, getrennt von den anderen Marken des VW Konzerns, ist eine der imagebildenden Maßnahmen, die Audi in der Premiumklasse ein eigenständiges Profil verleihen. Bereits im April 1991 hatte man in Ingolstadt eine eigene Marketingabteilung eingerichtet. Bis dahin war das Produktmarketing von Wolfsburg aus gemeinsam für die Marken VW und Audi wahrgenommen worden. Zum 1. Januar 1993 erfolgte dann die Übertragung der Vertriebsverantwortung, die seit 1974 bei der Volkswagen AG in Wolfsburg gelegen hatte, nach Ingolstadt.

Frischer Wind auch im Audi Erscheinungsbild. Seit Oktober 1994 gehört das ovale Audi Logo der Vergangenheit an. Die vier Ringe, das Zeichen, das laut einer internationalen Meinungsumfrage Audi am meisten verkörpert, bestimmen seitdem die Corporate Identity. Zusammen mit dem in dynamischem Rot gehaltenen Audi Schriftzug repräsentieren sie Unternehmen und Produkt gleichermaßen und setzen auch optisch neue Signale.

Die weite Welt von Audi

Die stetig enger werdenden internationalen Handelsbeziehungen sowie das wirtschaftlich und politisch zusammenwachsende Europa haben im Deutschland der 90er Jahre zu vielseitigen Veränderungen in Wirtschaft und Industrie geführt. So spielt für Audi nicht nur das „Global Sourcing", der weltweite Einkauf von Zulieferteilen und Dienstleistungen, eine wichtige Rolle. Auch auf dem Gebiet von Entwicklung und Produktion werden neue Wege beschritten. Design-Center in Spanien und Kalifornien zusammen mit dem im Oktober 1994 eröffneten Audi Motoren- und Fahrzeugmontagewerk in Győr/Ungarn sowie dem im Januar 1999 in Betrieb gegangenen Audi Werk in Curitiba/Brasilien sind einige der Maßnahmen, deren Ziel es ist, die internationale Konkurrenzfähigkeit von Audi langfristig zu sichern. Ein weiterer Teil dieser globalen Strategie ist die Einrichtung von Regionalbüros zur Stärkung der Präsenz in den Wachstumsmärkten. Hier legt man ein besonderes Augenmerk auf die Region Asien/Pazifik, wo ein Regionalbüro in Singapur und ein Audi Zentrum in Bangkok entsprechende Signale setzen. Hinzu kommen CKD-Fertigungen (completely knocked down = in Einzelkomponenten zerlegte Fahrzeuge) in Südafrika, Malaysia, auf den Philippinen und seit April 2000 auch in Thailand.

Bereits im Oktober 1988 war auf der Grundlage eines Kooperationsvertrags mit der chinesischen FAW (First Automobile Works) in Changchun die Fertigung des Audi 100 in der VR China aufgenommen worden. Mit einer Beteiligung von 10 Prozent am Gesellschaftskapital wurde im November 1995 der Eintritt der AUDI AG in das bestehende Joint Venture von FAW und der VW AG besiegelt. Im September 1999 erfolgte in Changchun der Produktionsstart des Audi A6 in einer speziell für den chinesischen Markt verlängerten Version.

Die AUDI AG wird zum Konzern

Bereits im April 1993, mit der Gründung der 100-prozentigen Tochtergesellschaft Audi Hungaria Motor Kft. im ungarischen Győr, vollzog sich ein erster Schritt in Richtung auf die Entwicklung des Unternehmens zum internationalen Konzern.

1988 begann die Fertigung des Audi 100 in China

Audi A6 vor der Chinesischen Mauer

Lamborghini Diabolo

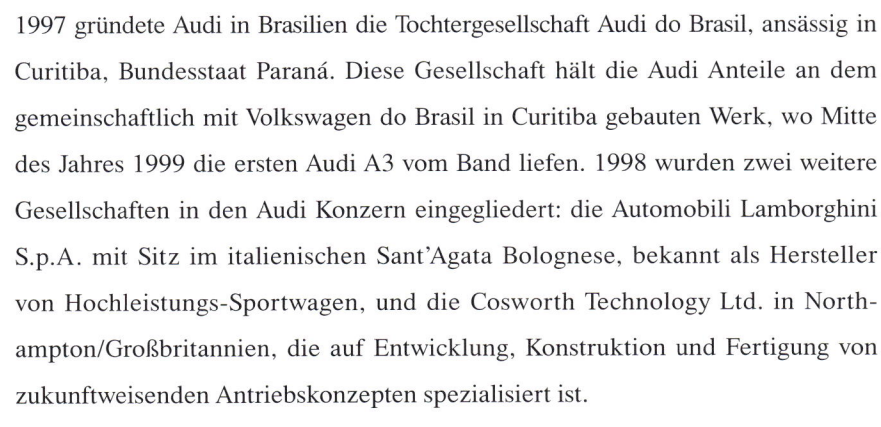

1997 gründete Audi in Brasilien die Tochtergesellschaft Audi do Brasil, ansässig in Curitiba, Bundesstaat Paraná. Diese Gesellschaft hält die Audi Anteile an dem gemeinschaftlich mit Volkswagen do Brasil in Curitiba gebauten Werk, wo Mitte des Jahres 1999 die ersten Audi A3 vom Band liefen. 1998 wurden zwei weitere Gesellschaften in den Audi Konzern eingegliedert: die Automobili Lamborghini S.p.A. mit Sitz im italienischen Sant'Agata Bolognese, bekannt als Hersteller von Hochleistungs-Sportwagen, und die Cosworth Technology Ltd. in Northampton/Großbritannien, die auf Entwicklung, Konstruktion und Fertigung von zukunftweisenden Antriebskonzepten spezialisiert ist.

Hingefallen, aufgestanden, durchgestartet

Doch auch Rückschläge galt es zu verkraften. So berichtete 1986 eine Verbrauchersendung im amerikanischen Fernsehen über angebliche Selbstbeschleunigerfälle bei den in den USA zumeist mit Automatikgetrieben ausgestatteten Audi Modellen. Als Folge davon brachen die Absatzzahlen auf dem nordamerikanischen Markt ein. Verstärkt wurde diese negative Entwicklung durch die starke asiatische Konkurrenz sowie durch einen allgemeinen Konjunktureinbruch. Fanden 1985 noch 74.000 Audis in den USA ihre Abnehmer, so gingen die Verkaufszahlen auf 12.000 Stück im Jahr 1991 zurück. In einer beispiellosen Reihe von Tests und Untersuchungen gelang es Audi, nachzuweisen, dass die Ursache der angeblichen Selbstbeschleuniger Vorfälle keine technischen Mängel waren. Zu dem gleichen Ergebnis kamen Untersuchungen verschiedener Verkehrsbehörden und Verbraucherschutzverbände.

Nachdem das 1994 gestartete Comeback von Audi auf dem US-Markt bereits im Jahr darauf erste Früchte trug, erwiesen sich die entsprechenden Marketing- und Vertriebsmaßnahmen in den darauf folgenden Jahren als nachhaltiger Erfolg. 1999 wurden die USA mit 65.959 ausgelieferten Fahrzeugen zum größten Audi Exportmarkt.

Positiv entwickelten sich die Verkaufszahlen auch in den übrigen Märkten. 1987 wartete Audi mit einem Rekordergebnis auf. Trotz Turbulenzen an den internationalen Wertpapier- und Devisenbörsen konnte das Unternehmen mit 418.998 Fahrzeugen erstmals die 400.000-Marke überspringen. Einen wesentlichen Anteil an diesem Markterfolg hatte die neue Audi 80/90-Modellreihe. Die Gesamtproduktion lag in jenem Jahr bei 443.067 Fahrzeugen, einschließlich 25.833 Porsche 944, die im Auftrag der Porsche KG in Neckarsulm gefertigt wurden.

Zum Jahresende 1987 legte Dr. Wolfgang R. Habbel sein Amt als Vorstandsvorsitzender nieder. Unter seiner Ägide hatte Audi den Schritt in die gehobene Mittelklasse vollzogen. Zum Nachfolger wurde Dr. Ferdinand Piëch bestellt. Neben dem weiteren Ausbau der Audi Produktpalette in Richtung auf die automobile Oberklasse sah er eine seiner vorrangigen Aufgaben in der Ergebnisverbesserung der AUDI AG. Im Rahmen des „Unternehmenskonzepts 1988" wurde zwischen der Unternehmensführung und dem Gesamtbetriebsrat unter Leitung von Erhard Kuballa, dem Nachfolger des langjährigen Vorsitzenden Fritz Böhm, eine Reihe von Maßnahmen zur Besserung der Kosten- und Ergebnissituation eingeleitet. Neben einer Verschlankung in Produktion (Lean Production) und Verwaltung (Lean Management) zählte dazu auch die sozial verträgliche Anpassung des Personalstands. Im gleichen Jahr ging die Zahl der Mitarbeiter von 39.319 auf 36.657 zurück. Die Umsatzrendite erhöhte sich durch diese Kostensenkungs- und Umstrukturierungsmaßnahmen von 1,8 Prozent auf 3,6 Prozent (vor Steuern), der Umsatz stieg um 1,5 Prozent auf 11,5 Milliarden DM. Im Jahr darauf waren es mehr als zwölf Milliarden DM, während die Rendite mit 5,2 Prozent noch über dem erwarteten Ergebnis lag.

Rezession und Folgen

Mit dem Fall der Mauer im November 1989, der Währungsunion am 2. Juli 1990 und der deutschen Wiedervereinigung stand der Beginn der 90er Jahre ganz im Zeichen einer inländischen Absatzbelebung, während sich auf den Weltmärkten erste Anzeichen einer Konjunkturkrise bemerkbar machten. 1991 war ein Rekordjahr, sowohl was die Produktionszahlen (451.265 Audi Fahrzeuge) als

1986 erschien die dritte Generation des Audi 80

Die Selbstabholung der Fahrzeuge im Werk findet bei den Kunden großen Zuspruch

Modernste Produktionstechniken und -abläufe prägen das Bild in der Fahrzeugfertigung

auch die Modellneuanläufe betraf. Nahezu die gesamte Produktpalette wurde innerhalb eines Jahres erneuert. Die dadurch entstandene hohe Nachfrage auf dem Markt spiegelte sich in einem Rekordumsatz von 14,8 Milliarden DM wider. Im darauf folgenden Jahr konnte die Produktion noch einmal gesteigert werden und erreichte mit 492.085 Automobilen annähernd eine halbe Million. Doch die internationale Wirtschaftsrezession ließ den Absatz stocken, und auch die Sonderkonjunktur im Inland, ausgelöst durch die deutsche Wiedervereinigung, verlor zunehmend an Dynamik. Unverkaufte Lagerbestände und eine notwendige Drosselung der Produktion mit entsprechender Kurzarbeit prägten das Jahr 1993, in dem gerade einmal 340.956 Neufahrzeuge von den Bändern rollten.

Im Mai 1992 kam Franz-Josef Kortüm als Vorstandsmitglied für den neu geschaffenen Bereich Marketing nach Ingolstadt. Zum 1. Januar 1993 löste er als Vorsitzender des Vorstands Dr. Ferdinand Piëch ab, der den Vorstandsvorsitz des Volkswagen Konzerns übernahm. Im Februar 1994 verließ Franz-Josef Kortüm das Unternehmen. An seine Stelle trat Dr. Herbert Demel. Als dieser Mitte 1997, dem Ruf der Wolfsburger Konzernzentrale folgend, den Vorstandsvorsitz bei VW do Brasil übernahm, wurde die Leitung bei Audi in die Hände von Dr. Franz-Josef Paefgen gelegt, der bis dahin als Vorstandsmitglied für den Bereich Technische Entwicklung verantwortlich gezeichnet hatte.

Die Gesundung der Konjunktur in der zweiten Hälfte der 90er Jahre spiegelte sich auch in den Ergebnissen der AUDI AG wider. 1998 wurde zu einem Rekordjahr für Audi. Seit 1994 hatte sich der Umsatz mit über 27 Mrd. DM mehr als verdoppelt, die Auslieferungen an Kunden hatten mit 599.509 Fahrzeugen um rund 60 Prozent zugenommen und die Beschäftigtenzahlen erhöhten sich in diesem

Zeitraum um mehr als 30 Prozent. Dieses Ergebnis konnte 1999 auf hohem Niveau gehalten und in einigen Bereichen noch übertroffen werden. Der Umsatz stieg auf 29,6 Mrd. DM, die Auslieferungen an Kunden weltweit auf 626.059 Automobile. Nicht kurzfristige Gewinne, sondern eine weitere Stärkung der Marke und eine Verbesserung der Marktposition werden in den kommenden Jahren das strategische Ziel des Unternehmens sein. So soll auch weiterhin die Investitionsquote (ca. 3 Mrd. DM im Jahr 1999) bei etwa 10 Prozent des Umsatzes liegen.

Kooperative Konfliktbewältigung

Umfangreiche strukturelle Veränderungen in Wirtschaft und Industrie, einhergehend mit einem fortschreitenden Globalisierungsprozess, stellen auch den Betriebsrat vor große Aufgaben, an dessen Spitze im Juli 1993 Adolf Hochrein gewählt wurde, dem ab Januar 1994 Xaver Meier als Vorsitzender des Gesamtbetriebsrats folgte.

Neben einem Umdenken im Hinblick auf neue Arbeits- und Organisationsformen bilden Themen wie die Auslagerung von Produktionsbereichen an Zulieferbetriebe, die Vergabe von Entwicklungsaufträgen an Drittfirmen, die Produktion im Ausland oder die Konkurrenz zwischen den einzelnen Werken und Unternehmen des VW Konzerns eine ständige Herausforderung für die Arbeitnehmervertretung.

Eine wesentliche Aufgabe des Betriebsrats war und ist die langfristige Sicherung der Standorte Ingolstadt und Neckarsulm. Zu diesem Zweck wurde im Mai 1996 zwischen der Unternehmensleitung und dem Gesamtbetriebsrat die Vereinbarung „Audi für Arbeit und Standortsicherung" getroffen; eine wichtige Maßnahme zur langfristigen Garantie und Förderung der Beschäftigung bei Audi über das Jahr 2000 hinaus. Innerhalb dieser Vereinbarung ist von besonderer Bedeutung, dass die europäischen Volumenmärkte im Schwerpunkt von Ingolstadt und Neckarsulm bedient werden.

Erfolge bei der Sicherung der Arbeitsplätze, Erfolge auch auf dem Gebiet der Arbeitsbedingungen und der Arbeitssicherheit: Nicht ohne Stolz kann vermeldet

In der Arbeitswelt von Audi haben moderne Arbeitsplatzgestaltung und Arbeitssicherheit höchste Priorität

werden, dass es bei Audi die wenigsten Arbeitsunfälle in der deutschen Automobilindustrie gibt.

Von der Mitbestimmung über die Vermögensbeteiligung bis hin zur Gruppenarbeit und anderen partizipativen Formen am Arbeitsplatz – neue Wege der Mitarbeiterbeteiligung gehören zur Arbeitswelt der Zukunft, in der den Arbeitnehmern Einflusschancen auf die Wettbewerbsfähigkeit und die Zukunftssicherung ihres Arbeitsplatzes zukommen. Vor diesem Hintergrund einer modern gestalteten Beteiligungspolitik erweist sich der konstruktive Dialog zwischen Unternehmensführung und Betriebsrat als wichtiger Baustein einer erfolgreichen Unternehmensentwicklung.

Ein starker Partner

Innovation und Kreativität, Fairness und Sportlichkeit sind grundlegende Qualitäten der Audi Unternehmensphilosophie. Audi fördert diese Werte und Tugenden auch in anderen Bereichen der Gesellschaft. Seit mehr als zehn Jahren engagiert sich das Unternehmen sowohl im Golf- als auch im Reitsport. Golfsport-Highlight des Jahres 1999 war das Weltfinale des Audi quattro Cup in Buenos Aires. Im Vorfeld fanden in 27 Ländern 500 Qualifikationsturniere statt.

Die alpine Skimannschaft des DSV 1999

Seit der ersten Austragung im Jahr 1991 nahmen bereits an die 300.000 Golferinnen und Golfer teil. Damit zählt diese Amateurturnierserie zu den größten der Welt.

Im Reitsport unterstützt Audi bedeutende internationale Reitturniere in Deutschland. Daneben konnten sich 1999 auf elf internationalen Turnieren herausragende Springreiter im jeweiligen Audi Championat für das Finale in Berlin qualifizieren. Der Audi Cup für Nachwuchspferde hat sich zum Ziel gesetzt, hochtalentierte junge Springpferde auf den Spitzensport vorzubereiten und damit zum Erhalt des hohen Leistungsniveaus und der Attraktivität des Reitsports in Europa beizutragen.

Bereits seit 1984 ist Audi Generalsponsor des Deutschen Ski Verbandes. Darüber hinaus unterstützt Audi die Nachwuchsförderung, damit es auch in Zukunft Erfolge bei den Olympischen Spielen, bei den Weltmeisterschaften oder im Weltcup zu feiern gibt.

Sport und Kultur – beiden Gesellschaftsbereichen fühlt sich Audi gleichermaßen verpflichtet. Was 1990 im kleinen Stil begann, ist nach einem Jahrzehnt zu einer kulturellen Institution und zum Publikumsmagneten geworden. Der musische Reigen der „Sommerkonzerte zwischen Donau und Altmühl" reicht von symphonischen Konzerten über Kammermusik bis zu „Musik der Welt", ergänzt durch Theater, Tanz und Kabarett. Kreativität und Innovation sind Teil der Audi Tradition – ein Grund mehr, neue künstlerische Ausdrucksformen und außergewöhnliche Projekte auf der Bühne zu unterstützen. Bereits seit 1995 ist Audi Hauptsponsor der Salzburger Festspiele, die jährlich rund 140.000 Musikfreunde aus aller Welt in die Mozartstadt locken. Audi gehört damit zu den international führenden Sponsoren von Kunst und Kultur.

Sommerkonzerte zwischen Donau und Altmühl. Lorin Maazel und das Symphonieorchester des Bayerischen Rundfunks

Höher angesiedelt, breiter ausgelegt: die Produktpalette

Alle Hoffnungen richteten sich 1994 auf das neue 80er-Modell, das im Rahmen der neuen Modellterminologie als Audi A4 Ende Oktober 1994 in Berlin vorgestellt wurde. Der Erfolg dieses Modells übertraf alle Erwartungen. Der Audi A4 fand auf Kundenseite einen außergewöhnlichen Zuspruch. Mit der bis dahin steilsten Modellanlaufkurve in der Geschichte des Unternehmens startete er einen einmaligen Siegeszug. Schon bald wurde deutlich, dass sich dieses Modell zu einem

1985–2000

Die Audi quattro Modellpalette 1985

Audi 80/90 (B3)

der größten Erfolge in der Audi Geschichte entwickeln sollte. Zusammen mit den Schwestermodellen A6 und A8 sowie den sportlichen S-Modellen konnte die Produktion 1995 mit 446.808 Fahrzeugen deutlich gesteigert werden.

„Audi fährt auf der Überholspur" meldeten die Zeitungen. Damit dieser Satz auch für die Zukunft zutrifft, soll der Umbau der AUDI AG zu einem global agierenden Unternehmen mit weiteren Produktionsstandorten im Ausland sowie einem weltweiten Ausbau des Vertriebsnetzes zügig in Angriff genommen werden, während parallel dazu das Modellprogramm konsequent erweitert wird.

Die Produkte

Die Jahre ab 1985 standen zunehmend im Zeichen eines wachsenden ökologischen Bewusstseins in der Bevölkerung. Dieser Entwicklung passte sich Audi nicht nur an, sondern man nahm auch auf vielen Gebieten eine Vorreiterrolle ein. Ab Herbst 1985, mit Beginn des Modelljahres 1986, liefen der Audi 100 und der Audi 200 mit vollverzinkter Karosserie vom Band. Damit ging eine äußerst wirksame Korrosionsschutzmaßnahme in Serie, die ein Höchstmaß an Langzeitqualität und Wertbeständigkeit garantiert. Gleichzeitig konnte auf der IAA in Frankfurt ein umfangreiches Programm schadstoffarmer Audi Fahrzeuge begutachtet werden.

Im September 1986 erschien die dritte Generation des Audi 80 (intern B3 genannt), dem ab Mai 1987 der leistungsstärkere, mit dem Fünfzylindermotor ausgestattete Audi 90 im neuen Kleide zur Seite gestellt wurde. Selbstverständlich besaßen auch diese Modelle eine vollverzinkte Karosserie. Zur Ergänzung der Modellpalette im Bereich der Mittelklasse stellte Audi 1988 auf dem Autosalon in Birmingham das sportliche Audi Coupé vor, während man in Ingolstadt intensiv an der Entwicklung eines Cabriolets arbeitete, das zunächst als Studie auf der IAA in Frankfurt im Herbst 1989 gezeigt wurde.

Doch das eigentliche Highlight jener Jahre war der Audi V8, mit dem das Unternehmen den endgültigen Schritt in die Premiumklasse unternahm. Der zunächst mit einem 184 kW (250 PS) starken 3,6-Liter-Leichtmetallmotor ausgerüstete

255

Audi V8 gab Ende September 1988 sein Debut auf dem Pariser Automobilsalon und bestach durch eine Vielzahl von technisch innovativen Details wie dem permanenten Allradantrieb, der Vierventil-Technik oder einem vierstufigen, elektronisch gesteuerten Automatikgetriebe. Produziert wurde das Audi Flaggschiff, wie auch die Audi 100/200-Modelle, in Neckarsulm. Gleichzeitig hielt die Vierventil-Technik auch in den Fünfzylindermotoren ihren Einzug. Der Audi 90 und das neue Audi Coupé waren ab Herbst 1988, jeweils in der quattro-Version, auch mit einem 123 kW (170 PS) starken 20-Ventil-Motor erhältlich. Ihnen folgte im Frühjahr 1989 der Audi 200 quattro 20V (Limousine und Avant), der es dank Abgasturbolader auf 162 kW (220 PS) brachte. Im Sommer des gleichen Jahres wurde auch der Audi quattro, mittlerweile allgemein als Ur-quattro bezeichnet, mit dem 20V-Turbo-Aggregat ausgestattet.

1990 folgte dann der Audi 80 in sportlicher Ausstattung mit einem 16-Ventil-Vierzylindermotor.

Audi V8, Exclusiv, 4,2 Liter, 206 kW (280 PS)

Weniger ist mehr

Doch nicht nur den PS-Boliden schenkten die Audi Techniker ihre Aufmerksamkeit. Längst schon waren allgemein Rufe nach dem „Dreiliter-Auto" laut geworden. Umweltschäden, Waldsterben, der schonende Umgang mit den natürlichen Ressourcen der Erde – alles Überlegungen, die zunehmend beim Autokauf eine Rolle spielten. Audi hatte bereits eine Antwort parat. Sie lautete TDI – Turbodiesel mit Direkteinspritzung – und wurde in Form eines 2,5-Liter-Fünfzylinder-Dieselmotors im Audi 100 im Herbst 1989 auf der IAA in Frankfurt vorgestellt. Nach über dreizehnjähriger Forschungsarbeit war es den Audi Technikern gelungen, das bis dato nur bei Lastkraftwagen übliche Einspritzverfahren auch bei Pkw-Dieselmotoren anzuwenden. Bis dahin waren praktisch alle Pkw-Dieselmotoren auf das Nebenkammerverfahren mit indirekter Kraftstoffeinspritzung ausgelegt. Bei den TDI-Motoren von Audi wird der Kraftstoff unter sehr hohem Druck direkt in die Kolbenmulde im Brennraum einge-

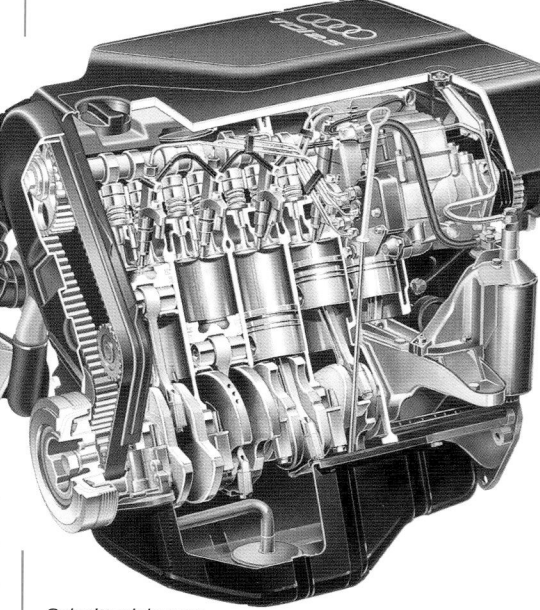

Schnittzeichnung des Audi TDI-Motors (1.9-Vierzylinder, 2.5-Fünfzylinder)

1985–2000

Der Schritt ins Premiumsegment: Audi V8 (1988)

Audi 80 TDI mit 1,9-Liter-Motor 66 kW (90 PS)

spritzt, von einer sensiblen elektronischen Regelung exakt dosiert. Die Verbrennungsluft, vom Turbolader verdichtet und im Ladeluftkühler heruntertempertiert, strömt durch einen speziell geformten Einlasskanal in den Brennraum. Sie erhält so den rechten Drall und beginnt im Zylinder zu rotieren. Dieser „Tornado-Effekt" führt zu einer intensiven Verwirbelung des Gemisches und damit zu einem optimalen Verbrennungsablauf. Nachdem die Audi Techniker auch das den Direkteinspritzern eigene harte Verbrennungsgeräusch erheblich reduzieren konnten, war der Siegeszug der TDI-Motoren nicht mehr aufzuhalten. Im Vergleich zu den anderen Verfahren hat die Audi Direkteinspritzung die verlustärmste Verbrennung. Der daraus resultierende extrem sparsame Kraftstoffkonsum der TDI-Motoren konnte in mehreren Verbrauchsfahrten eindrucksvoll dokumentiert werden:

– Europa-Rekordfahrt eines modifizierten Audi 100 TDI mit einer Tankfüllung über 4.818 km = 1,76 l/100 km bei einer Durchschnittsgeschwindigkeit von 60,2 km/h. (1989)

– Einmal rund um die Welt mit einem serienmäßigen Audi 80 TDI über eine Gesamtdistanz von 40.273 km mit 3,78 l/100 km bei einer Durchschnittsgeschwindigkeit von 85,8 km/h. (1992)

– ADAC-Fahrt mit einem Audi 80 1.9 TDI über 2.021 km bei einem Verbrauch von 3,4 l/100 km. (1993)

– Sparfahrt Wien–Genf eines Audi 80 1.9 TDI über 1.079 km mit einem Gesamtverbrauch von 29,9 Litern; das sind 2,77 l/100 km bei einer Durchschnittsgeschwindigkeit von 70 km/h. (1994)

Als erstem deutschen Automobilhersteller war es Audi somit gelungen, den Diesel-Direkteinspritzmotor so weit zu kultivieren, dass er nahezu ohne Komfortabstriche in einen Personenwagen der gehobenen Klasse eingebaut werden konnte.

Alternative Konzepte

Gänzlich andere Wege in Sachen Umweltfreundlichkeit ging man mit dem Audi duo, der im März 1990 auf dem Genfer Automobilsalon erstmalig zu sehen war. Es handelte sich hierbei um einen serienmäßigen Audi 100 Avant quattro, bei dem außer dem normalen Frontmotor auch ein Elektromotor in den quattro-Antriebsstrang am Hinterachsdifferential integriert wurde. Je nach Bedarf lässt sich jederzeit die eine oder die andere Antriebsart einschalten. Dieses Hybridfahrzeug ist in erster Linie für spezielle Einsatzbereiche, z. B. im Kommunalverkehr, gedacht. Mehr als nur eine Versuchsstudie, diente der duo vielmehr der konsequenten Weiterentwicklung alternativer Antriebskonzepte mit praktischer Anwendbarkeit im Straßenverkehr. Auf der AAA in Berlin im Oktober 1996 präsentierte Audi die dritte Generation des Audi duo, der jetzt, auf der Basis des A4 Avant, zum reinen Frontantriebler geworden war. Je nach Wahl treiben sowohl der 1,9-Liter-TDI-Motor als auch der 21 kW (29 PS) leistende Drehstrom-Synchronmotor über ein und dasselbe Handschaltgetriebe die Vorderräder an.

Die frühen 90er Jahre

1990 – ein Jahr der Audi Jubiläen. 25 Jahre waren seit der Wiederbegründung der Marke Audi im Jahre 1965 vergangen. Am 9. Januar des Jahres lief der siebenmillionste Audi seit 1965 vom Band. Der Audi quattro ging in sein zehntes Produktionsjahr. Von diesem „Vater aller Pkw-Vierradantriebler" war ursprünglich nur eine kleine Serie von 400 Exemplaren vorgesehen gewesen. Doch er stieß bei den sportlich ambitionierten Fahrern auf eine solche Begeisterung, dass er über mehrere Jahre hinweg das sportliche Topmodell im Audi Programm blieb. Abseits der eigentlichen Produktionsbänder fertigte man den Ur-quattro im Werk Ingolstadt noch weitgehend von Hand. Er hat nichts von seiner Faszination verloren.

Die Vorstellung des Audi duo auf dem Genfer Salon (1990)

Am 9. Januar 1990 lief der siebenmillionste Audi seit 1965 vom Band

Audi Coupé quattro S2

Und als am 17. Mai 1991 nach 11.452 Exemplaren der letzte Ur-quattro seinen Weg in die Historische Fahrzeugsammlung der AUDI AG ging, konnte er für sich verbuchen, das am längsten gebaute Audi Modell zu sein. Noch bevor seine Produktion ihrem Ende entgegenging, wurde im Oktober 1990 der potenzielle Nachfolger in Gestalt des Audi Coupé quattro S2 vorgestellt.

1991 war ein bedeutendes Jahr für Audi. Fast die gesamte Produktpalette wurde erneuert. Noch kurz vor dem Jahreswechsel erschien der neue Audi 100 (intern C4), den es nun erstmals auch in einer Sechszylinderversion gab. Das kompakte, 128 kW (174 PS) starke V6-Triebwerk mit 2,8 Liter Hubraum war das kürzeste und leichteste in seiner Klasse. Es verfügte über ein neuartiges variables Ansaugsystem, um die gewünschte hohe Durchzugskraft bei niedrigen Drehzahlen, aber auch eine hohe Leistung im oberen Drehzahlbereich zu erreichen.

Audi Cabriolet mit automatischem Verdeck

Auf dem Genfer Automobilsalon im Frühjahr 1991 stand das lang erwartete Audi Cabriolet im Zentrum des Publikumsinteresses. Im Sommer folgte als neues Top-Modell der 100er-Reihe der Audi S4 mit dem bewährten Turbo-Fünfzylinder-20V. Auf der IAA in Frankfurt im Herbst wurden der neue Audi 80 (intern B4) und der Audi 100 in der Avant-Version vorgestellt. Doch der eigentliche Knüller dieser IAA war ein flaches Sport-Coupé mit V6-Mittelmotor und einer sensationellen Aluminiumkarosserie: der Audi quattro Spyder. Als dann bekannt wurde, dass diese Automobilstudie möglicherweise in Kleinserie gefertigt werden sollte, gingen bei den Audi Händlern Hunderte von Kaufoptionen ein. Doch der avisierte Preis von unter 100.000 DM war nicht zu realisieren. Es blieb bei zwei Prototypen.

Aber damit nicht genug. Einen Monat später, auf der Tokyo Motor Show, versetzte Audi selbst die Fachwelt in Erstaunen. Eine futuristische Sportwagenstudie in hochglanzpoliertem Aluminium mit einem Zwölfzylinder-Mittelmotor in W-Anordnung begeisterte das Publikum: der Audi Avus quattro. Auch wenn der Motor in diesem Leichtmetall-Boliden vorerst nur ein Modell war, wusste der aufmerksame Beobachter die Zeichen zu deuten. Bereits seit vielen Jahren wurde von Audi in Zusammenarbeit mit der Aluminium Company of America (ALCOA) an der Entwicklung eines Serienautomobils in Aluminiumleichtbauweise gearbeitet. Die Philosophie lautete: Eine spürbare Reduzierung des Kraftstoffverbrauchs ohne Verzicht auf Komfort und Leistung ist nur über eine konsequente Leichtbauweise zu erreichen. Gegenüber einer funktionsgleichen Stahlkarosserie wiegt eine Aluminiumkarosserie um 30 bis 40 Prozent weniger. Zudem lässt sich Aluminium als Werkstoff nahezu unbegrenzt wiederverwerten, ohne an Qualität einzubüßen. Dazu kommen die idealen Recyclingvoraussetzungen. Nicht einmal 20 Prozent der beim Hüttenaluminium aufgewendeten Energie fallen beim Wiedereinschmelzen des Leichtmetalls an. Bei Stahlschrott sind es immerhin 50 Prozent. Alles in allem weist das Leichtmetall eine hervorragende Energiebilanz auf.

Audi quattro Spyder (links) und Audi Avus quattro

1985–2000

Audi Space Frame

Beginn einer neuen Ära

Das Ergebnis langjähriger Forschungsarbeit auf diesem Gebiet wurde im Herbst 1993 auf der IAA in Frankfurt präsentiert. Die Aluminiumstudie ASF (Audi Space Frame) zog nicht nur wegen der Leichtmetallkarosserie die Blicke der Besucher auf sich. Der V8-Direkteinspritzer-Turbodiesel unter der Haube ließ aufhorchen. Ein Dieselmotor für die automobile Oberklasse, das hatte es bislang noch nicht gegeben. Die Karosserie überzeugte durch neue Konstruktionsprinzipien, die mehr beinhalten als den bloßen Austausch des Werkstoffs Stahl gegen Aluminium. Zusammen mit ALCOA hatte man eine Rahmenstruktur entwickelt, in die jedes Flächenteil mittragend integriert wird. Dabei werden Alu-Strangpressprofile mit Druckguss-Knotenteilen verbunden. In die so entstehende Karosseriezelle, den Audi Space Frame, werden großflächige Aluminiumblechteile eingefügt.

Neue Konstruktionsprinzipien machen auch neue Fertigungstechnologien erforderlich. So wurden verbesserte Leichtmetalllegierungen und Prozesstechniken entwickelt. Neben Schweißen und Kleben dienen erstmals im Automobilbau Stanznieten als Verbindungselemente. Über 40 Patente bzw. Patentanmeldungen dazu dokumentieren die innovativen Leistungen bei dem von Audi entwickelten Space Frame.

Seine Weltpremiere feierte der Aluminium Audi als Nachfolger des Audi V8 auf dem Genfer Automobilsalon im März 1994. Mit der neuen Modellbezeichnung A8 leitete er eine allgemeine Änderung in der Audi Modellnomenklatur ein. Im Sommer folgte der überarbeitete Audi 100, jetzt unter dem Namen A6. Im November 1994 erschien dann der neue Audi 80 als A4 auf dem Markt. Er entwickelte sich schnell zur Trumpfkarte für den weiteren Erfolg. Zunächst als Limousine gebaut, übertraf er alle Erwartungen in puncto Marktakzeptanz.

*Audi Space Frame
ASF Concept Car*

Audi A8

Allein in Deutschland verkaufte sich der Audi 80 Nachfolger im Jahr 1995 fast 120.000 Mal. Im Februar 1996 erfolgte dann die Markteinführung des Audi A4 in der Avant-Version. Bereits am 17. Juni 1998 konnte die Produktion stolz die Fertigstellung des millionsten Audi A4 vermelden.

Audi A4 Limousine

Designorientierung und Emotionalität

Dem Verdrängungswettbewerb auf den Weltmärkten kann sich ein modernes Automobilunternehmen nicht mehr nur durch herausragende Qualität, hohe Sicherheit, Komfort und überzeugende technische Leistungen stellen. Das Image einer Automobilmarke wird heutzutage entscheidend von emotionalen Faktoren mitbestimmt. Zunehmend trifft der Kunde seine Kaufentscheidungen „mit dem Bauch". „Emotionen wecken" – unter diesem Motto stellte Audi im Herbst 1995 zwei Automobilstudien vor: das Audi TT Coupé auf der IAA in Frankfurt und den Audi TT Roadster auf der Tokyo Motor Show. Beide Fahrzeuge verkörpern eine gelungene Symbiose aus Anklängen an historisches Automobildesign und modernen Stilelementen mit ausgereifter Technik. Um eine kurze Bauweise zu ermöglichen (Coupé und Roadster messen gerade einmal vier Meter in der Länge), ist der Motor vorn quer eingebaut. Die klassisch runden Formen verleihen den Sportwagenstudien eine ungewöhnliche Ausstrahlung. In der allgemeinen Begeisterung wird immer wieder die eine Frage gestellt: „Wird Audi diese Autos

Audi TT Coupé

Endmontage des Audi TT im Audi Werk Györ

bauen?" Im Dezember 1995 fiel die Entscheidung des Audi Vorstands, beide Sportwagen in Serie zu produzieren. Knapp drei Jahre später, im Herbst 1998, kam zunächst das TT Coupé auf den Markt, im September 1999 gefolgt von der offenen Variante, dem TT Roadster. Dass die Serienfahrzeuge weitestgehend den Designstudien entsprachen, wurde von den Kunden mit großer Begeisterung aufgenommen.

In einer Verbundfertigung zwischen dem Werk Ingolstadt und der Audi Hungaria Motor Kft. werden die lackierten TT-Karosserien per Bahn von Ingolstadt ins ungarische Györ transportiert, wo dann die Endmontage stattfindet. In kurzer Zeit erlangte der Audi TT fast so etwas wie einen Kultstatus. Die Fachpresse erkor den TT zu ihrem Liebling und würdigte die gelungene Kombination aus richtungweisender Technik und modernem Design. Bei aller Begeisterung fanden sich aber auch kritische Stimmen über das Handling des Sportwagens im Grenzbereich. Zwar hatte der TÜV Süddeutschland nach aufwendigen Fahrversuchen dem Audi TT bescheinigt, er sei ein auch „im Wettbewerbsvergleich überdurchschnittlich gutes Sportauto". Aber die in den Medien emotional geführte Diskussion führte zu Irritationen der Kunden. Anfang 2000 ging Audi in die Offensive. Bei einer Pressekonferenz entschuldigte sich der Vorstandsvorsitzende Dr. Franz-Josef Paefgen bei den Kunden für die Verunsicherung. Audi bot daher allen TT-Besitzern Fahrwerksmodifikationen und die Nachrüstung ihres Fahrzeugs mit einem Heckspoiler und mit dem

Audi TT Roadster

Audi TT

Elektronischen Stabilitätssrogramm (ESP) an. Ende März 2000 lief die ESP-Umrüstaktion unter dem Namen „Phoenix" in den Werken Ingolstadt und Györ an. Im Herbst 2000 soll dieser in der Automobilindustrie bisher einmalige Vorgang beendet sein. Bis dahin sollen rund 40.000 TT auf den neuen Serienstandard umgerüstet sein.

Modellprogramm mit neuem Profil

Nachdem Audi ab 1988 mit dem V8 und ab 1994 mit dem A8 die Marke erfolgreich im Premiumsegment platzieren konnte, ging man in einer gemeinsamen Plattformstrategie mit VW daran, ein Einsteigermodell zu entwickeln.

So erschien im September 1996 zur Abrundung der Audi Modellpalette der kleine Audi unter der Bezeichnung A3, der seitdem auch in der Kompaktklasse neue Käuferschichten erschließt. Zunächst nur als Dreitürer auf dem Markt, erfolgte im Frühjahr 1999 die Einführung des A3 in einer fünftürigen Version.

Im März 1997 feierte die neue Audi A6 Limousine auf dem Genfer Automobilsalon ihre Weltpremiere. Auch diese Neuschöpfung stand ganz im Zeichen einer modernen Designorientierung: kompakte Geschlossenheit anstelle des klassischen Stufenheckdesigns. Ein Jahr später konnte der Kunde den neuen Audi A6 auch als Avant ordern. Im Oktober 1999 bewies Audi einmal mehr „Vorsprung durch Technik". Bei den internationalen Pressetagen in Ingolstadt wurde den Journalisten der Audi A6 mit dem stufenlosen Automatikgetriebe multitronic vorgestellt. In jeder Fahrsituation stellt dieses über eine Laschenkette und zwei Kegelscheiben (Variator) gesteuerte Getriebe stufenlos stets die optimale Übersetzung bereit. Tausend Gänge und mehr, ruckfrei, mit einer besseren Beschleunigung und geringerem Verbrauch im Vergleich zu konventionellen Automatik- und Schaltgetrieben. Ausgehend vom Audi A6 mit dem V6-2,8-Liter-Motor und Frontantrieb, wird die multitronic sukzessive für andere Motorisierungen und Modelle angeboten werden. Zahlreiche Patentanmeldungen zur multitronic unterstreichen den Leitgedanken „Vorsprung durch Technik" und zeichnen Audi erneut als technologischen Trendsetter aus.

Audi A3

Audi A6

1985–2000

Audi A6 Avant

Audi A2

Audi allroad quattro

Seit Juni 2000 ist Audi neben dem A3 mit einem weiteren Modell in der Kompaktklasse vertreten: dem Audi A2, dem ersten Großserienauto mit Aluminiumkarosserie. Mit einer Länge von nur 3,82 m und einem Gewicht von 895 kg verbindet der Audi A2 intelligenten Leichtbau im verdichteten Format mit überlegener Raumökonomie, markantem Design und überdurchschnittlichen Fahrleistungen. Als aktuelles Highlight in der Produktpalette wurde auf dem Genfer Automobilsalon im März 2000 der Audi allroad quattro vorgestellt. Dieses neue Modell verbindet auf überzeugende Weise scheinbare Gegensätze miteinander: ein Personenwagen der automobilen Oberklasse, der es im Gelände durch den Einsatz innovativer Technik mit typischen Geländewagen aufnehmen kann.

Kategorien und Generationen

Seit Ende der 60er Jahre wurden bei Audi die Typenbezeichnungen Audi 100 und Audi 80 konsequent über mehrere Modellgenerationen hinweg beibehalten. Die erste Generation des Audi 100 erschien im Jahr 1968.

Vier Generationen Audi 100 anlässlich des dreimillionsten Audi 100 (März 1992)

Die zweite wurde 1976 vorgestellt, die dritte 1982 und die vierte 1990.

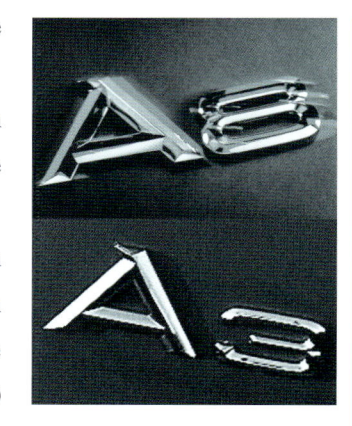

Beim Audi 80 folgten der ersten Generation von 1972 im Jahr 1978 die zweite, 1986 und 1991 die dritte und vierte.

Zur besseren Unterscheidung der einzelnen Generationen wurden intern die Modellreihen in B-, C- und später auch D-Klasse eingeteilt: Der erste Audi 80 von 1972 war der B1, der erste Audi 100 von 1968 der C1 und der Audi V8 von 1988 erhielt die interne Bezeichnung D1.

1994 ist mit dem komplett neuen Typenprogramm auch eine neue öffentlichkeitsbezogene Bezeichnung eingeführt worden: A4 steht für die bisherigen 80er-Typen, die überwiegend mit Vierzylindermotoren geliefert werden. Dabei ist erstmals der neue Fünfventilmotor zur Erfüllung zukünftiger, noch schärferer Abgasvorschriften eingesetzt worden. Er wird im ebenfalls 1994 eröffneten neuen Motorenwerk in Györ/Ungarn gebaut.

A6 steht für die bisherigen 100er-Typen, und wird mit den seit 1992 in Produktion befindlichen V6-Motoren ausgestattet.

A8 steht für den bisherigen Audi V8, der – ein Novum in der Premiumklasse – seit Juni 1997 auch mit einem V6-TDI-Motor erhältlich ist und dessen Motorenpalette im Frühjahr 2000 durch einen 3,3-Liter-V8-TDI-Motor ergänzt wurde. Für besondere Ansprüche an Repräsentanz und Komfort steht seit Herbst 1999 der A8 mit 4,2-Liter-V8-Motor auch in einer Langversion zur Verfügung.

Unter der Bezeichnung A3 gab im September 1996 der „kleine" Audi sein Debut in der Kompaktklasse, die seit Juni 2000 um den Audi A2, das erste Großserienautomobil mit Aluminiumkarosserie, ergänzt wurde.

In der neuen Audi Typologie wurde der Audi 100 zum A6

Fertigung der Audi A2-Aluminiumkarosserie in Neckarsulm

S wie „souverän – sicher – sportlich"

Mit dem rot-silbernen S-Emblem kennzeichnet Audi in seiner Modellpalette die sportlich ausgelegten Hochleistungsfahrzeuge mit serienmäßigem quattro-Antrieb. War das Sport quattro Evolutionsmodell S1 von 1985 noch ein reines Rallyesportfahrzeug, so wurde das Audi Coupé quattro S2 von 1990 als Nachfolger des Ur-quattro für den normalen Straßenverkehr konzipiert, ab 1993 ergänzt durch den Avant S2 und die Limousine S2, jeweils mit der Karosserie des Audi 80. Im Mai 1991 erschien der Audi S4 mit der Karosserie des Audi 100 als sportliche Limousine; ab September 1991 war er dann auch in der Avant-Version erhältlich. Waren die S-Modelle bislang alle mit dem Fünfzylinder-20V-Turbomotor ausgestattet, so konnte man den S4 Avant ab Ende 1992 auch mit dem 4,2-Liter-Achtzylindermotor erhalten. Die S4-4,2-Liter-Limousine folgte im März darauf. Eine Sonderstellung nahm der in Zusammenarbeit mit Porsche entwickelte Audi Avant RS2 ein. Dieser exklusive Hochleistungssportkombi, von dem zwischen Herbst 1993 und Juli 1995 insgesamt 2.891 Einheiten gebaut wurden, entstand auf der Basis des Audi 80 Avant.

Der Audi S4 von 1991 basierte auf dem Audi 100 der vierten Generation (C4)

Der Audi Hochleistungssportkombi RS2 von 1993

Die Einführung der neuen Modellbezeichnungen A4, A6 und A8 im Jahr 1994 ließ auch eine analoge Änderung der Nomenklatur für die S-Modelle sinnvoll erscheinen. So erhielten mit der Markteinführung des Audi A6 im Juni 1994 die sportlichen Modelle dieses Typs die Bezeichnung S6 (Limousine und Avant). Erhältlich war dieser S6 der ersten Generation mit dem 4,2-Liter-V8-Motor und ein letztes Mal mit dem bewährten Fünfzylinder-Turbo-Aggregat, dessen lange und erfolgreiche Ära im Frühjahr 1997 zu Ende ging.

Auf dem Genfer Salon im Frühjahr 1996 wurde das sportliche Pendant des Audi A8 vorgestellt: der Audi S8, ausgestattet mit einem 250 kW (340 PS) starken 4,2-Liter-V8-Motor.

Auf der IAA 97 in Frankfurt präsentierte Audi den S4 und S4 Avant als konsequente Weiterentwicklung des S-Konzepts. Mit einem neu entwickelten 2,7-Liter-V6-Biturbotriebwerk (195 kW/265 PS) demonstrierten die neuen S-Modelle einmal mehr „Vorsprung durch Technik".

Audi S3 (1999)

Das Jahr 1999 sah die Vervollständigung der S-Modellreihe. Gleichzeitig mit dem A3-Fünftürer erschien im Frühjahr der S3 mit einem 154 kW (210 PS) starken Vierzylinder-Turbomotor als sportliche Variante in der Audi Kompaktklasse. Im September 1999 auf der IAA in Frankfurt präsentierte Audi dann den S6 der zweiten Generation auf der Basis des aktuellen, intern als C5 bezeichneten Audi A6.

Ebenfalls im Herbst 1999 griff man die Idee des Hochleistungssportkombis RS2 von 1993 wieder auf und stellte den RS4 auf Basis des S4 Avant vor. Der RS4 mit seinem 280 kW (380 PS) starken V6-Biturbomotor ist das erste eigenständige Fahrzeug, das die Audi Tochter quattro GmbH konzipiert und zusammen mit der AUDI AG entwickelt hat. Produziert wird der RS4 im Verbund mit dem Werk Ingolstadt und der quattro GmbH in Neckarsulm, wo Endmontage und Finish per Handarbeit in kleinen Tagesstückzahlen erfolgen.

Audi S6 (2000)

Dr. Ferdinand Piëch

Ferdinand Piëch

1937	Am 17. April in Wien als Sohn des Rechtsanwalts Dr. jur. Anton Piëch und seiner Ehefrau Louise, geb. Porsche, geboren
1962	Diplom-Prüfung an der Eidgenössischen Technischen Hochschule (ETH) in Zürich
1963	Eintritt bei der Dr.-Ing. h.c. F. Porsche KG in Stuttgart-Zuffenhausen als Sachbearbeiter im Motorenversuch
1966	Versuchsleiter der Porsche KG
1968	Leiter der Technischen Entwicklung der Porsche KG
1971	Technischer Geschäftsführer der Porsche KG
1972	Eintritt bei der Audi NSU Auto Union AG als Hauptabteilungsleiter für Sonderaufgaben der Technischen Entwicklung
1973	Bereichsleiter für den Gesamtversuch
1974	Leiter der Technischen Entwicklung
1975	Berufung in den Vorstand der Audi NSU Auto Union AG für den Geschäftsbereich Technische Entwicklung
1984	In Anerkennung seiner Leistungen auf dem Gebiet des Automobilbaus Verleihung der Würde eines Ehrendoktors der Technischen Wissenschaften – Dr. tech. h. c. – der Technischen Universität Wien
1988	Am 1. Januar Berufung zum Vorstandsvorsitzenden der AUDI AG
1993	Berufung zum Vorsitzenden des Vorstands der Volkswagen AG

„Paukenschläge müssen in die Zeit passen, und im Moment ist tatsächlich Evolution das Gebot der Stunde. 1982, als wir den C3 vorstellten, haben die Menschen auf so etwas gewartet, sie haben sehr empfindlich auf jede Bewegung reagiert, die sich in der technischen Welt abspielte. Insoweit hat der c_w-Weltmeister hervorragend in dieses Szenario gepaßt. Heute verhält es sich etwas anders: Die Menschen, vor allem die klassischen Käufer dieser Automobilklasse, erwarten Feinarbeit im Detail, optimale Abstimmung des Gesamtfahrzeugs und insgesamt ein besseres Ambiente."

Dr. Ferdinand Piëch in einem Gespräch mit dem Industriemagazin
Ende 1990 zum Audi 100 C4.

Franz-Josef Paefgen

1946	Am 10. Mai in Büttgen/Neuss geboren
1967	Studium in den Fachrichtungen Maschinenbau und Wirtschaftswissenschaften an den Technischen Universitäten Karlsruhe und Aachen mit anschließender Promotion zum Doktor der Ingenieurwissenschaften
1976	Eintritt in die Fordwerke AG, zunächst als Graduate Trainee; Tätigkeiten in der Motorenentwicklung und in der Qualitätssicherung
1980	Eintritt bei der Audi NSU Auto Union AG; im Werk Neckarsulm zuständig für den Bereich Konstruktion, Innenausstattung und Elektrik
1987	Leiter für die Entwicklung Ausstattung und Klimatisierung in der Technischen Entwicklung der AUDI AG in Ingolstadt
1991	Leiter Produktplanung und Projektmanagement
1994	Kommissarischer Leiter der Technischen Entwicklung
1995	Ab März Mitglied des Vorstands der AUDI AG für den Geschäftsbereich Technische Entwicklung
1997	Am 1. Januar Übernahme des Amts des stellvertretenden Vorstandsvorsitzenden der AUDI AG und Ernennung zum Sprecher des Vorstands.
1998	Seit 18. März Vorsitzender des Vorstands der AUDI AG

„Die Sympathie für eine Marke, ihre Produkte und Menschen sind ein entscheidender Wettbewerbsfaktor. Seit vielen Jahren arbeiten wir an der Verbesserung unseres Images. Das geht nicht von heute auf morgen. Jetzt sind wir so weit, daß wir die Früchte dieser schon vor längerer Zeit begonnenen Arbeit ernten können."

Dr.-Ing. Franz-Josef Paefgen im März 1998 zur Position des Unternehmens in einem Interview mit der Zeitschrift Audi mobil

Dr.-Ing. Franz-Josef Paefgen

Audi S8 (2000)

Die wichtigsten Audi Typen 1985–2000

Typ	Zylinderzahl/ Anordnung	Bohrung x Hub in mm	Hubraum in cm³	kW/PS	Bauzeit	Bemerkung/ interne Bezeichnung
80	4 R	81,0 x 86,4	1.781	55/75	1986–1989	B3
80 Turbo Diesel	4 R	76,5 x 86,4	1.588	59/80	1988–1991	B3
90 20V	5 R	82,5 x 86,4	2.309	123/167	1987–1991	B3
Coupé	5 R	82,5 x 86,4	2.309	98/133	1988–1994	
V8	8 V	81,0 x 86,4	3.562	184/250	1988–1994	D1
100 TDI	5 R	81,0 x 95,5	2.460	88/120	1989–1990	C3
200 quattro 20V	5 R	81,0 x 86,4	2.226	162/220	1989–1991	Basis: C3
100/2.3 E	5 R	82,5 x 86,4	2.309	98/133	1990–1994	C4
100/2.8 E	6 V	82,5 x 86,4	2.771	128/174	1990–1994	C4
S4	5 R	81,0 x 96,4	2.226	169/230	1991–1994	Basis: C4
80	4 R	82,5 x 92,8	1.984	85/115	1991–1994	B4
80 TDI	4 R	79,5 x 95,5	1.896	66/90	1991–1994	B4
Cabriolet	5 R	82,5 x 86,4	2.309	98/133	1991–1994	
S2	5 R	81,0 x 86,4	2.226	169/230	1991–1996	Basis: Coupé und ab 1993 B4
RS2	5 R	81,0 x 86,4	2.226	232/315	1994–1995	Basis: B4 Avant
Cabriolet	6 V	82,5 x 86,4	2.771	128/174	1994–2000	
A6	6 V	82,5 x 86,4	2.771	128/174	1994–1997	C4 Facelift
A6 TDI	5 R	81,0 x 95,5	2.461	103/140	1994–1997	C4 Facelift
S6	5 R	81,0 x 96,4	2.226	169/230	1994–1997	C4 Facelift
A4	4 R	81,0 x 86,4	1.781	92/125	seit 1994	B5
A4 TDI	4 R	79,5 x 95,5	1.896	66/90	seit 1994	B5
A8	8 V	84,5 x 93,0	4.172	220/300	seit 1994	D2
A8 TDI	6 V	78,3 x 86,4	2.496	110/150	seit 1997	D2
S8	8 V	84,5 x 93,0	4.172	250/340	seit 1996	Basis: D2
A3	4 R	81,0 x 86,4	1.781	92/125	seit 1996	
A3 TDI	4 R	79,5 x 95,5	1.896	66/90	seit 1996	
A6	6 V	82,5 x 86,4	2.771	142/193	seit 1997	C5
A6 TDI	6 V	78,3 x 86,4	2.496	110/150	seit 1997	C5
TT Coupé	4 R	81,0 x 86,4	1.781	132/180	seit 1998	
TT Roadster	4 R	81,0 x 86,4	1.781	132/180	seit 1999	
S4	6 V	81,0 x 86,4	2.671	195/265	seit 1998	Basis: B5
S3	4 R	81,0 x 86,4	1.781	154/210	seit 1999	Basis: A3
S6	8 V	84,5 x 93,0	4.172	250/340	seit 2000	Basis: C5
RS4	6 V	81,0 x 86,4	2.671	280/380	seit 2000	Basis: B5 Avant
A2	4 R	76,5 x 75,6	1.390	55/75	seit 2000	
A2 TDI	3 R	79,5 x 95,5	1.422	55/75	seit 2000	
allroad quattro	6 V	81,0 x 86,4	2.671	184/250	seit 2000	Basis: C5 Avant

271

Motorsporterfolge am Ende des Jahrhunderts

Auftakt zu grandiosen Rallye-Erfolgen war das Jahr 1982, als Audi erstmals die Markenweltmeisterschaft erringen konnte. Im folgenden Jahr war Hannu Mikkola der erste Fahrerweltmeister auf Audi. Nach überragenden Erfolgen 1984 und dem Gewinn der Doppelweltmeisterschaft konnte Audi 1985 den Vizetitel in der Markenweltmeisterschaft erringen. In der Rallye-Fahrerweltmeisterschaft konnten die Werkteams Blomqvist/Cederberg Platz 2 und Röhrl/Geistdörfer Platz 3 belegen. Mit 23 Siegen in nur fünf Jahren zählte der Audi quattro zu den erfolgreichsten Rallyefahrzeugen seit Bestehen der Weltmeisterschaft. Auch im fernen Osten vermochte er Hunderttausende von Zuschauern zu begeistern. Auf der 1985 erstmals ausgetragenen Rallye Hongkong–Peking gelang Hannu Mikkola und Arne Hertz ein triumphaler Erfolg, der im Jahr darauf durch das quattro-Team Blomqvist/Berglund in überzeugender Weise wiederholt werden konnte.

Das Jahr 1986 war überschattet von einem tragischen Unfall bei der Portugal-Rallye, als der Portugiese Joaquim Santos die Kontrolle über seinen Ford RS 200 verlor und in die Zuschauer raste. Da sich die Veranstalter der verschiedenen Weltmeisterschaftsläufe außerstande sahen, die Sicherheit für Fahrer und Zuschauer durch geeignete Maßnahmen entlang der Pisten zu verbessern, entschloss man sich bei Audi, nicht weiter am Rallyegeschehen der Gruppe B teilzunehmen.

Rallye Monte Carlo 1986; Walter Röhrl und Christian Geistdörfer im Audi Sport quattro S1

1989 startete Audi mit dem Audi 90 quattro in der US-amerikanischen IMSA-GTO Serie

Gipfelstürmer, Sprinter, Marathonläufer

Nachdem die Gruppe-B-Boliden ins Museum verbannt worden waren und nur noch Gruppe-A-Autos zugelassen waren, kehrte Audi 1987 in die Rallyeweltmeisterschaft zurück. Auf dem Audi 200 quattro sicherte sich Hannu Mikkola den ersten Audi Sieg bei der berüchtigten Safari-Rallye in Kenia.

1985–2000

Pikes-Peak-Rennen in Colorado/USA 1987; Walter Röhrl beim Sturm auf den Gipfel

Audi 200 quattro Trans Am (1988)

Audi 90 quattro IMSA-GTO (1989)

Sein Teamkollege Walter Röhrl sorgte beim Pikes-Peak-Bergrennen in Colorado/USA für Furore. In einem 598 PS starken Audi Sport quattro S1 stürmte er in Rekordzeit den Gipfel. Damit stand bei diesem traditionsreichen Bergrennen zum dritten Mal hintereinander ein Audi Fahrer auf dem Siegerpodest, nachdem 1985 Michèle Mouton und im Jahr darauf Bobby Unser den Audi Sport quattro S1 in Bestzeit den Berg hinaufgejagt hatten. 1987 war auch das Jahr für die Audi Privatfahrer Armin Schwarz und H. J. Hösch. Sie gewannen auf Audi die deutsche Rallyemeisterschaft für Fahrer und Marke.

Nicht nur auf Schotter und Schlamm oder in Schnee und Eis bietet der Audi quattro überragende Fahrleistungen. Um das zu beweisen, trat Audi 1988 bei der amerikanischen Trans-Am-Serie an. Das Audi Team mit Hurley Haywood, Walter Röhrl und Hans-Joachim Stuck startete bei dieser amerikanischen Produktionswagenmeisterschaft, die insgesamt 13 Rundstreckenrennen umfasst, auf modifizierten Audi 200 quattro. Trotz der erwartungsgemäß starken amerikanischen Konkurrenz und trotz einiger auferlegter Restriktionen, z. B. einer Gewichtserhöhung, gelang es Audi bereits nach dem 10. Lauf, sich den Meisterschaftstitel zu sichern. Den Titel der Fahrermeisterschaft konnte Hurley Haywood für sich verbuchen. Zu Hause konnte Armin Schwarz auf einem Audi 200 quattro erfolgreich den Meisterschaftstitel des Vorjahres verteidigen.

Auch das Jahr 1989 verbrachte das Audi Team in den USA. Die neue Herausforderung hieß IMSA-GTO. Die Audi Sportabteilung hatte für diese anspruchsvolle Produktionsrennwagenserie ein Fahrzeug auf der Basis des Audi 90 quattro entwickelt, dessen Fünfzylinder-20V-Turbomotor satte 620 PS leistete. Ausreichend, um das 1.200 kg schwere Fahrzeug auf eine Geschwindigkeit von 310 km/h zu beschleunigen. Mit insgesamt sieben Siegen, davon fünf Doppelsiegen, wurde Audi am Ende der Saison Vizemeister. Den Gewinn der Meisterschaft verpassten Stuck und Audi nur deshalb, weil auf die Teilnahme an den Langstreckenrennen in Sebring und Daytona verzichtet worden war.

Sportliche Erfolge mit V8

1990 kehrte Audi nach Deutschland zurück. Erstmals brachte man den Audi V8 quattro zum Rennen mit. Es geschah, was niemand für möglich gehalten hatte: Mit diesem, niemals für den Sporteinsatz vorgesehenen, oft spöttisch als „Chauffeurauto" bezeichneten Audi gewann Hans-Joachim Stuck in einer mitreißenden Saison und schließlich in einem packenden Finale auf dem Hockenheimring die Deutsche Tourenwagen-Meisterschaft (DTM).

Im darauf folgenden Jahr gingen vier Audi V8 an den Start. Zum Team gehörten neben Stuck die Fahrer Biela, Jelinski und Haupt. Im alles entscheidenden letzten Rennen auf dem Hockenheimring konnte Biela in einer an Dramatik kaum zu überbietenden Rennveranstaltung beide Läufe des Rennens für sich entscheiden – und den Titelgewinn für Audi nach Hause holen. Als erster Automobilhersteller in der Geschichte der Deutschen Tourenwagen-Meisterschaft konnte Audi somit seinen Titel verteidigen.

Nach zwei Titelgewinnen in der DTM durch Hans-Joachim Stuck 1990 und Frank Biela 1991 betrachtete Audi die DTM-Saison 1992 von Anfang an nur als Übergangsjahr. Gleich noch einmal Meister zu werden, das war in Ingolstadt, wo man sich schon auf die Saison 1993 mit einem neuen Reglement vorbereitete, kein Thema. Durch die Entscheidung der Obersten Nationalen Sportbehörde (ONS), die im Audi V8 quattro verwendete Kurbelwelle mitten in der Saison 1992 für nicht reglementskonform zu erklären, wurde die weitere Teilnahme von Audi an der DTM gestoppt. Im Vorfeld hatte die ONS für diese Kurbelwelle zweimal grünes Licht gegeben.

Daraufhin beteiligten sich Hans-Joachim Stuck und Frank Biela in der zweiten Saisonhälfte erfolgreich an Läufen zu den Tourenwagen-Meisterschaften in Südafrika und Frankreich.

Frankreich, eines der wichtigsten Exportländer für Audi, war dann auch der Schauplatz für die Audi Rennaktivitäten des Jahres 1993. Frank Biela startete in der französischen Supertourisme Tourenwagen-Meisterschaft auf einem 272 PS

*Audi Piloten:
H.-J. Stuck, F. Jelinski,
F. Biela, W. Röhrl (v. l.)*

Der Audi V8 quattro präsentierte sich in der DTM-Saison 1992 im neuen silber-roten Farbkleid

Der Audi 80 competition fand seinen Einsatz im D1 ADAC Tourenwagen-Cup, der nach dem weltweit gültigen Zwei-Liter-Reglement ausgetragen wird

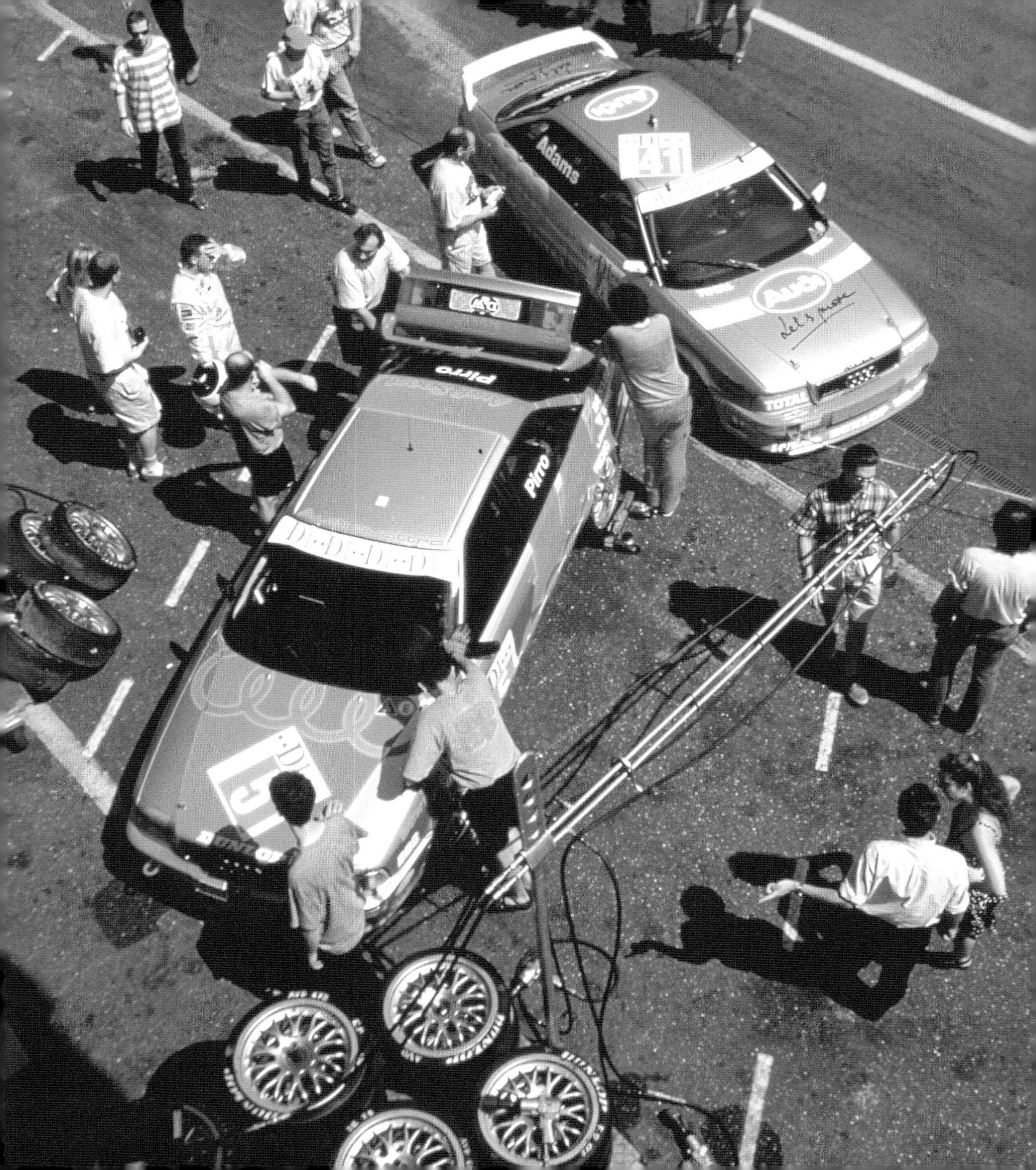
Adams
41
Pirro
Audi
TOTAL

starken Audi 80 quattro. Am Ende der Saison konnte er den Sieg für sich verbuchen. Zusammen mit seinem Teamkollegen Marc Sourd sicherte er Audi auch den Gewinn der bis zum letzten Rennen hart umkämpften Markenwertung.

Neue Fahrer, neue Siege

Von nun an setzte Audi im Motorsport auf die 2-Liter-Klasse. In dem 1994 erstmalig veranstalteten D1 ADAC Tourenwagen-Cup starteten die Ingolstädter mit dem Audi 80 competition wieder vor heimischem Publikum. Mit souveränen Siegen zum Saisonauftakt demonstrierte Frank Biela eindrucksvoll seine Anwärterschaft auf den Titel. Am Ende musste er sich äußerst knapp geschlagen geben und belegte den zweiten Platz hinter Johnny Cecotto auf BMW. Etwas mehr Glück hatte sein Teamkollege Emanuele Pirro, der in der parallel ausgetragenen italienischen Tourenwagen-Meisterschaft, ebenfalls auf einem Audi 80 competition, die Fahrer- und die Markenmeisterschaft im Zeichen der vier Ringe gewann.

Zehn Jahre nach dem Abschied von der erfolgreichen Audi Rallyepilotin Michèle Mouton schickte Audi 1995 wieder eine Frau ins Rennen. Tamara Vidali, die schnelle Italienerin, verstärkte das Audi Team, das in diesem Jahr auf dem neuen Audi A4 Supertouring im D1 ADAC Super-Tourenwagen-Cup und in der italienischen Tourenwagen-Meisterschaft startete. Wieder einmal hatte Audi einen guten Saisonauftakt und konnte im Super-Tourenwagen-Cup zur Halbzeit klar dominieren. Doch dann fehlte das notwendige Quäntchen Glück, so dass am Ende der Saison Biela, Stuck und Heger die Plätze 3 bis 5 belegten. Erfolg auf der ganzen Linie dagegen in Italien. Emanuele Pirro gewann elf von 20 Rennen und stellte damit einen neuen Rekord auf. Er konnte überlegen seinen Meistertitel verteidigen, und die Markenmeisterschaft fiel einmal mehr an Audi. Vizemeister wurde sein Teamkollege Rinaldo Capello. Doch auch Frank Biela konnte zum Saisonaus-

Michèle Mouton und Tamara Vidali

1985–2000

klang noch einen großartigen Triumph feiern. Er gewann innerhalb des FIA Touring World Cup das Tourenwagen-Weltfinale auf der Rennstrecke von Paul Ricard in Südfrankreich und wurde erstmals Super-Tourenwagen-Weltmeister, gefolgt von Emanuele Pirro, der in der Gesamtwertung Zweiter wurde.

Sieben auf einen Streich

Für die Rennsaison 1996 hatte Audi Sportchef Dr. Wolfgang Ullrich neben den Meisterschaften in Deutschland und Italien die britische Tourenwagen-Meisterschaft ins Visier genommen. Darüber hinaus fuhren die Audi A4 Supertouring, mit Unterstützung der jeweiligen Importeure, um die nationalen Tourenwagen-Meisterschaften in Belgien, Spanien, Australien und Südafrika. Audi hatte damit auch im Motorsport seine weltweite Präsenz verstärkt. Mit beeindruckendem Erfolg: In sieben Ländern gingen die nationalen Meistertitel an Audi.

Eher bescheiden nahm sich nach diesem Erfolgsjahr das Abschneiden 1997 aus. Die Reglementänderung, die für Allradantriebe ein Zusatzgewicht von bis zu 95 kg vorschrieb, zeigte Wirkung. Zwar belegten einige beachtliche Siege das Leistungspotenzial des Audi A 4 quattro auch trotz der Handicapgewichte. Doch am Ende der Saison musste sich das Audi Team mit den weniger dankbaren Plätzen begnügen: Pirro auf Platz 5 in Deutschland, Biela Zweiter in der britischen Tourenwagen-Meisterschaft und Capello Dritter in Italien.

Wie im Vorjahr, so konnte auch in der Saison 1995 Emanuele Pirro die italienische Tourenwagen-Meisterschaft, jetzt im Audi A4 Superturismo, für sich entscheiden

Audi Piloten: S. Blomqvist, H. J. Stuck, R. Capello, E. Pirro, F. Biela, M. Alberto, C. Abt

„Bye, bye, quattro" hieß es zur Tourenwagen-Saison 1998. Die Ära des Audi quattro im Rundstreckensport war vorerst zu Ende. Die internationale Automobilsportbehörde FIA hatte in ihrem Reglement den Allradantrieb bei Tourenwagen mit Beginn der 98er-Saison gestrichen. Einen überzeugenderen Beweis für die Überlegenheit der quattro-Technik konnte es nicht geben. Bereits in der Vorjahressaison hatte Audi daher den A4 mit Frontantrieb zusätzlich ins Rennen geschickt, um entsprechende Erfahrungen zu sammeln. Doch eher ernüchternd verlief dann die 98er-Rennsaison. Die in Deutschland, England und Italien eingesetzten Audi A4 blieben ohne Sieg, auch wenn die Audi Sportteams gegen Ende der Saison die Umstellung auf den A4 mit Frontantrieb immer besser in den Griff bekommen hatten. Kleines Trostpflaster: In der mitteleuropäischen und australischen Tourenwagen-Meisterschaft, in denen das Reglement den Einsatz von allradgetriebenen Fahrzeugen erlaubte, konnten die von den jeweiligen Importeuren unterstützten Audi Teams mit dem A4 quattro den Sieg davontragen.

Erfolgsjahr 1996: In sieben Ländern gingen die nationalen Meistertitel an Audi

Audi A4 Supertouring (1996)

Neue Herausforderung: Audi R8 im 24-Stunden-Rennen von Le Mans 2000

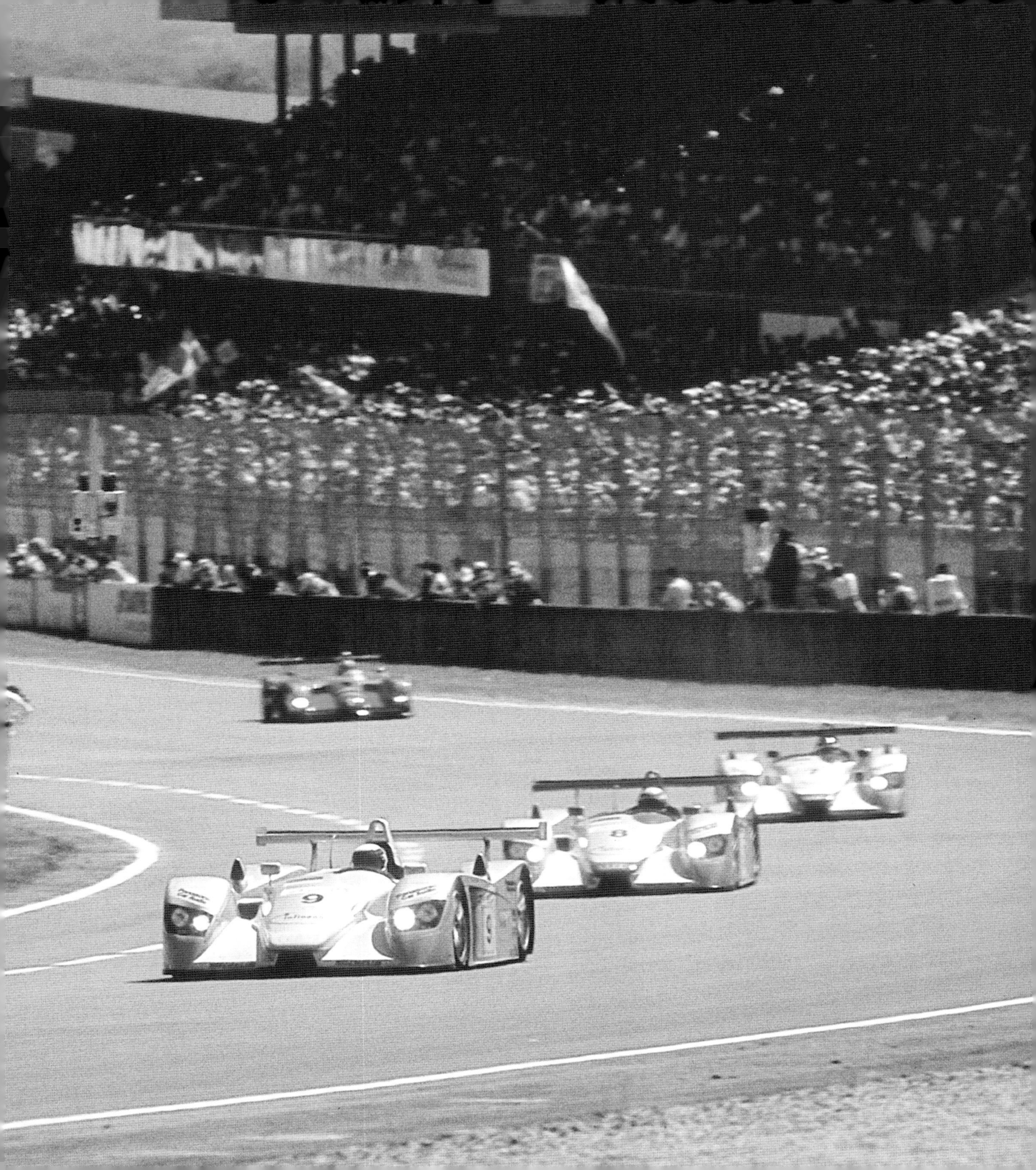

Neue Wege, neue Herausforderungen

„Auf zu neuen Ufern" hieß es im darauf folgenden Jahr. Ein Klassiker im internationalen Motorsport stand auf dem Plan: die 24 Stunden von Le Mans. Ein Rennen mit eigener Dynamik, eine mörderische Distanz, gleich der von fünfzehn Formel-1-Grand-Prix, Sprint und Marathon zugleich. Hohe Geschwindigkeiten, technische Zuverlässigkeit und menschliche Ausdauer sind gleichermaßen erforderlich, um hier erfolgreich zu bestehen.

Die erstmalige Teilnahme von Audi an diesem berühmtesten aller Langstreckenrennen erforderte die völlige Neuentwicklung eines Rennsportwagens, der nach 15 Monaten Entwicklungszeit im Oktober 1998 erstmals der Presse vorgestellt wurde: der Audi R8. Beeindruckend die geduckte, kraftvolle Erscheinung der aus Kohlefaser gefertigten Karosserie. Beeindruckend auch die Motoreckdaten: V8-Biturbo mit 3.600 ccm Hubraum und einer Leistung von 450 kW (610 PS) bei 6.300 min^{-1}.

Um die Chancen bestmöglich zu verteilen und das Reglement in allen Facetten zu nutzen, entschied man sich bei Audi für den Einsatz von insgesamt vier Fahrzeugen: zwei in offener Ausführung (R8R) und zwei mit geschlossenem Cockpit (R8C).

Wie bereits im Tourenwagensport suchte Audi die Zusammenarbeit mit erfahrenen Rennsportteams: das Team Joest, zuständig für den Einsatz der R8R, und das britische Team Audi UK unter Leitung von Richard Lloyd, das die beiden R8C unter seine Fittiche nahm. Insgesamt zwölf Fahrer wurden verpflichtet, darunter die Audi Stammfahrer Frank Biela, Emanuele Pirro und Rinaldo Capello. Ebenfalls mit dabei Christian Abt, der bereits in der Vorjahressaison das Audi Team verstärkt hatte und nun parallel zum Le-Mans-Einsatz auf einem Audi A4 quattro in der Deutschen Super-Tourenwagen-Meisterschaft erfolgreich mitmischte.

12. Juni 1999, 16.00 Uhr, der Marathon beginnt. Fast 5.000 Kilometer liegen vor den Fahrern, Runden, so viele, wie das Jahr Tage hat. Wird sich das Konzept von Audi bewähren, werden die vielen theoretischen Berechnungen in der harten Praxis aufgehen? Zumindest nicht für die beiden R8C: Beide fallen mit Getriebeproblemen aus. Doch die zwei verbleibenden R8 Roadster halten durch, drehen

Le Mans 1999

Le Mans 2000

1985–2000

Siegerehrung Le Mans 2000: drei Audi Mannschaften auf dem Treppchen

unbeirrt Runde um Runde. Nach 24 Stunden Riesenjubel in der Audi Box. Platz drei und vier in diesem schwersten aller Motorsport-Marathons, und das gleich bei der ersten Teilnahme! Der Herausforderung „Le Mans" stellte man sich auch im Jahr darauf. Der Sieg oder gar nichts – so lautete die Parole für Le Mans 2000. Das Ziel war klar definiert. Audi Sport hatte den R8 mit Hochdruck weiterentwickelt. Deutlich niedriger als bisher, leistete er dem Wind weniger Widerstand. Die Erfahrungen von 1999 waren in die Weiterentwicklung des R8 eingeflossen, achtzig Prozent des Rennwagens waren neu. Am 18. März erfolgte die Generalprobe bei dem Zwölf-Stunden-Rennen von Sebring in Florida, dem ersten Rennen der American Le Mans-Serie, an der sich Audi parallel zu den Vorbereitungen auf die 24 Stunden von Le Mans beteiligte. Ein Auftakt nach Maß: Die neuen Audi R8 belegten am Ende des Rennens Platz eins und zwei. Der Erfolg ließ Größeres erhoffen – und diese Hoffnung trog nicht. Mit einem Traumergebnis für Audi endeten am 18. Juni 2000 um 16.00 Uhr die 24 Stunden von Le Mans. Vor mehr als 200.000 Zuschauern konnten die drei eingesetzten Audi R8 mit den Fahrern Biela/Kristensen/Pirro (Sieger), Aiello/McNish/Ortelli (Platz 2) und Abt/Alboreto/Capello (Platz 3) einen souveränen Dreifachsieg feiern. Bei extrem heißem Wetter bewies Audi einmal mehr seine Kompetenz im Motorsport. Nach den Triumphen in der Rallyeweltmeisterschaft und im Tourenwagen-Sport hat Audi damit ein weiteres Kapitel Motorsportgeschichte geschrieben.

Audi im Überblick

Audi 80 (1986)

Audi 100 (facelift, Modelljahr 1988) Limousine und Avant

Audi 90 (1987)

Audi 200 quattro 20V (1989)

1985–2000

Audi quattro (Urquattro, 1991)

Audi Coupé (1988)

Audi V8 (1988)

Audi V8 lang (1989)

Audi im Überblick

Audi Coupé S2 (1990)

Audi 100 (1990)

Audi 100 Avant (1991)

Audi Cabriolet (1991)

Audi 80 (1991)

1985–2000

Audi quattro Spider (1991)

Audi Avus quattro (1991)

Audi 80 Avant (1992)

Audi Avant RS2 (1993)

Audi im Überblick

Audi A8 (1994)

Audi A4 (1994)

Audi A6 (1994)　　*Audi A6 Avant (1994)*

Audi TT Roadster, Modellstudie (1995)

1985–2000

Audi A4 Avant (1995)

Audi duo (1996)

Audi TT Coupé, Modellstudie (1995)

Audi A3 (1996)

Audi A6 (1997)

Audi im Überblick

Audi Cabriolet (1998)

Audi A8 (1999)
Audi S8 (1999)

Audi A4 (1999)
Audi A4 Avant (2000)

Audi RS4 Avant

1985-2000

Audi TT (1999)　Audi TT Roadster (2000)

Audi A6 (1999)

Audi S6 (1999)　Audi A6 Avant (1999)

Audi A2 (2000)　Audi Allroad quattro (2000)

August Horch in Reichenbach (1903)

Horchwerke AG, Zwickau (1924)

DKW Karosseriewerk Spandau (1928)

Who is Who?

Es sind die Autos, die das Unternehmen AUDI AG weltweit bekannt gemacht haben. Aber ohne die Menschen, die sie entwickelt, gebaut und verkauft haben, hätten sie nie das Licht der Straße erblickt. Diese Menschen leisten in den unterschiedlichen Abteilungen der AUDI AG Großes, ohne dass sie dafür im Rampenlicht des öffentlichen Interesses stehen. Sie sind schlussendlich der unermüdliche Motor, der bei Audi das Rad der Zeit vorantreibt.

Die Vorsitzenden des Betriebsrats

NSU AG

Michael Haug		1945–1952
Karl Walz		1952–1969

Auto Union GmbH

Fritz Kuntschik	Werk Ingolstadt	1949–1951
Fritz Böhm	Werk Ingolstadt	1951–1969
	Gesamtbetriebsrat	1961–1962
J. Fischer	Werk Düsseldorf	1950–1953
Fritz Schiffer	Werk Düsseldorf	1953–1957
	Gesamtbetriebsrat	1957–1961
Paul Jabs	Werk Düsseldorf*	1957–1962

* Das Werk Düsseldorf wurde 1962 von der Daimler-Benz AG übernommen.

Zschopauer Motorenwerke (1926)

Wanderer Werk Siegmar/Chemnitz (1938)

DKW Motorradwerk Ingolstadt (1951)

DKW Automobilwerk Düsseldorf (1952)

Die Vorsitzenden des Betriebsrats

Audi NSU Auto Union AG, AUDI AG

Fritz Böhm	Werk Ingolstadt	21.08.1969–31.12.1985
	Gesamtbetriebsrat	30.05.1972–05.05.1987
Erhard Kuballa	Werk Ingolstadt	01.01.1986–19.07.1993
	Gesamtbetriebsrat	05.05.1987–18.08.1993
Adolf Hochrein	Werk Ingolstadt	19.07.1993–30.04.1994
	Gesamtbetriebsrat	18.08.1993–30.04.1994
Xaver Meier	Werk Ingolstadt und Gesamtbetriebsrat	seit 01.05.1994
Karl Walz	Werk Neckarsulm	21.08.1969–31.10.1977
Heinz Christ	Werk Neckarsulm	01.11.1977–30.04.1987
Theo Schirmer	Werk Neckarsulm	01.05.1987–30.06.2000
Norbert Rank	Werk Neckarsulm	seit 01.07.2000

Die Vorsitzenden des Vorstands der Vorgängergesellschaften

NSU

Christian Schmidt	1873–1884
Gottlob Banzhaf	1884–1910
Dr. Georg Schwarz	1910–1927
Dr. Otto Merkens	1927–1928
Ferrucio Valobra	1929–1931
Fritz Gehr	1931–1933
Fritz von Falkenhayn	1933–1945
August Böhringer	1945–1946
Walter E. Niegtsch	1946–1951
Vorstandskollegium:	1951–1952
– Dr. Gerd Stieler von Heydekampf	
– Viktor Frankenberger	
– Walter Wertheim	
– Philipp Wesp	
Dr. Gerd Stieler von Heydekampf	1953–1969

Die Vorsitzenden des Vorstands der Vorgängergesellschaften

Audi
Dr. August Horch	1909–1920
Hermann Lange	1920–1922
Ernst Baus	1922–1926
Fritz Fikentscher	1926–1928
Heinrich Schuh	1928–1932

DKW (Zschopauer Motorenwerke)
Dr. Jörgen Skafte Rasmussen	1907–1932

Horch
Dr. August Horch	1899–1909
Jakob Holler	1909–1920
Dr. Arthur Loewenstein	1920–1932

Wanderer (bis 1932)*
Johann Baptist Winklhofer	1885–1902
Adolf Jaenicke	1885–1897
Georg Daut	1902–1929
Hermann Klee	1929–1932

* Die Wanderer Werke AG brachte 1932 nur ihre Automobilabteilung in die Auto Union AG ein, existierte jedoch als eigenständiges Unternehmen fort (Werkzeug- und Büromaschinen, Fahrräder, Kleinkrafträder).

Auto Union AG 1932–1948
Dr. Richard Bruhn	1932–1945
Dr. Hanns Schüler	1945–1948

Auto Union GmbH 1949–1969
Dr. Richard Bruhn	1949–1956
Dr. Werner Henze	1956–1965
Dr. Rudolf Leiding	1965–1968

Schichtwechsel im Werk Ingolstadt (1962)

Werk Düsseldorf (1957)

Werk Ingolstadt (1964)

Werk Ingolstadt (1970)

Die Vorsitzenden des Vorstands der Audi NSU Auto Union AG/AUDI AG

01.09.1969–31.12.1984 bzw. ab 01.01.1985:

Dr. Gerd Stieler von Heydekampf		01.09.1969 – 31.03.1971
Dr. Rudolf Leiding		01.04.1971 – 18.10.1971
Dr. Gerhard Prinz		12.01.1972 – 30.06.1973
Dr. Werner P. Schmidt		01.12.1973 – 31.07.1975
Gottlieb M. Strobl		01.08.1975 – 31.12.1978
Dr. Wolfgang R. Habbel		01.01.1979 – 31.12.1987
Dr. Ferdinand Piëch		01.01.1988 – 31.12.1992
Franz-Josef Kortüm		01.01.1993 – 04.02.1994
Dr. Herbert Demel	Sprecher des Vorstands	04.02.1994 – 21.03.1995
	Vorsitzender des Vorstands	22.03.1995 – 30.06.1997
Dr. Franz-Josef Paefgen	Sprecher des Vorstands	01.07.1997 – 17.03.1998
	Vorsitzender des Vorstands	seit 18.03.1998

Der Vorstand der AUDI AG

Dr. Franz-Josef Paefgen	Vorsitzender
Peter Abele	Finanzen und Organisation
Dr. Georg Flandorfer	Marketing und Vertrieb
Jürgen Gebhardt	Produktion
Dr. Werner Mischke	Technische Entwicklung
Dr. Andreas Schleef	Personal- und Sozialwesen
Erich Schmitt	Einkauf

(Stand: August 2000)

Werk Neckarsulm (1977)

Werk Ingolstadt (1983)

Werk Neckarsulm (2000)

Register

fett = Kasten
kursiv = Abbildung

20er Jahre 47, 49, 51, 59, 72, 75f, 80, 102, 124, 191, **197**
2,7-Liter-V6-Biturbo-Triebwerk 268
20V-Turbo-Aggregat 256
24 Stunden von Le Mans 279
2-Liter-Klasse 276
30er Jahre 59, 102f, *103*, 124, 135, 150, 154, 166, 168, 191
40er Jahre 157
4,2-Liter-Achtzylindermotor 267
4,2-Liter-V8-Motor 266, 268
50er Jahre 160, 168, **209**, 227
60er Jahre **209**, 218, 227
80er Jahre **209**, 219, 222, 227f, 242
90er Jahre 245, 248, 251, 258

A

AAA Berlin = Allgemeine Automobil Ausstellung 258
Abbe, Ernst 12
Abele, Peter **293**
Abgasturbolader 256
Abgasvorschriften 266
Abs, H. J. 156
Absatz 26, 72, 165, 169, 218f
Abt, Christian 277, 280, 279
Achtzylinder 56ff, 60, 62f, 66, *66*, 68f, **70**, 86, 112
Achtzylindermodell 50, 68, 74
Achtzylindermotor 52, **59**, 105, 124
Achtzylinderwagen 63
ADAC Langstreckenfahrt 195
ADAC Nacht-Sternfahrt 88
ADAC-Fahrt 257
Addier- und Subtraktionsmaschine 32
AEG 85, **110**
Aerodynamik 88
Afrika **76**
Ahrens, Günther 172, *173*
Aiello, Laurent 280
Akropolis Rallye *233*
Aktiengesellschaft 15, 26
Aktienkapital **68**
Aktienkurs 221

Aktienmajorität **68**
Aktienmehrheit 105
Aktienpaket 155
Aktionsradius 37
Alboreto, Michele **277**, 280
„Allgemeine Automobil Zeitung" 123
Allgemeine Betriebserlaubnis (ABE) 229
Allgemeine Deutsche Credit Anstalt 52
Allradantrieb 228f, 231, 256, 277, 278
Allradkonzeption 230
Allradwagen 231
Alpenfahrt 23f, *25*, 133, 136
Alpenpokal *24f*, 25, 75
Alpensieger 25f, 62f
Aluminium 68, 260f
Aluminium Audi 261
Aluminium Company of America (ALCOA) 260f
Aluminium-Blechteile 261
Aluminiumkarosserie 260, 265f, *266*
Aluminiumkolben 83
Aluminiumleichtbauweise 260
Aluminiumstudie 261
Aluminiumzylinderblock 63
Alu-Strangpressprofile 261
Amal-Vergaser 136
Ambiente **269**
Angestellte 125, 150, **186**
Anlasser 79, 114, 192
Ansauggeräuschedämpfer 122, 126
Ansaugluft 65, 231
Ansaugluftfilter 83
Ansaugsystem, variables 259
Ansaugventil 17, 24
Antrieb 8, 24, 33, 57, 85f, 89, 113
Antriebsart 258
Antriebskonzept 249
Antriebskonzepte 258
Antriebswelle 116
Apolda **91**
Arbeiter 92, 104, 125, 150, 154, **186**
Arbeitnehmer 19, 28, 59, 69, 253
Arbeitnehmervertretung 252
Arbeitsbedingungen 252
Arbeitsform 252
Arbeitssicherheit 252
Arbeitsunfälle 253
Archimedes 8
Argus Flugmotorenwerke GmbH 50, **59**

Argus-Motoren-Gesellschaft mbH, Berlin **61**
Aristoteles 8
Arlt, Oskar 87, 152
Armaturentafel *117*
Armstrong 206
ASF (Audi Space Frame) 261, *261*
Asien **76**
Aston-Martin **137**
Audi 23-30, 23f, 28, **29**, 30, 62-71, 80, 92, 112/113, 132, 138f, 149, 152, 192, 220, 222, 224, 232f, 243-268, **292**
AUDI AG, Ingolstadt 92, **236**, 243-268, **269**, **270**, **291**
Audi Box 280
Audi Center *245*, 246
Audi do Brasil 249
„Audi für Arbeit und Standortsicherung" 252
Audi Hungaria Motor Kft. 248, 263
Audi Jubiläen 258
Audi Logo 247
Audi Motor 24, *26*
Audi Motoren- und Fahrzeugmontagewerk 248
Audi NSU Auto Union AG 200, **209**, 221, 222, 227f, 229, **233ff**, **237**, 243, **269**, **270**, **291**, **293**
Audi NSU **237**
Audi Slogan 245
Audi Space Frame 261, *261*
Audi Sport 280
Audi Typen **28**, **69**, **112**, **236**, **271**
Audi Typologie *266*
Audi Unternehmensgeschichtliche Daten **28**, **68**, **233**
Audi Wagen 26, 154
Audi Werk(e) **20**, **28**, 62, **68**, **70**, 78, 87, 89, 89, 105, **109**, 120, 248
Audi Zentren 246
Audi Zentrum *247*, 248
Audi-Eins *62*, 63
Audi-Tochter 268
Aufsichtsrat 16, **20**, 35, 77, 131, 152, 155, 210, **234**, **236**, **237**
Aufwand 103, 115, 136
August Horch & Cie 14, **19**
August Horch Automobilwerke GmbH 23, **28**
August Horch Motorwagenwerke AG, Zwickau **19**
Ausbildungskapazität 245

Ausdauer 279
Auslassventil 17, 24f, 32
Auslieferungen 251f
Auslieferungszentrum 245
Ausstattung 166, 203
Ausstellung 245
Ausstellungshalle 189
Australien **76**, 277
Australische Tourenwagenmeisterschaft 278
Auszubildende 245
Auto Union 20, **39**, 52, **68**, 75, **76**, 77f, **89**, 92, 105, *106*, 107f, **109ff**, 112, 115, 122, 124, 126, 128f, 131ff, 135f, **137**, 149-163 *153*, 164ff, 168ff, 172f, **174**, 178-181, 195, 200, 220f, **233ff**
Auto Union AG **237**, 292
Auto Union AG Unternehmensgeschichtliche Daten **109**, **174**
Auto Union DKW 176
Auto Union DKW Typen **175**, **177**
Auto Union GmbH 243, **290**, **292**
Autobahn 104, *106*
Autobahnstrecke 123
„Auto des Jahres" 204, 235
Autoindustrie 135
Automatikgetriebe 161, 249, 264
Automobil 36, 47, 72f, 75, 84, 88f, **89**, 103, 107, 109, 150, 157, 161, 164, 171, 183f, **186**, 192, 194, 198f, 202, 218, 251
Automobil-Abteilung 75, 80, 105
Automobilbau 17, 32, 72, 85, 87, 102, 107, 117, 155, **186**, 189, 222, 225, 228
Automobildesign 262
Automobilfabrik **91**, 199
Automobilfertigung 39
Automobilgeschichte 104, 204
Automobilhersteller 108
Automobilherstellung 75
Automobili Lamborghini S.p.A. 249
Automobilindustrie 13, 46, 51, 124, 148ff, 218, 242, 253
Automobilklasse **269**
Automobilmarke 26, 262
Automobilmarkt 246
Automobilproduktion 34, 47, 195, **197**
Automobilrennen, Argentinien *184*
Automobilrennsport 207
Automobilsektor 72
Automobil-Sportbehörde 278
Automobilstudie 229, 260, 262
Automobiltechnik 61, 124
„Automobiltechnische Zeitschrift" (ATZ) 126
Automobilunternehmen 80, 156
Automobilversuch 34

Automobilwerke 47, 63
Autoroller 201
Autosalon Birmingham 255
Auto-Test-Buch 61
Avant 256, 259, 262, 264, 267
Avus, Berlin 59, 132, *133*, 133, *136*, 194, *195f*

B

Bacon, Roger 8
Bad Homburg **111**
Bahn 263
Bahnrennen 184, 194
Baltisberger, Hans 205
Bangkok 248
Banholzer, Detlef 226
Bank 149, 152
Bankhaus Oppenheim 154f, **174**
Banzhaf, Gottlob **291**
Barbay 172, *173*
Batelle-Institut 137
Baugruppen 135
Bauhofer 88
Baumm, Gustav Adolf 207
Baur, Stuttgart 157, 167
Baus, Ernst **292**
Bauzeit **271**
Bayerische Staatsbank 151f, 164
Bayern 150f, 160, 163
Beförderungsleistung 103
Behra 208
Beinhorn, Elly *165*
Beiwagen 184
Beleuchtung 36, 83, 86
Belgien 277
Bensinger, Jörg 230
Benz 132
Benz & Cie 14
Benz, Carl 11, 12, 14
Benzin 182f, 201
Benzinverbrauch 115
Berglund 272
Bergmann-Borsig **111**
Bergmeisterschaft 208
Bergrennen 74, 133, 208, 273
Bergrennen am Klausenpaß 196
Berlin 20, **39**, 50, 52, **59**, **61**, 85, **91**, 123, 183, 188, 218
Berliner AG vorm. Freund **111**
Berliner Automobilausstellung = IAA Berlin 53f, **61**, 64f, 85, 87, **100**, 104, *106*, 112, 122, *123*, 124, 128, **129**, 191f, 199
Berliner Commerzbank 52

Berliner Kleinmotoren Fabrik (Bekamo) **91**
Bernet 75
Berufsverkehr 103
Besatzungsmacht 109, 148
Besatzungszonen 151
Beschäftigte 109, 175, **197**, 219, **233**
Bestzeit 273
Betriebsanleitung 69, 71
Betriebsdirektor **29**, 51, 63, 87, **111**, 152
Betriebsgelände 182
Betriebsleiter 70
Betriebsrat 151, 252f, **290f**
Bezeichnung, interne **271**
Biela, Frank **274**, *274*, 276f, *277*, 279f
Bildungszentrum 244
B-Klasse 266
Blech 123
Blechverformung 243
Bleibatterie 85
Bleichert&Co. **29**
Blockmotor 47, 84
Blomqvist, Stig **233**, 272, *277*
BMW 149, 156, 165
Bodengruppe 230
Böhm (Rennfahrer) 204f
Böhm, Prof. Ernst 52, 56
Böhm, Fritz 250, **290f**
Böhringer, August **291**
Bohrung 27, 73, **271**
Bolheim a.d. Brenz 210
Bonn **236**
Bonneville, Utah 207
Borgward 156, 158
Bosch 168
Bosch, Robert 92
Bosch-Abreißzündung 14
Boxermotor 167, 193
BR Symphonieorchester 254
Brand, Hubert 171
Brasilien 184, 248
Braun 136
Bremse 47, 52f, 66, 73, 126, **137**, 157, 167, 197
Bremswirkung 81
Brennraumgestaltung 25
Britische Tourenwagen-Meisterschaft 277
Broschek, A. 59
Bruhn, Richard 105, **110**, *110*, 151f, *154*, 155, 162, **174**, **292**
B-Säule 124
Bugatti 195
Bugatti, Ettore 33
Buick 67
Bullus, Tom 195
Bundesforschungsministerium 229

Bundeskanzler *178*
Bundesländer, neue 242
Bundesregierung 229
Bundeswehr 158, 228
Burghalter, Erhard 151
Burkart, Odilio 155
Busch/Altmark 235
Büssig 76

C

C. H. Böhringer Sohn, Ingelheim 236
Cabriolet 54, 57, 61, 77, 115, 126, *156*, 157f, 259
Capello, Rinaldo 276f, *277*, 279f
Cederberg **272**
Cercignani 75
Changchun 248
Chassis 28
„Chauffeurauto" 274
Chefkonstrukteur 27, 50, 63, **70**, 79, 82, 122, 190, 196, 198, **211**
Chemnitz 32f, **35**, 36, **38**, **68**, 75, **76**, 77, **89**, **92**, 105, 107ff, 112, 133, 150ff, 15ff, 160, 163, **174**
Christ, Heinz **291**
Chrysler Corporation **111**
Cisitalia-Rennwagen **137**, 231
Cismar **110**
CKD-Fertigung 248
C-Klasse 266
Cockpit 279
Colorado 273, *273*
Corporate Design 247
Corporate Identity 247
Cosworth Technologie Ltd. 249
Crash-Test 108
Cugnot, Nicolas Joseph, 9, *10*, 10
Curitiba 248f
cw-Weltmeister **269**

D

D1 ADAC Super-Tourenwagen-Cup 276
D1 ADAC Tourenwagen-Cup *274*, 276
da Vinci, Leonardo 8
Dachform 54
Daimler, Gottlieb 11, 12, 50
Daimler, Paul 50, 52, 56f, *61*, **61**, 124
Daimler-Benz AG 164f, **174**, **234**
Dauerleistung 25
Daut, Georg **292**
Daytona 273

Delius, Ernst von 134
Demel, Dr. Herbert 251, **293**
Design 263, 265
Design-Center 248
Designorientierung 262, 264
Designstudien 263
Deutsche Super-Tourenwagen-Meisterschaft 279
Deutsche Tourenwagen-Meisterschaft (DTM) 274
Deutscher Meister 204f, 208
Deutscher Ski Verband 253
Deutscher Straßenmeister 133
Deutsches Reich 37
Deutschland 47f, 57f, 67, 69, 72, 83f, 89, 103ff, 108f, **111**, 119f, 123ff, 148, 150ff, 185, 190, 195, 198, 201f, 205, 219, 248, 274, 277
Deutz AG 11
DEW (Der Elektro Wagen) 85
Dewandre, Albert 53
Diamanten 51
Diebstahlsicherung 126
Dienst, Josef 166
Diesel, Rudolf 12
Diesel-Direkteinspritzmotor 257
Dieselmotor 256, 261
Dieselöl 37
Dietzsch, Glauchau 54
Differential 14f, 227
Dillenburg **236**
Dion-Prinzip 123
Direkteinspritzer 257
Direkteinspritzung 256
DISA **39**
Dischautal 36
Dixi/BMW-Sportfahrer 88
D-Klasse 266
DKW 36-39, 47, 62f, 68, 78-93, 108, 114-121, 132, 135f, 140f, 149, 152f, 157f, 170ff, 189, **233**, **292**
DKW Typen **89f**, **118**, **120**
DKW Unternehmensgeschichtliche Daten **38**, **89**
DKW Wagen 109, 154, **174**
DKW-Werk 67
Doppelkolbenbauart 135f
Doppelsieg 170
Doppelsiege 273
Doppelweltmeister 205
Doppelweltmeisterschaft 272
Döring und Erich Wolf, Wiesbaden 170
Dörner, Nikolaus 160
Drehkolbenmotor 199
Drehmoment 66, 134, 170

Drehschieber 135
Drehschiebermotor 106
Drehstabfederung 102, 166
Drehstrom-Synchronmotor 258
Drehzahl 134, 170
Drehzahlmesser 64
Drehzahlregelung 81
Dreifach-Sieg *232f*, 233, 280
Dreigang-Getriebe 66, 161, 190, 192
Dreihunderfünfziger Klasse 136, 170, 204f
Dreikammerbauweise 199
Dreiliter-Auto 256
Dreiliterformel 134
Dreirad 184
Dreisitzer 162
Dreitürer 264
Dreizylinder 108, 150, 170f
Dreizylindermotor 116f, 166
Dreizylinder-Wagen 173
Drescher, Arno 63
Dresdner Bank 80, 200
Drittes Reich **70**, 92
Druckguss-Knotenteile 261
Dunlop-Reifen 172
Durchrostung 243
Durchschnittsgeschwindigkeit 75
Durchzugskraft 259
Düsseldorf **111**, 154, *154*, *155*, *161*, 164ff, 173, **174**, 176, 183, **237**
Dynastart 79, 114

E

Eberan-Eberhorst, Robert 134, **137**, *137*, 162f
Edelfahrzeug 71
Eder *135*, 136
Edingen **70**
EG-Norm DIN ISO 9001 244
Eidgenössische Technische Hochschule (ETH), Zürich **269**
Eifelrennen 133, 196
Eigenmasse 184
Eigentumsverhältnis 152
Eilriede 170
Einbaumotor 82
Einfahrbahn 190
Einkauf **293**
Einlaßventil 15, 32
Einspritzdüse 106
Einspritzpumpe 106
Einspritzverfahren 256
Einsteigermodell 226, 264
Einzelfahrer 75

Einzelgesellschafter **174**
Einzelradfederung 123, 128f
Einzelsitz 124
Einzylinder 88
Einzylindermotor 14, 32, 73, 85, 190
Eisemann, Gertrud *185*, 185
Eisenbahn 13
Eiserner Vorhang 150
Elastizität 66, 68
Elektrische Bahn 48
Elektroanlage 192
Elektromotor 84, 258
Elektronisches Stabilitätsprogramm (ESP) 264
Elektrowagen *84, 85*, 85
Elite, Brand-Erbisdorf **137**
Emotionalität 262
Endmontage 263, 268
Energiebedarf 229
Energiebilanz 260
Energiekrise 218, 227
Energiequelle 85
Energieverschwendung 218
Entwicklung 82, 124, 222, 224, **234**
Entwicklungschef 231
Entwicklungsleistung 161
Entwicklungszeit 113, 279
Entwicklungszentrum 245
ERA, England **137**
Erdmann&Rossi 57
Erhard, Ludwig 218
Erlanger Motoren AG (ERMAG) **211**
ERP-Kredit 154
Erster Weltkrieg 18, 25, 72f, **92**, 132, 184
Europameister 232
Europameisterschaft 136, 172
Europameisterschaftslauf, Portugal 232
Europa-Rekordfahrt 257
Evolution **269**
Export 47, 117, *120*, 198
Exportmarkt 249

F

Fabrikhalle 46
Fabrikmannschaft 207
Facelift **271**
Fagioli, Luigi 134
Fahrermeisterschaft 273
Fahrerweltmeister 272
Fahrerweltmeisterschaft 233
Fahrerwertung 233
Fahrgeräusch 219
Fahrgeschwindigkeit 69

Fahrgestell 18f, 28, 52, 57, 60, 62, 74, 105, 116, 123, 128f, **137**, 157f, 189
Fahrkultur 124
Fahrlehrer **137**
Fahrleistung 123, 230
Fahrrad *12*, 13, 32, 48, 72, *80*, 82, 88, 103, *149*, 182, **186**, 188, **197**, 198f, **209**
Fahrradbau 72
Fahrradboom 218
Fahrradfertigung 189
Fahrradhilfsmotor 79, *80*, 88, **89**
Fahrradmotor 78, 82, 115
Fahrradproduktion *212*
Fahrradrahmen **34**
Fahrstabilität 219
Fahrtechnische Abteilung 108
Fahrversuche 263
Fahrwerk 128, 157, 204, 225, 230
Fahrwerksmodifikationen 263
Fahrzeugfertigung *251*
Fahrzeughersteller 72
Fahrzeugindustrie 102
Fahrzeugkomponente 244
Fahrzeuglieferant 109
Fahrzeugselbstabholung 246
Fahrzeugtechnik 102
Fahrzeugtradition 246
Fahrzeugwerke Eisenach **210**
Falkenhayn, Fritz von 189, *210*, **210**, 291
Famo Fahrzeug- und Motorenwerke, Breslau 156
Farffler, Stefan 8
Faszination 258
FAW = First Automobile Works 248
Fédération Internationale de L´Automobile = FIA 232, 278
Federung 32, 56, 73, 102, 114, 123, 160, 166, 183, 190
Federungssystem 161
Feinarbeit **269**
Feldbergprüfung 184
Ferber 155
Fernfahrt Eisenach-Berlin-Eisenach *185*
Fertigung 72, 81, 124, 129, 151, *152*, 154
Fertigungsanlage 104
Fertigungsbereich 72
Fertigungskapazität 50, 67
Fertigungsprogramm 184
Fertigungsqualität 57
Fertigungstechnik **70**, 162
Fertigungstechnologie 243, 261
Fertigungstiefe 243
Fertigungszahl 198
FIA = Fédération Internationale de L'Automobile 278

FIA Touring World Cup 277
Fiala 231
Fiat 189, 192, 199f
Fichtel & Sachs 158
Fiedler, Fritz 50, *57*, 122, 124
Fikentscher, Franz 30, **292**
Filiale 182
Filialleiter **76**
Finanz und Organisation **293**
Finish 268
Firmensitz 246
First Automobile Works = FAW 248
Fischer, J. **290**
Fissore 168
Flachkühler 52
Flaggschiff 122, 256
Flandorfer, Dr. Georg **293**
Fleischmann, Heiner 136, 196, 204f
Flensburg **39**
Flick, Friedrich 155f, 165
Flick-Imperium 155
Fliegender Liegestuhl 207
Fließbandfertigung 47
Fließbandmontage *188*
Fließfertigung 102
Fließproduktion 47
Flugmotoren 50, **61**
Flugtechnik 102
Flüssigkeitsbremse 66
Ford 149, 156, 200
Ford Europa, Warley **236**
Ford Werke, Köln **236**
Fordwerke AG **270**
Formel 1 Grand Prix 279
Formgebung 229
Forschung 84, 222
Forschungsauto 228
Frankenberger Motorenwerke (Framo) 78, **91**, 149
Frankenberger, Viktor **291**
Frankreich 274
Fräsmaschine 32
Frauensieg 233
Freilauf 116, 188
Friedensfertigung 125
Friedensproduktion 52
Friedländer Ernest 61
Friedmann, P. 60
Frischluftheizung 126
Frischölautomatik 168
Frontalaufprall 108
Frontantrieb 63, 67f, **70**, 87, 89, 108, 112, 117, 153, 157, 162, 166, 167, 204, 227, 264, 278
Frontantriebswagen 116

297

Frontlenker 153, 157
Frontmotor 258
Fronttriebler 258
Frontwagen 120
Fuchs 204f
Führerscheinfrei 202
Führerscheinzwang 83
Führungskraft 155
Fünfhunderter Klasse 136, 204
Fünfventilmotor 266
Fünfzylinder 231, 256
Fünfzylinder-20V-Turbomotor 273
Fünfzylindermotor 227f, *228f*, 230
Fünfzylinder-Turbo-Aggregat 268
Fürst Schaumburg-Lippe 59, 132
Fusion 200, 221, **233**

G

Gaggenau **70**
Gaisbergrennen, Salzburg 196
Ganzstahlaufbau 157
Gasmotor 10
Gassert, Karl 185
Gebhardt, Jürgen **293**
Gebläse 81, 84
Gebrauchsmuster 52, **211**
Geflügelte Weltkugel *52*, 56
Geflügelter Pfeil 54
Gehalt 153
Gehle 86
Geiger, Martin 184
Geiß, Arthur 132, *134*
Geistdörfer, Christian 272, *272*
Geite, Werner 152
Geländeeinsatz 133
Geländefahrt 196
Geländesport 136
Geländesportabteilung 160
Geländeveranstaltung 136
Geländewagen 228, 231, 265
Gelbert *207*
Gemischschmierung 81, 86
Generallizenz **174**
Generalprobe 280
Generationen 266
Genfer Automobilsalon 220, 228, 231, 258ff, 264f
Genfer Salon 258, 268
Geräuscharmut 58
Geräuschdämpfung 201
Gesamtaufwand 135
Gesamtbetriebsrat 250, 252
Gesamtfahrzeug **269**

Gesamtklassement 132
Gesamtproduktion 250
Gesamtsieg 75, 132, 171f
Gesamtversuch **269**
Geschäftsführer **110**, **137**, 152, 155, 163, **174**, **269**
Geschäftsführung 92, **111**, 235
Geschäftsjahr 28, 164
Geschwindigkeit 32, 130f
Gesellschafterversammlung 164
Gesellschaftskapital 154, 156, **174**
Gesellschaftssitz 243
Getriebe 14f, 19, 58, 66, 68f, 73f, 84, 105, 112, 116, 122f, 126, 130f, 160f, 183, 190, 192, 227, 230, 264
Gewichtserhöhung 273
Gewinn 62, 86, 165
Gikeleiter, A. *187*
Gläser, Dresden 54, 57, 74, 77
Gläser-Karosserie *113*
Gletscherpokal 75
Global Sourcing 248
Globalisierungsprozess 252
Glöckler, W. *193*
Glöckner-Humboldt-Deutz AG 84
Göhner, Ernst 154f, **174**
Goldmedaille 171, 184f, 195
Goldsworthy 9
Golfsport 253
Gottfried Lindner AG 54
Grand Prix d'Honneur, Lausanne 122
Grand Prix-Sport 135
Grauguss 63, 65f, 68, 83
Graumüller 24
Grenzlandring 205
Großaktionär 156
Großbanken 48
Großer Bergpreis von Deutschland 196
Großer DKW *164f*, 165
Großer Preis der Nationen, Monza 196
Großer Preis der Schweiz 133
Großer Preis der Tschechoslowakei 133
Großer Preis für Motorräder, Nürburgring 195
Großer Preis von Brünn *133*
Großer Preis von Deutschland für Sportwagen *132*, 133, 194, *196*
Großer Preis von Italien 133
Großserien-Auto 265
Großserienautomobil 266
Großserienfertigung 229
Großunternehmen 149
Großwagengeschäft 87
Grundbesitz **174**
Gründungsjahr 109

Gründungsunternehmen 105
Gruppe-A-Autos 272
Gruppe-B-Boliden 272
Gruppenarbeit 253
Günther, Paul 152
Güterverkehrszentrum (GVZ) 244
Györ 248, 263, 264, 266

H

Haas, Werner 205f
Habbel, Dr Wolfgang R. 148, 221, 236, **236**, 250, **293**
Hadank 54, 56
Hahn, Carl 79f, **92**, *92*, 105, 116, 151ff, *154*, 155, **174**
Hainichen 78
Handarbeit 268
Handelsregister 36, 109, 149f, **174**
Handicap-Gewichte 277
Händler 153, 157, 164, 173, 203, 219, 242
Händlerkongreß 79
Händlernetz 79
Händlerorganisation 246, 222
Handschaltgetriebe 258
Hangar-Bauweise 247
Hannover Frühjahrsmesse 153
Hansa Lloyd 87
Hasse, Rudolf 134f
Haug, Michael **290**
Haupt 274
Hauptaktionär **174**, 200
Hauptanteil 155
Hauptgesellschafter 154
Hauptversammlung 221
Haushaltskühlgeräte **39**
Haustein, Walter 87
Hautzsch, Johann 9
Haywood, Hurley 273
Hebmüller 157
Heckel, Oswald 151
Heckmotor 203f
Heckspoiler 263
Heeresmaschine 188
Heeresmotorrad 72
Heeresverwaltung 184
Heger, Altfried 276
Heilbronn 188f, 199, **210**
Henne 205
Hensel 155
Henze, Dr. Werner 156, 163, 165, 169, **292**
Herkomer-Fahrt 16, 132
Heron von Alexandria 8
Herstellungskosten 67, 89

Hertz 12
Hertz, Arne 232f, *232f*, 272
Herz, Wilhelm 204f, *205*, 207
Hettenhausen/Pfaffenhofen **234**
Heydt, Marion von der 59
Hilfsmotor 81
Hinterachsdifferential 258
Hinterachse 105, 123, 166
Hinterradantrieb 89, 113
Hinterradfederung 32, 114, 160, 183
Hinterradnabenmotor 115
Historische Fahrzeugsammlung 259
Hitler, Adolf 104, 148
Hobl, August 171, *173*, *181*
Hochleistungsfahrzeuge 267
Hochleistungs-Sportkombi 267f
Hochrad 182, **186**
Hochrein, Adolf 252, **291**
Höchstgeschwindigkeit 66, 113, 135f, 193
Hockenheimring *206*, 231, 274
Hoffmann 171
Höherpositionierung 224
Hohlwellenkonstruktion 230
Hollaus, Rupert 205f
Holler, Jakob **292**
Holzaufbau 157
Holzgerippe 85
Holzkarosserie 67, 85, *108*, 154, 157
Holzkarosserie AG (HOLKA AG) 154
Holz-Modell *179*
Horch 30, 50-61, 67, 87, 122-127, 132, 142f. 149f, 152, 166, *178*, **292**
Horch Typen **19**, **59**, **125**
Horch Unternehmensgeschichtliche Daten **19**, **59**
Horch Wagen 109, 133, 185
Horchwerke AG 19, **19**, 23ff, **28**, **29**, 50ff, **61**, 80, **89**, 105, **109**, **111**
Horch, Dr. August 11, 14, 15, **20**, 23ff, 30, 124, 152, *154*, **292**
Horch-Krone 52, 124f
Horn, Erich 26, 63, 65, **70**
Hösch, H.J. 273
Hourlier *212*
Hub 27, **271**
Hubraum 16, 52f, 57, **59**, 68, 73, 75, 78, 83, 85f, 114, 117, 122, 125, 128, 130, 134, 136, 162, 167, 183, 190, 192, 208, **271**
Hunderfünfundzwanziger Klasse 170, 205f
Hybridfahrzeug 258

I

IAA Berlin = Internationale Automobilausstellung, Berlin 53f, **61**, 64f, 85, 87, *100*, 104, *106*, 112, 122, *123*, 124, 128, *129*, 191f, 199
IAA Frankfurt = Internationale Automobilausstellung, Frankfurt 158, 166, *179*, 191f, 203, 228, 255f, 259ff, 268
IFA Forschungs- und Entwicklungswerk 150, 157
IG Farben 117
Image 262, **270**
IMOSA, Spanien 166, 175
Importeure 277f
IMSA-GTO 272, 273
Indien 76
Industriemagazin **269**
Inflation 46, 48, 62, 79, 188
Inflationskollaps 47
Infrastruktur 242
Ingenieurschule, Zwickau 87
Ingolstadt 111, 149ff, 157f, 160ff, 164f, 167, 170f, 176, 219, 219f, 222, 224, 228f, 230ff, **233**, **234**, **237**, 243ff, 252, 263, 264
Innovation 107, 243
Inowrazlaw (Hohensalza) 76
Internationale Automobilausstellung Berlin = IAA Berlin 53f, **61**, 64f, 85, 87, *100*, 104, *106*, 112, *123*, 124, 128, *129*, 191f, 199
Internationale Automobilausstellung Frankfurt = IAA Frankfurt 158, 166, *179*, 191f, 203, 228, 255f, 259ff, 268
Internationale Langstreckenprüfung Lüttich-Rom-Lüttich 136
Internationale Österreichische Alpenfahrt 23f, 75, 132, 171
Investition 221
Investitionskredit 164
Investitionsquote 252
Ischinger, Franz 160
Islinger, Ernst 195, *197*
Italien 75, 277
Italienische Tourenwagen-Meisterschaft 276f
IWIS - Johann Winklhofer und Söhne **35**

J

Jabs, Paul **290**
Jaenicke R. A. 32
Jaenicke, Adolf **292**
Jahresdurchschnitt 175

Jahresfertigung 26, 69
Jahresproduktion 119, **209**
Jahresumsatz **59**
Janecek, Prag 72
Jaray, Paul 106, 124
Jaray-Patente 117
Jaray-Stromlinienform 112
Jelinski *274*, 274
Jenschke 162
Joint Venture 248
Josef Hofer, Ingolstadt **35**
Junkerswerke, Dessau 110
„Just in Time" 60, 243

K

Kabinenroller 203
Kabinenrutscher 151
Kahrmann *135*, 136
Kallweit, Hildegard 88
Kalter Krieg 218
Kapazität 166
Kapital 15f, **19**, 26, **59**, **89**, **109**, 153, 156, **186**, **197**, 200, **209**
Kapitaldecke 156, 221
Kapitalerhöhung 155, **174**
Kapitalmangel 154, 162
Kappler 75
Kardanantrieb 15, 19, 73
Kardanrad 72
Kardanwelle 201
Karl-Marx-Stadt 150
Karmann, Osnabrück 157f
Karosserie 19, 28, 60, 74, 76f, 85, 86, 106, *108*, 115ff, 120, 123f, 128, *129*, 157f, 167, 172, 189, 192, 203f, 223, 228, 230, 243, *243*, 267, 279
Karosserie, vollverzinkte 255
Karosserieänderung 234
Karosseriefirma 28, 188
Karosseriekonzeption 128
Karosseriemodell 57
Karosseriezelle 261
Kastenrahmen 58
Katalysator 229
Kaufandrang 242
Käufer 183, 227
Käuferkreis 72
Kaufkraft 87
Kaufmännischer Direktor 152, **210**
Kautz, Christian 135
Kegelscheiben 264
Keilriemen 82
Kette 161, 183

299

Kettenantrieb 73, 183, 190
Kettenkrad 197
Kickstarter 32, 73
Kipphebel 64
Kippständer 32
Kirchberg, Herbert 160
Kist 194, *195*
Klassenrekord 88, 134
Klassensieg 172, 208
Klassensieger 172, *195*
Klassiker 279
Klee 133
Klee, Hermann **292**
Kleinaktionär 165
Kleinauto 194
Kleinmotor 78
Kleinmotorenbau 79
Kleinserie 260
Kleinstwagen 18, 84, 151, 162
Kleinunternehmen 36
Kleinwagen 33, 49, 63, 67, **70**, 85, 87, *103*, 104, 117, 150f, 164f, 198, 226f
Kleinwageneuphorie 162
Kleinwagen-Rennen 88
Kleinwagenwettbewerb 23
Klingenberg 85
Klöble, Georg 194f, *195*, *197*
Kluge, Ewald 113, 132, *134*, 136, 170, *170*, *181*
Knautschzone 227
Koblenz **236**
Koenig-Fachsenfeld 88
Kofferbrücke 122
Kohlefaser 279
Kolben 17, 57, 84, 115
Kolbenschmidt, Neckarsulm 156
Köln 14, **236**
Kombi 157, 223f
Komfort 112, 123, 161, 219, 262
Kompaktklasse 264ff, 268
Kompetenz 280
Kompressor 74, 134f, 194, 204
Kompressormotor 196
Kompressor-Sportwagen *128*, 129
Könecke 156
Königsberg 183
Königswelle 65, 205
Königswellenantrieb 51
Königswellenmotor 191, 196
Konjunktureinbruch 249
Konjunkturkrise 250
Konkurrent 62, 72, 79, 81, 161, 166f, 205, 208, 223
Konkurrenz 26, 58, 83, 124, 136, 195, 219, 232, 243, 252, 273

Konkurrenzfähigkeit 248
Konkurrenzmodelle 60
Konstrukteur 15, 67, **70**, 74, 85ff, 124, 161f, 169
Konstruktion 17, 25, 33, 82, 117, 167, 170
Konstruktionsbüro 67, 72, 87, 112f, 162
Konstruktionselement 112
Konstruktionsprinzip 261
Kontramotor 14
Konzern 105, 108, 112, 133, 149, 155, 165, 221, 225, 231, 248
Konzernumsatz 109
Kopenhagen **39**, 62
Korrosion 168, 226
Korrosionsschutz 243, 255
Kortüm, Franz-Josef 251, **293**
Kosten 115, 117
Kostendenken 220
Kostensenkung 105
Kraftfahrzeugbau 188
Kraftfahrzeugbestand 150
Kraftfahrzeugexport 109
Kraftfahrzeughersteller 109
Kraftfahrzeugindustrie 47, 80, 102, 104, 218
Kraftfahrzeugkonzern 105, 149
Kraftfahrzeugmechaniker **235**
Kraftfahrzeugsteuer 83
Kraftfahrzeugtechnik 19, 47, 66, 73, 112, 222, 230, 242
Kraftstoff 65, 191, 228
Kraftstoffkonsum 257
Kraftstoffmangel 37
Kraftstofftank 82
Kraftstoffverbrauch 81, 218, 260
Kraftübertragung 10
Kraftwagen 62, 103
Kraus, Ludwig 166, *220*, 222f, 225ff, **234**, *234f*
Kredit 149
Kreiskolbenmotor 199, 203f
Kreiskolbenprinzip 200
Krieg 37, 48, **61**, 62f, 73, **76**, 79, 92, 104f, 107, 129, 148, 154, 156, 164, 168, 184, 188, 190, 192, 196, 198, 205, 231
Kriegsausbruch 37, 82, 115, 136
Kriegsende 46, 78, 84, 135, 188, 194
Kriegsministerium 37
Kriegszeit 170
Krise 33, 63, 72, 188, 218, 227
Kristensen, Tom 280
Kuballa, Erhard 250, **291**
Küchen, Richard 136, **211**
Kühler 25, 63, 52, 67, 125, 192, 231
Kühlerfigur 52, 54, 56
Kühlsystem 53

Kühlung 64, 84, 88, 203
Kühlwasser 25
Kultstatus 263
Kunde 82, 149, 157, 173, 202
Kundendienst 116
Kundendienstleiter 151
Kundendienstzentrale 189
Kundenzentrum 245
Kundschaft 153, 169
Kunstharzkarosserie 117
Kunstleder 116
Kunstlederbezug 85
Kunststoffauto 150, 163
Kunststoffkarosserie 108, 162, 172
Kuntschick, Fritz **290**
Kupferblech 85
Kupplung 15, 69, 73, 83, 135, 158
Kurbelgehäuse 15, 19, 24, 27, 64, 66, 68, 81, 86, 136, 168
Kurbelkastenpumpe 81
Kurbelwelle 25, 51, 57, 65, 122, 168, 274
Kurzarbeit 249, 251
Kurzstreckenrennen 74

L

Laboratorium 188
Lackiermethode 47
Lackiertechnik 243
Ladeluftkühler 257
Ladepumpe 86, 88, 136, 170
Ladepumpenmotor 116
Lager 135
Lagerhaltung 151
Lamborghini 249
Landsberg/Lech **35**
Lange, August Hermann 23f, 26f, **29**, *29*, 62f, **292**
Langen, Eugen 10, 11
Langenhessen **20**
Langlebigkeit 114
Langstreckeneinsatz 133
Langstreckenfahrt 133, 185
Langstreckenrennen 273, 279
Langstreckenweltrekord *173*
Langversion 266
Langzeitqualität 128, 255
Laschenkette 264
Lastkraftwagen 18, 37, 52, 62, **70**, 184, 192
Laufkultur 57
Laufruhe 14, 17, 122, 124
Le Mans 2000 280
Le Mans 279f, *279f*
Lean management 250

300

Lean production 250
Lebensqualität 103
Leermasse 37
Leichtbau 265
Leichtbauweise 260
Leichtgewicht 202
Leichtmetall 15, 65f, 260
Leichtmetallboliden 260
Leichtmetallkarosserie 261
Leichtmetall-Legierungen 261
Leichtmetallmotor 65, *255*
Leichtmetallwerkstoffe 47
Leichtmotorfahrrad 82
Leiding, Dr. Rudolf 220, *220*, 221, 224, 234f, *235*, **235**, **292f**
Leipzig **29**, 183
Leipziger Dampfmaschinen- und Motorenfabrik **29**
Leipziger Frühjahrsmesse 78, 85
Leistung 33, 65, 67, 73, 81, 84ff, 103, 112f, 116, 122f, 133f, 136, **134**, 158, 161, 167, 170, 182f, 204, 227
Leistungsfähigkeit 74, 114
Leistungspotential 277
Lenkrad 64, 162
Lenkrollradius 225
Lenkung 64
Le Zoute, Belgien 92
Licht 192
Lichtmaschine 79
Lieferfrist 104, 124, 150, 200
Lieferwagen 85, 153
Limousine 61, 77, 115, 126, 157, 175, 223f, 230, 261, 267
Linde, Carl von 12
Linkslenkung 47, 64, 73, 192
Liquidation 107, 152
Lizenz 175
Lizenzfahrer *206*
Lizenznahme 84
Lizenznehmer 200
Lloyd 156
Lloyd, Richard 279
Loewenstein, Dr. Arthur **292**
Logo 63, 246
London 9, 10, **110**, 183
Lotz, Kurt 220
Luftkühlung 203
Luftwiderstand 124, 219
Luftwiderstandbeiwert 229, *229*
Luma Werke, Stuttgart 78
Luxusausführung 192
Luxusausstattung 223
Luxusklasse 58, 122, 125
Luxuswagengeschäft 165

M

Maazel, Lorin 254
Macher, Gerhard 88
Magnesium-Gussrahmen 82
Magnetantrieb 190
Malaysia 248
Management 51, 79f, 115
Manager 149
Mangelwirtschaft 150
Mannesmann Automobilgesellschaft **210**
Mannschaft 185, 204, 232
Mannschaftssieg 24
Mannschaftswertung 75
Mantzel, A. W. 172
Marke 19, 24f, 33, 67f, 78, 105, 112, 124f, 128, 132f, 153, 161, 170f, 184, 197, 199, 222, 224, 226, 232, 243, 247, 264, 258, **270**
Markenauftreten 247
Markenbestand 234
Markenbezeichnung 182, 189, 220
Markeneinsteiger 17
Markengeschichte 119
Markenimage 115
Markenmeisterschaft 276
Markennachfrage 161
Markenname 30, **34**, 199
Markenphilosophie 16, 124
Markenseparierung 247
Markensignet 105
Markentradition 153, 243
Markenweltmeisterschaft 206, 233, 272
Markenwertung 276
Markenzeichen 32, 52, 105
Marketing 246, 251
Marketing und Vertrieb **293**
Marketingabteilung 247
Markranstädter Automobilfabrik (MAF) GmbH **91**
Markt 33f, 62, 67, 109, 200, 219, 249, 251
„Markt und Kunde" 246
Marktakzeptanz 261
Marktanteil 58, 130
Markteinführung 262, 268
Markterfolg 248, 250
Marktposition 245, 252
Marktschrumpfung 164
Marktsegment 222
Maschinenbauschule Magdeburg **235**
Masse/Leistungsverhältnis 134
Massenausgleich **137**, 227
Massenfertigung **70**
Massenmotorisierung 103
Masseverteilung 84

Massholder, Heidelberg 172
Materialwirtschaft **237**
Mathiessen 37
Mauerbau 218
Maximilianshütte 155
Maybach 67, 69
Maybach, Wilhelm 11, **210**
Maybach-Motorenbau, Potsdam **70**
McNish, Allan 280
Medien 263
Meier, Heinz 171f, *172f*
Meier, Schorsch 135
Meier, Xaver 252, **291**
Meister 274
Meisterschaft 136, 172, 233, 273
Meisterschaftstitel 273
Meistertitel 170, 276, 277
Menz, Gustav 171, *172*
Mercedes 132, 149, 195
Mercedes-Benz 77
Mercedes-Motor 223
Mercedes-Rennwagen **61**
Merkens, Dr. Otto **291**
Meyer, F. C. 88
Mikkola, Hannu 232, *232f*, 233, 272
Mineralische Öle 114
Mischke, Dr. Werner **293**
Mitarbeiter 62, 69, 120, 125, 150f, 153, 155, 160, **209**, 244, 250
Mitbestimmung 253
Mitteldeutsche Motorenwerke, Taucha **237**
Mitteldruckmotor 219f, 222f, 224, **233**
Mitteleuropäische Tourenwagenmeisterschaft 278
Mittelklasse 68, 72, 75, 104, 112, 128, 224, 227, 250
Mittelklassewagen 200, 228
Mittelschaltung 73
Mobilität 13, 102, *149*, 150, 198
Modellangebot 114, 201
Modellanlaufkurve 254
Modellbezeichnung 191
Modellbezeichnungen 268
Modellgenerationen 265
Modellintegration 115
Modellnachfolge 164
Modellname 67
Modellnomenklatur 261
Modellpalette 128, 183, 220, 223, *255*, 264, 267
Modellpflege 50
Modellpolitik 62
Modellprogramm 190, 227, 229, 264, 255
Modellterminologie 254
Modellvariante 227

Modellwechsel 115
Moll-Werke 78
Momberger, August *133*, 133f, 195
Mondial-Maschine 170
Monoposto-Rennwagen 88
Montageband 60
Montlhéry 88
Monza 172, *173*, 196, 206
Moore, Walter William 190, 195f, **211**
Moped 161, 175, 202
Motor 16ff, 24, 33, 52, 54, 56, 58, 60, 65f, 68, 74, 77, 81f, 84, 113, 115, 122f, 128, 131, 134ff, 158, 160f, 166f, 172f, 183f, 190f, 193, 196, 201ff, 205ff, 223ff, 227f, 258
Motor-Eckdaten 279
Motorenbau 17
Motorenentwicklung **270**
Motorenkultur 124
Motorenversuch **269**
Motorenwerk 266
Motorfahrad 191
Motorleistung 123, 135, 223, 231
Motorrad 32, 114, **118**, 132f, 135, 151, 153f, 160f, 170, 175, 183f, **186**, 188, 190ff, **197**, 198, 201f, **209**, **211**
Motorradbau **186**, 189
Motorradfabrik 114, 119, 198
Motorradfertigung 164, 184, 198f, 202
Motorradgeschäft 164
Motorradhersteller 114
Motorradindustrie 171
Motorradmarke 198
Motorradmotor 67, 183
Motorradproduktion 119, 182
Motorradprogramm 160, 183, 202
Motorradrahmen 34
Motorradrennen 195
Motorradrennfahrer 135
Motorradrennklasse 170
Motorradsport 194
Motorradunternehmen 184
Motorroller 161, 198, 201
Motorsport 132, 146f, 170, 184, 195, 204, 232, 276f, 279f
„Motorsport-Automobil des Jahres 1984" 233
Motorsport Marathon 280
Motorsporterfolge 272
Motorsportgeschichte 280
Mouton, Michèle 233, 273, 276, *276*
Müller, H.P 134ff, 170, *171*, 168, *197*, 205, *205*, 206f, *207*
Müller, Josef 195
multitronic 264

„museum mobile" 246
München 123, *149f*, 151

N

Nachfolgemodell 161, 165, 192
Nachfolger 259
Nachfolgetyp 167
Nachfrage 124, 161, 194, 228, 242
Nachkriegsfertigung 198
Nachkriegsjahre 160, 171, 198
Nachkriegskonstruktion 201
Nachkriegsprodukt 153
Nachkriegszeit 150, 153f, *154*, 157, 175, 234
Nachrüstung 263
NAG 132
Nallinger 167
Neckarsulm 182ff, **186**, 189, 191f, 197ff, **211**, 243ff, 252, **270**
Neckarsulmer Fahrradwerke AG 182, **186**
Neckarsulmer Strickmaschinenfabrik AG 182, **186**
Neuentwicklung 279
Neufahrzeug 149, 249
Neufeldt & Kuhnke, Kiel **110**
Neuseeland-Rallye *232*
Neustadt/Donau 245
New York **111**
Niederrad 182
Niegtsch, Walter 198, **291**
Nitrolack 47
Nobelauto 125
Nobelklasse 69
Nockenwelle 32, 52, 57, *57*, 64f, 122f, 205
Nomenklatur 129, 268
Nordhoff, Heinrich 165, 169, 220, 224, 234f
Northampton 249
Norton 190
Nove Hrady (Gratzen) **92**
NSU 72, 156, 171, 182-217, **197**, 210f, 219f, **233**, 243, **291**
NSU D-Rad Vereinigte Fahrzeugwerke AG 189, **197**
NSU AG **290**
NSU Fiat 189, 199
NSU GmbH 243
NSU Pokal 207
NSU Typen 185, **187**, **191**, 195, **202**, 208
NSU Unternehmensgeschichtliche Daten **186**, **197**, **209**
NSU Werke AG **210**
NSU-Fahrer *186*

Nullserie 107, 154
Nürburgring *132*, *173*, 195
Nürnberg **211**
Nutzfahrzeughersteller 80, 165
Nutzlast 184
Nutzwert 229
Nuvolari, Tazio 135, *137*

O

Oberflächenveredelung 83
Oberklasse 53, 104, 222, 228, 250, 261, 265
Oberste Nationale Sportbehörde (ONS) 274
Obruba 24
Oertzen, Klaus-Detlof von 72, **76**, *76*, 77, 105
Oestreicher 88
Offensive 263
Öffentlichkeitsarbeit 246
OHC-Motor 52, 113, 196, 205, 225
OHV-Motor 16, 74, 128
Ölautomatik 169
Oldenburg **210**
Ölembargo 218
Ölpreisschock 228
Ölpumpe 64, 190
Ölverbrauch 115
Omnibus 18
OPEC-Staaten 218
Opel Olympia-Motor 197
Opel, Rüsselsheim 149, 156, 189
Oppenheim, Friedrich Carl von 152
Organisationsform 252
Ortelli, Stéphane 280
Ostblock 242
Ostwald, Walter *154*
Otto, Nikolaus August 10, 12
Otto-Motor 84
Overdrive 123

P

Pachtvertrag 105
Packard 67
Paefgen, Dr. Franz-Josef 251, 263, **270**, *270*, **293**
Paffrath 86
Panoramascheibe 166
Panowitz, Karl-Heinz 208
Parallelogrammfederung 190
Pariser Automobil Salon 57, 126, 133
Patent 12, 17, 52, 84, 106, 108, 115, 124, **211**, 261, 264

Paulmann, Heinrich 16f
Pendelachse 128f
Personal- und Sozialwesen **293**
Personalleiter **236**
Personenbeförderung 103
Personenkraftwagen 52, 64, 115, 154, *154*, 157, 175
Personenwagenproduktion 189
Peugeot 67
Pferde 7
Pflanzliche Öle 114
Phenolharz 17
Philippinen 248
Phoenix 264
Phönix **76**
Piëch, Dr. Ferdinand 77, 229f, 250f, ***269***, **269**, **293**
Pikes-Peak-Bergrennen 273, *273*
Pilotproduktion 107
Pionierarbeit 233
Pioniergeist 200
Pionierimpuls 87
Pionieringenieur 152
Pionierrolle 66
Pionierverdienst 65
Pipe-Lizenz 183
Pirro, Emanuele 276-280
PKW-Kotflügel 36
Plastilinmodell 224
Plattform-Strategie 264
Pleulstange 57
Plivier **111**
Pöge-Elektrizitätswerke, Chemnitz **110**
Polenski 172
Pons, Fabrizia 233
Porsche 267
Porsche KG 250, **269**
Porsche, Ferdinand 72, 74, 77, *99*, 112, 128f, *133*, 133f, 158, 192, *193*, 231
Porsche, Gmünd **137**
Porsche-Preis 226
Portugal-Rallye 272
Preis 60, 69, 75, 108, 130, 75f, 229
Premiumklasse 247, 266
Premiumsegment *257*, 264
Presse 164
Prinz 221
Prinz Leiningen 134
Prinz, Dr. Gerhard **293**
Prinz-Heinrich-Fahrt *15*, 23, 185
Privatfahrer 74, 170f, 194, 205, 207, 232
Probefahrt 14, 193
Probefahrzeug 230
Produkt 33, 73, 78, 87, 102, 153, 157, 166, 222

Produkte 270
Produktion 26, 102, 153f, 160, 198, 224, 228, **293**
Produktionsanlagen 199
Produktionsanlauf 198
Produktionsaufnahme 199
Produktionsauslastung 220
Produktionsbänder 258
Produktionsende 176
Produktionslogistik 243
Produktionsprofil 78
Produktionsprogramm 192
Produktionsrekord 83
Produktionsrennwagen-Serie 273
Produktionsrückgang 220
Produktionsstandort 165
Produktionsstandorte 255
Produktionstechniken *251*
Produktionstechnologie 245
Produktionswagen-Meisterschaft 273
Produktionszahlen 59, 69, 75, 89, 125, 130, 156, 175, 250
Produktionszeit 73
Produktmarketing 246f
Produktpalette *189*, *222*, 229, 251, 259, 265
Produktplanung **270**
Produktqualität 244
Produktregime 63
Profil 112
Programm 116, 158, 189, 231
Projektmanagement **270**
Prometheus Getriebewerk, Berlin 79
Protos 87
Prototyp 87, 162, 193f, 231
Prototypen 260
Prozesstechniken 261
Prüfbahn 182
Prüfgelände 245
Prüfstand 51, 199
Prüssing, August 132
Puch, Graz **137**
Pullmann Cabriolet 54
Pullmann Limousine 54, 60, 126, *127*, 129
Pulsgetriebe 112
PVC-Unterbodenschutz 226

Q

Qualität 102, 260, 262
Qualitätsbewusstsein 244
Qualitätsmanagement-System 244
Qualitäts-Prüfungsfahrt Moskau-Orel 185

Qualitätssicherung 244, **270**
Qualitätssiegel 79
Qualitätszentrum 244
Quandt 165
quattro 267, 278
quattro GmbH 268
quattro-Technik 278
Queen Elisabeth *159*
Querlenker 123

R

RAC-Rallye 232
Rahmen **34**, 85, 135
Rahmenbauweise 117
Rallye Audi 232
Rallye Hongkong – Peking 272
Rallye Monte Carlo *100*, 132, 171, 208, *232f*, 233, *272*
Rallye San Remo 232f
Rallye-Erfolge 272
Rallye-Fahrer-Weltmeisterschaft 272
Rallye-Fahrzeuge 272
Rallyemeisterschaft, deutsche 273
Rallyepilotin 276
Rallyepiste 231
Rallyesport 232f
Rallye-Sportfahrzeug 267
Rallye-Weltmeisterschaft 132, 233, 272, 280
Rank, Norbert **291**
Rasmussen & Ernst, Chemnitz 36f, **38**
Rasmussen, Dr. Jörgen Skafte 36ff, **39**, 62f, 67f, **68**, 78ff, 86, **91**, 92, 105, 115, **292**
Rasmussen, Ove 92
Rationalisierungspolitik 68
Raumökonomie 265
Rechtsfahrordnung 64
Rechtsstreit **28**, **39**
Rechtsverhältnis 152
Recycling 260
Regionalbüro 248
Reglement 274, 278f
Reglementänderung 277
Reichenbach **20**
Reichsfahrtmodell 82
Reihen-Achtzylinder *57*, 66, 68, 122
Reihenbauweise 52
Reihenfertigung 47
Reisewelle *150*
Reißbrett 194
Reitsport 253
Rekord 185
Rekordfahrt 135, 205, 207

Rekordfahrzeug 134
Rekordjahr 250
Rekordmaschine 207
Rekordumsatz 251
Rekordversuch 134
Rennabteilung 88, 132f, 135, 162
Rennen 125, 134
Rennfahrer 75, 82, 88, 170, 195f
Rennmannschaft 134f
Rennmaschine 183, 204
Rennmotor 170
Rennsieg 88
Rennsportmotorrad 136
Rennsportteams 279
Rennsportwagen 279
Rennstall *134*
Rennstrecke 185, 194
Renntiger *171*, 205, 207
Rennveranstaltung 274
Rennwagen 73, 133, 135, 280
Rennwagenbau 234
Rennwagenkonstruktion 134
Rennzweitakter 88
Reparationen 135, 149
Reparaturkosten 168
Restbestand 188
Reutter, Stuttgart 74, 77
Rheinische Gasmotorenfabrik Benz&Co., Mannheim **29**
Rheinische Maschinenfabrik, Düsseldorf **39**
Rheinmetall 154
Richard, Elias 9
Rickenbacker-Motor 68f
Riedlingen 182, **186**
Riemenantrieb 81, 183
Risikobereitschaft 155
Roder, Albert 196, 198, 201, *211*, **211**
Rohmaterial 60
Röhrendampfkessel 37
Röhrl, Walter 233, 272ff, *272f*
Rohrschiebermotor 106
Rohstoff 104
Rohstoffeinsatz 229
Rohstoffmangel 113
Roller 151, 161, 175, 198
Rosemeyer, Bernd *133*, 134
Rota Magnet Apparatebau GmbH, Zschopau 78
Rotationskolbenmotor 199
Rote Armee **70**
Rotterdam **111**
Rudge 35
Rumpler, Edmund 192
Rundstreckenrennen 273
Rundstreckensport 278

Ruppe, Hugo 78f, 81f, **91**, *91*
Rußland **70**, 132, 184

S

Sächsische Staatsbank 39, 80, 105, **110**
Safari-Rallye 272
Salzburger Festspiele 254
Sanierung 188
Sanitätskraftwagen *30*
Sant'Agata Bolognese 249
Santos, Joaquim 272
Saxomat 158
Schadstoffemission 218f
Schaltgetriebe 264
Schalthebel *117*
Schapiokonzern 188
Scharfenstein 39, 62, 68
Schebera AG 188, **197**
Scheibenbremse 167
Scheich Ül Islam *18*
Scheinblüte 47
Scheinwerfer 60
Schenk, Stuttgart 172
Schiebermotor 17f
Schiffer, Fritz **290**
Schirmer, Theo **291**
Schittenhelm, Karl 151
Schleef, Dr. Andreas **293**
Schlitzsteuerung 81
Schlüter, Walter 172, *172*
Schmeling, Max 164
Schmidt (VW Verkaufs-Vorstand) 231
Schmidt, Christian 182, **186**, **291**
Schmidt, Dr. Werner P. **293**
Schmidt, Werner 221
Schmierung 168
Schmitt, Erich **293**
Schmolla 155
Schneider, Romy *165*
Schnellgang 68, 130f
Schnellgang-Synchrogetriebe 126
Schnelltransporter 153, 175f
Schnüffelventil 32
Schnürle 79, 84
Schnürlespülung 106, 114, 116
Scholl, Jakob 195, *917*
Schönau 72, 74
Schönheitskonkurrenz 59
Schönheitswettbewerb 122, 133
Schrägheck 227
Schreibmaschine 32
Schreibmaschinenfertigung **34**
Schubstangensteuerung = Ultramax-

Steuerung 201, 203
Schuchardt & Schütte **111**
Schuh, Heinrich 63, 66f, **70**, *70*, 87, 152, **292**
Schüler, Dr. Hanns **292**
Schüler, Hanns 151f
Schüttoff-Werke, Chemnitz 78
Schwarz, Armin **273**
Schwarz, Dr. Georg *210*, **210**, **291**
Schwarzwaldfahrt *207*
Schwebeachse 115ff, 129, 158, 166
Schwebeklasse 115
Schweißtechnik 243, *243*
Schweiz **76**
Schwenk, Kurt 161, 166
Schwingachse 67, 123, *129*
Schwingungsdämpfer 56f, 65, 74, 122
Schwungradzünder 81f, 83, **91**
Sebring 273, 280
Sechszylinder 16, 62f, 65, 68f, 74, 113, 128f, 169, 194
Sechszylindermodell 74
Sechszylindermotor 77, *99*, 105, 112, 192
Sechszylinderversion 259
Sechszylinderwagen 63, 66, 74
Sechzehnzylindermotor 133f
Seidel, Fritz 16f
Seitenaufprall 108
Seitenwagen 103, *119*, 204
Seitenwagenbauweise 184
Seitenwagenklasse *135*, 136, 205
Seitenwagenrennen 136, 196
Selbstabholer 246
Selbstabholung *250*
Selbstbeschleunigerfälle 249
S-Emblem 267
Semmeringrennen, Österreich 185
Sempach **111**
SE-Park 245
Serie 162, 194
Serienanlauf 117
Serienauto 194, 203
Serieneinführung 167
Serienfahrzeuge 263
Serienherstellung 115
Serienkarosserie 113
Serienlimousine 229
Serienmaschine 205
Serien-PKW 64, 158
Serienproduktion 33
Serienreife 106, 154, 162, 169
Seriensieg 25, 133
Serienstandard 264
Serienwagen 195
Servobremse 126

Sicherheit 262
Siebenhundertfünfzig Kilo Formel 134f
Siebler, Oskar 107, 163, 167
Sieg 135f, 188
Siegesserie 26, 171
Siegeszug 257
Siegmar 72, 74f,
Simons 88
Simultaneous Engineering (SE) 245
Singapur 248
Skandinavien 132, 184
Skandinavien-Rallye 232
S-Konzept 268
Slaby, Rudolf 84f
Slaby-Beringer-Automobilgesellschaft mbH, Berlin 85
Slaby-Werke, Berlin 78
Slogan 222
S-Modelle 268
S-Modellreihe 268
Solitude-Rennen *148*, 195, 205
Solomaschine 136
Sommerkonzerte 254
Sonderkonjunktur 251
Sourd, Marc 276
Sowjet Union 135
Sowjetische Besatzungsmacht 135
Sowjetische Besatzungszone 149
Sowjetische Militäradministration Deutschland (SMAD) 109
Space Frame 261
Spandau 67, 85, 89
Spanien 277
Sparfahrt Wien – Genf 257
Sparsamkeit 220
Sperrholz 85, 116
Sperrholzaufbau 85
Spezialfahrwerk 136
Spezialfahrzeug 125
Spieß, Siegfried 208
Spitzenerzeugnis 124
Spitzenfahrer 135
Spitzengeschwindigkeit 195
Spitzkühler 52, 192
Splitterfreies Glas 54
Sponsor 254
Sport 194
Sportabteilung 173, 232, 273
Sportauto 263
Sportcabriolet 122, 126
Sportchef 277
Sporteinsatz 194, 274
Sporterfolg 16
Sportfahrer 59, 82, 171, 207
Sportlichkeit 112, 191

Sportmodell-Zylinder 190
Sporttradition 232
Sportveranstaltung 88, 171, 194
Sportwagen 88, 167, 195, 263
Sportwagenstudie 260
Sportwagenstudien 262
Sportzweisitzer 194
Sprecher des Vorstands **293**
Spurmaß 56
Stachelrippenzylinder 160f
Stadtparkrennen, Belgrad *137*
Stadtverkehr 85, *149*
Stahlaufbau 157
Stahlblech 116f
Stahlblechkarosserie 120, 157
Stahlblechpreßrahmen 83
Stahlkarosserie 260
Stammarke 72
Stammkapital 152, **174**
Stammkunde 128
Stammsitz 188
Standardisierung 28, 105, 129
Standort 149
Standortvoraussetzung 151
Stanznieten 261
Starrachse 115f
Stationärer Motor 10
Steckbrief 134
Steingärt, Otto *206*
Steuerbefreiung 104
Steuerfrei 202
Steuergesetz 33
Steuerräder 64
Stieler von Heydekampf, Gerd 198, 221, **291**, **293**
Stirnraddifferential 24
Stoewer und Brennabor 112
Stoll, Heinrich 182, **186**
Stöß 16
Stoßdämpfer 116, 190
Stoßfreier Motor 14
Stoßstangen 64
Strafpunkt 185
Straßenbahn 13
Straßenerprobung 231
Straßenlage 123, 172, 196
Straßenrennmaschine 136
Straßenrennsport 135, 171
Straßenverkehr *151*
Strauss, Moritz 50, 52
Streckenfahrzeug 232
Strehla 29
Strickmaschine 182
Strickmaschinenfabrik **186**
Strobel, Werner 107

Strobl, Gottlieb 221, 237, **237**, **293**
Stromlinienkarosserie *124*, *136*
Stuck, Hans *132f*, 133, 135
Stuck, Hans-Joachim 273f, *274*, 276f
Stückzahl 67, 86, 157, 198
Stuhlmacher 72
Stuttgart 157
Südafrika **76**, 248, 274, 277
Super-Tourenwagen-Cup 276
Super-Tourenwagen-Weltmeister 277
Supertourisme Tourenwagen-Meisterschaft 274
Surtees, John *163*
Synchron-Planetengetriebe 123
Systemlieferanten 244

T

Tagesleistung 83
Tagesstückzahlen 268
Tank 65, 83
Targa Florio 75, 133
Taxi-Geschäft 188, 192
TDI 256
TDI Motor *256*
TDI-Motoren 257
Team Audi UK 279
Team Joest 279
Technik 26, 222, 263
Technikum Illmenau **91**
Technikum Mittweida **20**, **29**, **36**, **39**
Technik-Vorstand 229
Technische Abteilung 108
Technische Entwicklung 114, **137**, 222, 244, 245, **269**, **270**, 293
Technische Universität Karlsruhe **270**
Technische Universität Wien **269**
Technischer Direktor **29**, **50**, **70**, **111**, **210**, 222
Technischer Geschäftsführer 163, 166
Technischer Vorstand 62
Technisch-wissenschaftliche Abteilung 108
Teilezulieferung 244
Teilzahlungsgeschäft 80
Telefonzentrale 188
Telegabel 160f
Teleskopstoßdämpfer 157
Testgelände 245
Testzeit 162
TH Braunschweig **20**
TH Dresden **39**, **111**, **137**
TH München 84
TH Stuttgart **61**, **210**
Thailand 248

Theiler 172, *173*
Thermische Empfindlichkeit 25
Thermosyphonprinzip 64
Thyssen 77
Titelgewinn 274
Tochtergesellschaft 243, 248
Tokyo Motor Show 260, 262
Topmodell 52, 227, 258
Tornado-Effekt 257
Tourenmodell-Zylinder 190
Tourenrad 183
Tourenwagen 23, 53, 75, 172, 232, 278
Tourenwagen-Meisterschaft 274
Tourenwagen-Meisterschaften 277
Tourenwagen-Saison 278
Tourenwagensport 172, 207, 279f
Tourenwagen-Weltfinale 277
Tourist -Trophy 136, 185, 206
Tradition 246
Traktionsproblem 231
Trans-Am-Serie 273
Transporter 157
Traumergebnis 280
Trendsetter 264
Triebwerk 82, 123, 182
Triebwerksfertigung 149
Trittbrett 122
Tropfenwagen 192
Trümmerberg 148
TT-Karosserien 263
TU Berlin **235**
TU Hannover **234**
TU Wien **137**, 226
Tuner 170
Tuning 172
Turacher Höhe 231
Turbodiesel 256
Turbo-Fünfzylinder-20V 259
Turbolader 257
Turboladung 230
TÜV Süddeutschland 263
Typ 19, 24, **28**, 34, 59, 69, **89**f, 112, 118, 120, 125, 130, 170, 177, 185, 187, 191, 192, **195**, 202, 203, **208**, 219, 223, **236**, **271**
Typenangebot 201
Typenbezeichnung 157f, 183, 265
Typenpolitik 105
Typenprogramm 231, 266
Typenreihe 128, 191
Typenzahl 200

U

Ubbiali 206
Übergangslösung 157
Überlandstraße *104*
Übernahme 156, 164
Überschlag 108
Übersetzung 123
Uhlenhaut 167
Ullrich, Dr. Wolfgang 277
Ultramax-Steuerung = Schubstangensteuerung 201
Umsatz 19, 164, 152, **174**, 200
Umsatzrendite 250
Umweltbelastung 218
Umweltfreundlichkeit 229, 258
Unser, Bobby 273
Unterhalt 115
Unternehmensführung 250, 253
Unternehmensjubiläum 188
„Unternehmenskonzept 1998" 250
Unternehmensleitung 63, 206, 252
Unternehmensphilosophie 253
Unternehmensverband 128
Ur-quattro 256, 258f, 283
US-Markt 249

V

V 12 Motor 122
V6 Motoren 266
V6-2,8-Liter-Motor 264
V6-Biturbo-Motor 268
V6-Mittelmotor 260
V6-TDI-Motor 266
V6-Triebwerk 259
V8 Direkteinspritzer-Turbodiesel 261
V8 Motor 122
V8-Biturbo 279
Valobra, Ferrucio **291**
Variator 264
Varzi, Achille 134
„Vater aller Pkw-Vierradtriebler" 258
Velociped-Depot Winklhofer & Jaenicke **34**
Venediger, Herbert 79, 84
Ventil 15, 17, 24f, 32, 58, 63, 65, 73, 122
Ventilator 64
Verarbeitungsqualität 51, 124
Verbrauchsfahrten 257
Verbrauchswerte 84
Verbrennungsgeräusch 257
Verbrennungsraum 63
Verbundfertigung 263
Verdichtung 224

Verdrängungswettbewerb 262
Vergaser 66, 83, 122, 136, **137**
Verkaufsbüro 36
Verkaufserfolg 129, 205
Verkaufsgemeinschaft 189
Verkaufsleiter 189, **210**
Verkaufsorganisation 80, 189
Verkehrsmittel ***149***
Verkehrszählung 13
Verkleidung 205f
Vermögensbeteiligung 253
Versailler Vertrag 46, 48
Versuch 64, 108, 161, 230
Versuchsabteilung 84, **137**, 171, 173
Versuchsingenieur 134, **137**
Versuchsleiter 152, 162
Versuchsperiode 33
Versuchsprogramm 106
Versuchsstudie 258
Verteilergetriebe 230
Vertrieb 76, **92**, 182, 188, 222, 246
Vertriebsnetz 255
Vertriebsorganisation **92**
Vertriebsstrategie 247
Verwaltung 26, 148, 152
Victoria AG, Nürnberg 164, **211**
Vidali, Tamara 276, *276*
Vier Ringe **76**, 102, 105, 114, 133, 150f, 154, 218f, 220, 222, 233, *246*, 247
Vierfachsieg 195, *196*
Viergang-Getriebe 74, 116, 160
Vierradbremse 47, 52f, 73
Vierradroller 162
Viersitzer 162
Viertakter 165, 168f, 220, 222, **233**
Viertaktmitteldruckmotor 219
Viertaktmotor 11, 67, 78, 81, **91**, 162, 165, 167, 201, 203
Vierventilrechnik 256
Vierzylinder 15f, 86, 129, 167, 193, 225
Vierzylindermotor 33, 52, 73, 105, 192, 227
Vierzylindermotoren 266
Vierzylinder-Turbomotor 268
Vierzylinderwagen 25, 59, 63, 115, 117
VIP Fahrzeug *178*
Vision 155
Vizemeister 273, 276
Vizetitel 233, 272
Vizeweltmeister 171, *173*, 233
V-Motor 123
Volkswagen = VW **76**, 108, 156, 165, **174**, 193, 200, 219, 221, 247
Volkswagen AG 149, **233**, **235**, 247, **269**
Volkswagen do Brasil 249

Volkswagen Konzern 221, 225,231
Volkswagen Prototyp 192, 193
Volkswagen Werk **235**, **237**
Vollschwing-Fahrwerk 175
Vollschwingrahmen 161
Vollverkleidung 207
Vollverzinkung 243
Volumenmärkte 252
VOMAG 149
von Delius, Ernst 134
von der Heydt, Marion 59
von Falkenhayn, Fritz 189, *210*, **210**, 291
von Linde, Carl 12
von Oertzen, Klaus-Detlof 72, **76**, *76*, 77, 105
von Oppenheim, Friedrich Karl 152
Vordergabel 32, 183, 190
Vorführbahn 182
Vorgängergesellschaften **291f**
Vorkriegsentwicklung 157
Vorkriegskonstruktion 201
Vorkriegsmodell 50
Vorkriegstyp 46, *148*, 157, 198
Vorkriegszeit 63, 158, 161, 170
Vorsitzender des Vorstandes 237, 269, **291ff**
„Vorsprung durch Technik" 222, 245, 264, 268
Vorstand 16, **29**, 92, 105, 151, 155f, 162, 165, 167, 231, 234, **237**, 251, 263, **269**, **270**, **293**
Vorstandsbeschluss 112
Vorstandsebene 150
Vorstandskollegium **291**
Vorstandsmitglied **39**, 51, **61**, **76**, 77, **110f**, 189, **234**, **236f**, 251
Vorstandsvertreter 151
Vorstandsvorsitz 251
Vorstandsvorsitzender **35**, 189, 198, 200, 210, 221, **235ff**, 250, 263, **269**, **270**
Vulkanisierapparat 36
VW = Volkswagen **76**, 108, 156, 165, **174**, 193, 200, 219, 221, 247
VW AG 248
VW do Brasil **235**, 251
VW Export Chef **76**
VK Konzern 247
VW Modell 222
VW/AUDI Händlerorganisation 222

W

Wachstum 107, 221
Wachstumsmärkte 248

Waffenstillstand 46
Wagenkasten 115
Währungsreform 152, 198
Währungsunion 250
Walb, Willi 133
Walz, Karl **290f**
 Wanderer 47, 32-35, 72-77, 128-131, 133, 136, 144f, 189, 195, **292**
Wanderer Fahrradwerke AG 32, **34**, 35
Wanderer Typen **34**, **76**, **77**, **130**
Wanderer Unternehmensgeschichtliche Daten **34**, 75
Wanderer Wagen 109
Wanderer Werke AG **34**, 72, 74f, **76**, 77, 80, 89, 105, **109**
Wankel, Felix 199
Wankelmotor 198f, 203f, 208, 221
W-Anordnung 260
Warenzeichen 38, 63, **89**, 166
Wartberg-Rennen *194*
Wartungskosten 168
Wasserkühler 84, 88
Wasserkühlung 136
Weber, Hermann 79, 82, 160
Wehrmacht 104, 109, 197
Wehrmachtsauftrag 104
Weißmetall 25, 65
Weiterbildung 80
Weiterentwicklung 280
Wellblech-Riffelung *122*
Weltmärkte 250, 262
Weltmeister 233
Weltmeisterschaft 171, 205f, 272
Weltmeisterschaftslauf 205
Weltmeistertitel 207
Weltpremiere 261, 264
Weltrekord 133f, 172, 205
Weltrekordfahrt 207
Weltwirtschaftskrise 74
Wendigkeit 197
Wenk, Fritz 172
Werbeanzeige 23
Werbeplakat HORCH *13*, *18*, *22*
Werbeplakat NSU *198*
Werbeslogan 202
Werbesprüche 121
Werbung 79, 88, 132, 182
Werbung DKW *78*
Werk Düsseldorf 157
Werksfahrer 205
Werksführung 246
Werksmannschaft 170f, 173, 205, 207
Werkspokal 232
Werkssportabteilung 133, 136, 171
Werkstoff 19, 260

Werksvergrößerung 188
Werkteams 272
Werkzeugmaschine 149
Werkzeugmaschinenbau 72
Werkzeugmaschinenfertigung **34**
Werner, William 50f, **111**, *111*, 131, 151, 162f, 165ff
Wertbeständigkeit 255
Wertheim, Walter **291**
Wesp, Philipp **291**
Westvermögen 174
Wettbewerbsfähigkeit 253
Wettbewerbsfaktor **270**
Wettbewerbskonstruktion 88
Wettbewerbsvergleich 263
Wiederbegründung 258
Wiedervereinigung 250f
Wien 137, *262f*
Wilm, Werner 26
Windkanal 106, 108, 117, *117*, 124, *136*, 245
Windkanalzentrum 245
Winkelhofer, Johann Baptist 32, **35**, **292**
Winkler, Walfried 132, *113*, *134*
Winningen 20
Winterprüfung, Garmisch-Partenkirchen 171
Wirkungsgrad 86
Wirtschaft 102
Wirtschaftlichkeit 33, 84, 106, 114, 229
Wirtschaftskrise 46
Wirtschaftsrezession 251
Wirtschaftswachstum 218
Wirtschaftswunder 148, **150**
Wolfsburg 165, 221, 224, 227
Wortmarke 63
Wright 207
Wünsche, Siegfried 170

Z

Zedelmotor 182
Zeiss, Jena 54
Zeitlimit 132
Zementbahn-Meister *187*
Zentralbüro des Verbandes der Deutschen Motorradindustrie, Frankfurt/Main 156
Zentraldepot für AUTO UNION Ersatzteile Ingolstadt GmbH, Ingolstadt 92, 152f, **174**
Zentrale Versuchsabteilung (ZVA) 106, 108, 160
Zentrales Entwicklungs- und Konstruktionsbüro 113

Zentrales Konstruktionsbüro (ZKB) 106f
Zentralkastenrahmen 112, 117
Zentralschmierung 56, 74
Zerbst 152f, 155
Zerbst, Fritz 51
ZF-Aphongetriebe 58, 122
Zinkstaubfarbe 226
Zirkel, Karl 211
Ziro-Motoren GmbH, Forcheim 211
Zöblitzer Metallwarenfabrik 78
Zolder 232
Zoller, Arnold 50, 52, 124
Zschopau 36, 38, **38**, 78, 83, **91**, 114f, 119, 132f, 136, 150f, 154f, 160
Zschopauer Maschinenfabrik J. S. Rasmussen 37, **38**
Zschopauer Motorenwerke 292
Zschopauer Motorenwerke J. S. Rasmussen AG 78, 92, **89**, 89, 105, **109f**
Zubehör 188
Zubehörprogramm *126*
Zukunftssicherung 253
Zulassung 120, 125, 130, 176
Zulassungsanteil 69, 75, 89, 119
Zulassungsfrei 202
Zulassungsklasse 125
Zulassungszahlen 125
Zulieferbetrieb 152
Zündapp **211**
Zürich 154, 183
Zusatzgewicht 277
Zuverlässigkeit 26, 114, 279
Zuverlässigkeitseinsatz 133
Zuverlässigkeitsfahrt 75, 88, 132, 171, 196
Zuverlässigkeitsveranstaltung 136
Zuwachsrate 26, 218
Zweigang-Getriebe 183
Zweigwerk 188
Zweihunderfünfziger Klasse 205f, 136, 170, 207
Zweirad 32, 182, 185, 199ff, 203
Zweiradboom 198
Zweisitzer 120, 194
Zweitakter 154, 165, 169, 171, 219
Zweitaktmotor 78f, 81, 84f, **91**, 106, 108, 150, 153, 157f, 162, 166, 168f, 172, 190f, 201, **233**
Zweitaktmotorrad 84, 198
Zweitakt-Pkw 176
Zweiter Weltkrieg 49
Zweitwagen 173
Zweiventilmotor 106
Zweizylinder 88, 150, 157, 160, 171
Zweizylinderautomobil 15

Zweizylindermaschine 183
Zweizylindermodell 32
Zweizylindermotor 14f, 33, 85f, 88, 205
Zweizylinderrad 73
Zwickau 15, 26, **28f**, 36, **39**, 50f, **70**, 108, 123, 125, 133, 150f, 155, 157
Zwölf-Stunden-Rennen 280
Zwölfzylinder 57, 60, 126, 134
Zwölfzylinder Mittelmotor 256, 260
Zwölfzylinder-Rennmotor **137**
Zwölfzylinderwagen 122
Zyklonette 183
Zylinder 17, 32, **34**, 52, 82, 86, 122, 190
Zylinderblock 17, 68
Zylinderbohrung 83
Zylinderhub 57
Zylinderkopf 32, 63, 73, 82
Zylindervolumen 134
Zylinderzahl **271**

Modellpalette

fett = Kasten
kursiv = Abbildung

AU 1000 S (1959-63) = DKW F 102 167, *169*, **175**, **177**, *180*
AU 1000 Sp (1958-65) 166f, **175**, *179*, *168f*
AU Audi (1965-68) = DKW F 103 = Audi 72 219f, *220*, *222*, **233**, *236*
Audi A 10/22PS (1910-12) 23, **28**
Audi B 11/28PS (1911-17) **28**, *28*, **42**
Audi C 14/35PS (1911-25) 25, **28**, **43**, 62, *70*, 96
Audi Ct Lkw 14/35PS (1912-28) **28**
Audi D 18/45PS (1911-20) **28**, *43*
Audi E 22/50PS (1911-24) **28**, *71*, 96
Audi G 8/22PS (1914-26) **28**, *43*
Audi K 10/50PS (1921-26) 62ff, *64*, **67**, **69**, 71, 96
Audi M 18/70PS (1924-28) 66f, **69**, *69*, 96
Audi P 5/30PS (1931) 66, 67, **69**, 97
Audi R 19/100PS = Audi Imperator (1927-29) 66f, *66*, **69**, *69*, 97
Audi S 19/100 PS = Audi Zwickau (1929-32) 68f, *68*, **69**,
Audi T 15/75 PS = Audi Dresden (1930-32) 68, **69**, *69*, 97
Audi Dresden = Audi T (1930-32) 68, *69*, 97
Audi Front 225 50 (55)PS (1934-38) **112**, *138f*
Audi Front UW 40PS (1933/34) 112, **112**, *112f*, *138f*
Audi Imperator = Audi R (1927-29) 66f, *66*, **69**, 69
Audi Zwickau = Audi S (1929-32) 68f, **69**, 97
Auto Union Typ A (1934) *132f*, 134
Auto Union Typ B (1935) *133*, 134, *146*
Auto Union Typ C (1936/37) 134, *136*, *146*
Auto Union Typ D (1938/39) 134, *137*, **137**, *146*
Auto Union 1000 (1957-62) *157*, 164, 166, **175**
Audi 50 (1974-78) 226f, *226*, **236**, *239*
Audi 60 (1968-72) 223, **236**, *238*
Audi 72 = AU Audi = DKW F 103 219f, *220*, *222*, **233**, *236*
Audi 75 223
Audi 75 Variant *223*
Audi 80 (1972-78) 228, *235*, **236**, *240*
Audi 80 (1978-81) 228, **236**
Audi 80 (1986-1989) *250*, *255*, **271**, *282*
Audi 80 (1990) 256

Audi 80 (1991-1994) 259, *284*, **271**
Audi 80 1.9 TDI (1993) 257
Audi 80 250, *255*, 266f
Audi 80 Avant (1992) *285*
Audi 80 Avant 267
Audi 80 competition (1994) 276
Audi 80 quattro (1993) 276
Audi 80 TDI (1991-1994) **271**
Audi 80 TDI (1992) 257, *257*
Audi 80 Turbo Diesel (1988-1991) **271**
Audi 90 250, ***255f***, ***255***, ***282***,
Audi 90 20V (1987-1991) **271**
Audi 90 quattro (1989) 273
Audi 100 (1968-71) 223f, *225*, 227, *260*
  234, **236**, *238*, *265*, 266
Audi 100 (1976-78) 227, **236**, *238*, 266
Audi 100 (1976-82) 227, *236*, 266
Audi 100 (1982-86) *229*, 229, **236**, *241*,
  266
Audi 100 (1984-90) 231, **236**, 255f, 259,
  266, *282*, *284*
Audi 100 267
Audi 100 Avant (1977) 227, *240*
Audi 100 Avant (1983) 229
Audi 100 Avant (1988) *282*
Audi 100 Avant (1991) 259, *284*
Audi 100 Coupé S (1970/71) **236**, *237*, *239*
Audi 100 TDI (1989-1990) **271**
Audi 100/2.3E (1990-1994) **271**
Audi 100/2.8E (1990-1994) **271**
Audi 200 (1979-82) 228, *228*, 230, **236**,
  241
Audi 200 (1985) 255
Audi 200 (1989) 256
Audi 200 quattro (1984) 231, 272f
Audi 200 quattro 20V (1989-1991) 256,
  271, *282*
Audi 200 quattro 20V Avant (1989) 256
Audi 200 Turbo (1983) 229, *241*
Audi Coupé (1988-1994) 255f, 283, **271**
Audi Coupé GT (1980-83) 228, **236**, *240*
Audi Coupé quattro S2 (1990) 259, *259*,
  267
Audi Coupé S2 (1990) *284*
Audi Cabriolet (1991-1994) 255, 259, *259*,
  271
Audi Cabriolet (1994-2000) **271**, *284*, 288
Audi Avant RS2 (1993) 267, *285*
Audi Avant S2 267
Audi Avus quattro (1991) 260, *260*, *285*
Audi duo (1990) 258, *258*
Audi duo, dritte Generation (1996) 258,
  287
Audi quattro 228, *230f*, 231, **236**, *241*, 255,
  256, 258, *283*

Audi quattro Spyder (1991) 260, *260*, *285*
Audi Sport quattro (1983/84) **236**, *241*
Audi Sport quattro Evolutionsmodell S1
  (1985) 267
Audi Sport quattro S1 (1987) 273
Audi Super 90 (1966-71) 223, 232, **236**,
  238
Audi Super 90 Cabriolet *221*
Audi V8 (1988-1994) 255f, 257, 264, 266,
  271, *283*
Audi V8 lang (1988) *283*
Audi V8 quattro (1990) 274
Audi A2 (ab 2000) 265f, *265*, *266*, **271**, 289
Audi A2 TDI (ab 2000) **271**
Audi A3 (ab 1996) 249, 264ff, *264*, 268,
  271, *287*
Audi A3 TDI (ab 1996) **271**
Audi A4 (ab 1994) 254, 261, *262*, 266f,
  268, **271**, 278, *286*, 288
Audi A4 Avant (1995) 262, *287*, *288*
Audi A4 quattro (1997) 277
Audi A4 Supertouring (1995) 276f
Audi A4 TDI (ab 1994) **271**
Audi A6 (1994) 261
Audi A6 (1994-1997) *248*, 255, 266, *268*,
  286, **271**
Audi A6 (ab 1997) 264, *264*, 266, **271**, *287*,
  289
Audi A6 Avant (1994) *286*
Audi A6 Avant (1998) 264, *265*
Audi A6 TDI (1994-1997) **271**
Audi A6 TDI (ab 1997) **271**
Audi A8 (ab 1994) 255, 261, *261*, 264, 266,
  268, **271**, *286*, *288*
Audi A8 TDI (ab 1997) **271**
Audi allroad quattro (ab 2000) 265, *265*,
  271, *289*
Audi R8 279f
Audi R8C 279
Audi R8R 279
Audi RS2 (1994-1995) **271**
Audi RS4 (ab 2000) 268, **271**
Audi RS4 Avant *288*
Audi S2 (1991-1996) 267, **271**
Audi S3 (ab 1999) 268, *268*, **271**
Audi S4 (1991-1994) 259, **271**
Audi S4 (ab 1998) 267f, **271**
Audi S4 4,2-Liter 267
Audi S4 Avant (1997) 267f
Audi S6 (1994-1997) 268, **271**
Audi S6 (ab 2000) *268*, **271**, *289*
Audi S6 Avant 267
Audi S8 (ab 1996) 268, **271**, *267*, *288*
Audi TT Coupé (ab 1998) 262f , *262*, *263*,
  271, *287*, *289*

Audi TT Roadster (ab 1999) 262f, **271**, *286*
Audi TT Roadster (2000) *289*
DKW 3=6 = DKW F 93/94 = F800/3
  ab 1955 *157*, 158, 166f, **175**
DKW 3=6 Kleinbus (1958) *181*
DKW 3=6 Kombi *174*
DKW 3=6 Schnellaster (1955-62) *175*, **175**,
  176
DKW 3=6 Universal *153*
DKW 4=8 86, *100*
DKW 4=8 V1000 **89**
DKW 4=8 V800 **89**
DKW 30 = F800 Schnellaster (1954/55) **175**
DKW 125 ccm Einzylinder Rennmaschine
  (1956) *181*
DKW 125 ccm mit Rennmotor 170
DKW 350 ccm Dreizylinder Rennmaschine
  (1956) *181*
DKW 350 Dreizylinder Rennmaschine 170
DKW 600 Rennmaschine mit Seitenwagen
  (1937) *147*
DKW 660 Prototyp (später Junior) 166, *166*
DKW 1001 (1932-35) 115, *115*, **120**, *140*
DKW 1002 (1932-35) 115, **120**
DKW F 1(1931/32) *86*, 88, **89**, *100*, 115,
  117, *120*
DKW F2 (1932-35) **120**
DKW F4 (1934/35) **120**, *140*
DKW F5 Reichsklasse/Meisterklasse
  (1935-36) 116f, *116*, **120**, *140f*
DKW F7 Reichsklasse/Meisterklasse
  (1937-39) 117, **120**, *120*, *141*
DKW F8 Reichsklasse/Meisterklasse
  (1939-42) 107, 117, **120**, *141*, 157
DKW F9 (1939) 106f, 116, *117*, **120**, *141*,
  154, 157
DKW F10 (1950) *152*, 157, 178
DKW F11/64 = DKW Junior (1963-65) **177**
DKW F12 (1963-65) 167, *167*, 176, **177**,
  180
DKW F89 Meiserklasse *155*
DKW F89 P Meisterklasse (50-54) 157,
  161, 171, **175**, *178*
DKW F91 3=6 Sonderklasse 158, **175**, *178f*
DKW F91/4 = seit 1962 DKW Munga
  (1955-68) 158, *159*, **175**, 176, 228, 230
DKW F93/94 3=6 Großer DKW (1955-59)
  157, 158, **175**
DKW F100 167
DKW F102 (1964-66) 167, 176, *176f*, **177**,
  219
DKW F103 = AU Audi = Audi 72 219f, *220*,
  222, **233**, *236*
DKW F1000 L Schnelltransporter (1963-68)
  176, **177**, *181*

DKW FX Prototyp (1951) 162, *179*
DKW E 200 83
DKW E 206 (1925-28) 82, **90**, *101*
DKW KM 175 88, **90**
DKW KM 200 (1934-36) **118**
DKW KS 200 (1936-40) **118**
DKW NZ 250 (1938-41) 114, **118**
DKW NZ 350 (1938-45) 114, **118**
DKW NZ 500 (1939-42) 114, **118**, *119*
DKW P 15 *89*, **89**, *100*
DKW Pre 500 88
DKW RT 100 (1933-38) 114, *114*, **118**
DKW RT 125 (1939-44) 79, 114f, **118**
DKW RT 125 W (1949-52) 153, 160, *161*, 161, 175, **176**
DKW RT 125/2 H (1952-1957) **176**
DKW RT 175 (1954-58) 160, 175, **176**
DKW RT 175 VS (1957/58) **176**
DKW RT 200 (1951/52) 160, *161*, 175, **176**
DKW RT 200 H (1952-56) **176**
DKW RT 200 VS (1957/58) **176**
DKW RT 250 VS (1956/57) *163*, **176**
DKW RT 250/1 (1953) 160, 175, **176**
DKW RT 250/2 (1953-57) **176**
DKW RT 350 (1955/56) 160f, *163*, 175, **176**
DKW SB 200 (1933-38) 114, **118**, *118*
DKW SB 350 (1934-1938) **118**
DKW SB 500 (1934-39) 114, **118**, *118f*
DKW STM (Prototyp) 162
DKW ULD 250 Rennmaschine (1937) 135f, *147*
DKW URe 250 Rennmaschine (1937) 135, *147*
DKW Z 500 **90**
DKW ZIS 200 **90**
DKW ZM **90**
DKW Block 300 **90**
DKW Block 350 114
DKW Dampfantrieb (1917) *36*
DKW Fahrradhilfsmotor *101*
DKW Geländewagen 136
DKW Golem Sesselrad **90**, *101*
DKW Hobby (1954-57) 161, *162*, 175, **176**, 177
DKW Hummel (1956-58) 161, *162*, 175, **176**
DKW Junior = DKW F 11 (1959-62) 164ff, 167, 176, **177**, *180*
DKW Junior de Luxe (1961-1963) **177**
DKW Lomos Sesselrad (1922) 82, *82*, **90**, *101*
DKW Luxus 200 (1929) **90**, *101*
DKW Luxus 500 Sport *83*
DKW Monza 172
DKW Munga = DKW F 91/4 (1955-68) 158, *159*, 175, **176**, 228, 230

DKW Reichsfahrtmodell 82, **90**
DKW Schnellaster mit Elektroantrieb (1956) *181*
DKW Sonderklasse 37 (1937-40) 116, **120**, *140*
DKW Sportwagen (1932) *100*
DKW Super Sport 500 **90**, *90*
DKW Schwebeklasse (1934-37) **120**, *140*
Horch 6/18PS *40*
Horch 10/30PS Eisrennwagen (1913) *41*
Horch 10/45PS (1924) *94*
Horch 14/40PS (1913) *41*
Horch 6/18PS *40*
Horch 303 (1927) *59*
Horch 305 (1927/28) *59*
Horch 306 Roadster (1928) *94*
Horch 350 (1928-30) *59*, *95*, 132
Horch 375 (1930) *53*, 56, *95*
Horch 400 (1930/31) *59*
Horch 402 Sportcabriolet (1930) *95*
Horch 420 (1931/32) *59*
Horch 470 57
Horch 480 Sportcabriolet (1929) *95*
Horch 500 (1930-32) *59*, *142*
Horch 500 57
Horch 600 (1932-34) 58, *59*
Horch 670 (1932) 58, *95*, *122*
Horch 750 (1932-34) *95*
Horch 780 (1933) *58*, *142*
Horch 8 *124f*
Horch 830 = „kleiner" Horch (1933/34) 122f, *122*, **125**, 126, *142*
Horch 830 B/BK (1934-37) **125**
Horch 830 BL (1935-39) **125**, *142*
Horch 850 = „großer Horch" (1934-39) 122, **125**, 126
Horch 853 Sport Cabriolet (1935-39) **125**, *125*, 126, *142*
Horch 855 (1938/39) **125**, *143*
Horch 930 S (1939) 106, *107*, 124, **125**, *143*
Horch 930 V (1937-39) 123, **125**, *126*, *143*
Horch 951 (1937-39) **125**, *126*, *143*
Horch 10 M 200 10/35PS (1922-24) *51*;52, *59*, *94*
Horch 10 M 201 10/50PS (1924-26) *53*, *59*, 60, *94*
Horch C 8/24PS (1911-22) **19**, *41*
Horch H 17/42PS (1910-19) **19**
Horch K 10/25PS (1910/11) **19**
Horch N 10/30 (1911-21) *14*, **19**
Horch P 18/50 (1914-22) **19**
Horch S 25/55 (1908-22) **19**
Horch Z 11/22 (1906-09) **19**
Horch ZD 23/40 (1906-10) **19**, *40*
Horch Acht 51, 53f, 57

Horch Geländewagen *53*
Horch Modell 1 (1901) **19**
Horch Modell 2 (1902-04) **19**, *14*, *40*
Horch Modell 3 (1903-05) **19**
Horch Modell 4 (1901-05) **19**
Horch Modell 5 (1903-05) **19**
Horch Omnibus (1912) *15*
Horch Sechszylinder 31/60PS (1907/08) **19**, *40*
Horch Zwölfzylinder *60*
Maybach Zeppelin *58*
Mercedes Kemperer *58*
Mercedes Mannheim 53
Neckarsulm 1,25 PS (1907) **187**
Neckarsulm 1,5 PS (1901-03) **187**
Neckarsulm 2,5 PS (1903-05) **187**
Neckarsulm 2,5 PS (1909) **187**
Neckarsulm 4 PS (1909) **187**
Neckarsulm 6 PS (1909-11) **187**
NSU 1,25 PS (1907) *214*
NSU 1,75 PS (1903) *214*
NSU 2 PS Motorrad (1905) *185*
NSU 2,5 PS (1913) **187**
NSU 2,5 Tonner (1914-24) **185**, *216*
NSU 3,5 PS (1913-21) 184, **187**
NSU 4 PS (1920-25) **191**
NSU 6,5 PS (1913-21) **187**
NSU 8 PS (1914) *214*
NSU 8 PS (1924-27) *190*, **191**
NSU 5/10 PS (1909-11) **185**
NSU 5/15 PS (1914-25) 192, **185**, *216*
NSU 5/15 PS Rennwagen (1923) *193*
NSU 5/15 PS Rennwagen (1932) 194
NSU 5/25 PS (1924-28) *193*, **195**
NSU 5/30 PS 192
NSU 6/10 PS (1906/07) **185**
NSU 6/12 PS (1907/08) **185**
NSU 6/18 PS (1908-14) **185**
NSU 6/30 PS (1928-30) 192, **195**
NSU 7/34 PS (1928-31) *188*, 192, *192*, **195**, *216*
NSU 8/15 PS (1907/08) **185**
NSU 8/24 PS (1912-25) **185**, 192
NSU 8/24 PS Rennwagen (1921) 194, *195*
NSU 10/20 PS (1907-10) **185**, *216*
NSU 10/30 PS (1911-14) **185**
NSU 13/35 PS (1911-14) **185**
NSU 14/40 PS (1921-25) 192, **195**
NSU 110 204
NSU 110/S/SC (1965-67) **208**
NSU 125 ZDB (1941-51) **191**, 198
NSU 175 Z/ZD (1930-33) 190, **191**
NSU 201 OSL (1933-39) **191**
NSU 201 R/T (1928-30) 190f, **191**
NSU 201 Z (1930-32) **191**

NSU 201 ZDB Pony (1934-40) **191**
NSU 251 OSL (1933-52) **191**, 198, 201
NSU 251 R (1924-28) **191**
NSU 251 T/S (1928-31) **191**
NSU 251 Z (1930-33) **191**
NSU 301 T (1929/39) 190, **191**
NSU 351 OSL (1932-40) **191**
NSU 351 OT (1936-39) **191**
NSU 351 TS (1930-32) **191**
NSU 501 OSL (1935-39) **191**
NSU 501 S (1928-30) **191**
NSU 501 SS (1930-35) **191**
NSU 502 T (1924-27) **191**
NSU 501 TS (1930-36) **191**
NSU 600 Königswellen-Rennmaschine 206
NSU 601 OSL (1937-40) **191**
NSU 601 SS (1930-35) **191**
NSU 601 TS (1930-39) **191**
NSU 1000 C (1967-72) 204
NSU 1200 C (1967-73) **208**, *217*
NSU K 70 200
NSU RO 80 (1967-77) 200, 204, *205*, **208**, *217*, 233, 243
NSU SS 350 196
NSU SS 500 195f
NSU TT (1967-72) 205, **208**, *217*
NSU TTS (1967-71) 205, **208**, *208*
NSU Baumm II *205*
NSU Delphin III *205*, 206
NSU Enesu-Mobil (1913) *216*
NSU Fox 2 Takt (1951-54) **202**
NSU Fox 4 Takt (1949-54) **202**, *214*
NSU Fox 201, 205, **211**
NSU Hochrad Germania (1886) *212*
NSU Konsul I (1951-53) 201, **202**
NSU Konsul II (1951-54) 201, **202**
NSU Lambretta (1950-56) 201, *201*, **202**
NSU Lux/Super Lux (1951-56) 201f, **202**, **211**, *214*
NSU Max/Super Max (1952-63) *200*, 201f, **202**, **211**, *215*
NSU Maxi (1957-64) *200*, **202**, *215*
NSU Motosulm (1931-35) *190*, 191, **191**, *214*
NSU Niederrad (1893) *212*
NSU Niederrad (1896) *212*
NSU Original Neckarsulmer Motorwagen 183
NSU Pfeil (1912) *183*, *212f*
NSU Pony 183
NSU Prima (1956-60) *200*, 201, **202**, **211**
NSU Prinz 1000 (1964-72) **208**, *209*
NSU Prinz 1000 L 203
NSU Prinz 1000 TT (1965-67) 204, **208**
NSU Prinz 4 (1961-73) 203, *203*, **208**

NSU Prinz I/II/III (1958-62) 208, **208**, *217*
NSU Quick (1936-53) 191, **191**, 198, 201,
NSU Quick 50 199, 202
NSU Quickly (1953-66) *202*, **202**, *215*
NSU Rennfox 205f
NSU Rennmax 205f
NSU Sechszylinder Kompressorrennwagen *196*
NSU Sport-Prinz (1959-67) 203, **208**
NSU Sportrad (1939) *213*
NSU Sulmobil (1905/06) 183, **185**, *216*
NSU Super Fox (1955-57) **202**, 202
NSU Tourenrad (1956) *213*
NSU Wankel Spider (1964-67) 199, *203*, **208**, 208, *217*
Porsche Typ 32 193
VW Iltis 228, 230
VW Käfer *219*, 219
VW Polo 227
Wanderer 1,5PS Einzylinder (1902) **34**, *44*
Wanderer 1,5PS Einzylinder (1912) **34**
Wanderer 2PS Einzylinder (1914) **34**, *44*
Wanderer 2,5PS Einzylinder (1904) **34**
Wanderer 3PS Zweizylinder(1910) **34**
Wanderer 4PS Zweizylinder(1914) **34**, *44*
Wanderer 10/50 PS *72*, 74, *74*, 75
Wanderer 200ccm Einzylinder 73
Wanderer 500ccm Einzylinder 73
Wanderer 500ccm Zweizylindermotor (1914) *33*, **34**
Wanderer 2,5 PS Einzylinder (1919-1924) 77
Wanderer 4,5 PS Zweizylinder (1919-1925) 77
Wanderer 5,4 PS Zweizylinder (1924-1927) 77
Wanderer 1,5 PS Einzylinder (1924-1926) 77
Wanderer 1,4 PS Einzylinder (1926-1928) 77
Wanderer 5,7 PS Zweizylinder (1927-1929) 77
Wanderer 200 Einzylinder (1928-1929) 77
Wanderer K 500 Einzylinder (1928-1929) 77
Wanderer W 3 Puppchen (1913-1914) 33, *33*, **34**, *44*, *45*, 73
Wanderer W3/II (1914-1919) **34**, *45*
Wanderer W6 (1920-1924) 76
Wanderer W8 75, **76**
Wanderer W8/II (1925-1927) **76**
Wanderer W9 (1924-1926) **76**
Wanderer W10 (1926) 73f, 75, **76**
Wanderer W10/II (1927-1928) **76**
Wanderer W10/III (1928-1929) **76**
Wanderer W10/IV (1930-1932) **76**, *98f*
Wanderer W11 (1928-34) **76**, *98f*

Wanderer W15 74, *74*, 130
Wanderer W17 8/40PS (1932) 74, *99*, 130
Wanderer W21 (1933-35) **130**
Wanderer W22 (1932-35) *129*, 129, **130**, *144*
Wanderer W23 (1937-40) 106, 129, **130**, *145*
Wanderer W24 (1937-40) 106, 116, 129, **130**, *130*, *131*, *145*
Wanderer W25K (1936) *128*, 129, **130**, *144*
Wanderer W26 (1937-1940) 130, *145*
Wanderer W40 (1936-38) 130
Wanderer W50 (1936) *145*
Wanderer W51 (1936-38) 128, *129*, **130**
Wanderer W52(1937/38) 130
Wanderer W240 (1935/36) 130
Wanderer W250 (1935-37) 130
Wanderer Kobinationskraftwagen 77
Wanderer Lieferwagen 77
Wanderer LKW (1941/42) *130*
Wanderer Prototyp (1905) *32*, *44*
Wanderer Zweizylinder (1925) 73

Impressum

Herausgeber:
AUDI AG, Audi Tradition
85045 Ingolstadt, Fax 08 41/89-9 25 67

Archive und Quellen:
Archiv Preußischer Kulturbesitz Berlin; Archiv Volkswagen AG, Wolfsburg; Archive der Autoren; August-Horch-Museum Zwickau; AUTO UNION Archiv Ingolstadt; Bildarchiv Ullstein Berlin; Bundesarchiv Koblenz; dpa München; Firmenarchiv NSU GmbH; Sächsische Landesbibliothek/Deutsche Fotothek Dresden; Süddeutscher Verlag München; Wolff & Tritschler Offenburg

Texte:
Prof. Dr. Peter Kirchberg, Thomas Erdmann, Ralph Plagmann

Grafische Gestaltung, Layout, DTP:
Queen Werbeagentur München, Stefanie Wagner, Thorsten Bartelt

Lithografie:
Reprodukt, München

Druck:
Oldenbourg, München

3. Auflage   © Stand: 8/00

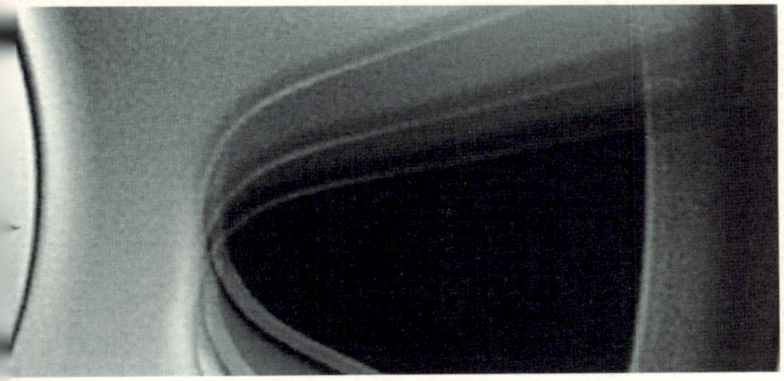

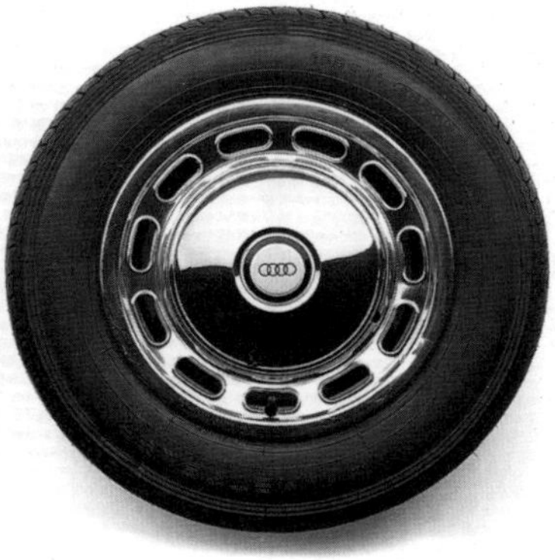